会计职业认知

KUAI JI ZHI YE REN ZHI

主编◎李方武 （肇庆市农业学校）

参编◎谢拥军 （肇庆市农业学校）
　　　蒋一罡 （肇庆市农业学校）
　　　王有福 （肇庆市鼎湖区会计学会）
　　　张彦欣 （肇庆市正德会计师事务所）

经济管理出版社
ECONOMY & MANAGEMENT PUBLISHING HOUSE

图书在版编目（CIP）数据

会计职业认知 /李方武主编. —北京：经济管理出版社，2015.8
ISBN 978-7-5096-3923-8

Ⅰ.①会… Ⅱ.①李… Ⅲ.①会计学 — 职业教育 — 教材 Ⅳ.①F230

中国版本图书馆 CIP 数据核字（2015）第 193181 号

组稿编辑：魏晨红
责任编辑：魏晨红 王格格
责任印制：黄章平
责任校对：王 淼

出版发行：经济管理出版社
　　　　　（北京市海淀区北蜂窝 8 号中雅大厦 A 座 11 层 100038）
网　　址：www. E-mp. com. cn
电　　话：(010) 51915602
印　　刷：北京市海淀区唐家岭福利印刷厂
经　　销：新华书店
开　　本：787mm×1092mm/16
印　　张：18
字　　数：398 千字
版　　次：2015 年 8 月第 1 版　　2015 年 8 月第 1 次印刷
书　　号：ISBN 978-7-5096-3923-8
定　　价：48.00 元

前　言

教学质量的好坏，既取决于师资的好坏，也取决于教材质量的好坏。培养目标不同，教材编写亦不同。我校是一个有着悠久办学历史的中等职业学校，以科学发展观为指导，遵循职业教育发展规律，坚持以人为本，以教学为中心，以育人为要务，注重文化建设与科技创新，不断优化结构，规范管理，提高质量，凝聚特色，为国家培养综合素质高、具有较强实践能力和创新精神的中等职业人才。基于这一办学指导思想和人才培养的目标定位，我校会计专业组织编写的"会计职业基础"教材打破了传统教材以理论知识为核心的构建模式，按照理实一体的教学理念重组教材结构，将教材内容与会计岗位的职业能力要求和会计从业资格考试相结合。本书以培养学生职业能力和职业素质为目标，以会计岗位工作过程为项目导向，以会计工作流程为主线，以学生为主体，以真实经济业务为载体，以实训为手段，结合新企业会计准则进行编写。教材在内容、体例、结构以及理论与实践的整合方面都体现了较大的改革与创新。其特点主要体现在以下几个方面：

（1）体现了最新的职业教育理念。该教材按照"校企合作，课岗融合"的人才培养模式，以会计工作过程为导向，以真实的会计工作岗位为项目，以完成会计工作的典型工作过程为任务，以任务引领知识、技能和方法，让学生在完成工作任务的过程中学习知识、训练技能，获得所需的职业能力。真正体现了"做中学"和"做中教"的以学生为主体的教育理念。

（2）重构了教材体系。本教材打破了传统会计基础教材的框架，以会计工作过程为主线，以具体工作任务为载体，将其内容划分为 11 个项目，每个教学项目都设计了情景设计、学习目标、引入任务、相关专业知识、任务实施等内容，打破了传统教材和考证教材的学科体系。

（3）内容实用、突出能力。本教材在内容的选择上紧紧围绕完成会计核算工作任务和会计从业资格考试的需要来进行，删繁就简，以"必需和够用"为标准进行取舍，注重内容的实用性和针对性，变书本知识的传授为动手能力的培养，以体现职业教育教材的本质特征。

（4）校企合作开发。本教材由广东省肇庆市正德会计师事务所、肇庆市鼎湖区会计学会和肇庆市农业学校合作完成，由会计行业企业专家、会计工作人员和会计专业教师共同编写，其教材内容及其所设计的项目和任务更贴近会计实务。

（5）体现了最新准则和法规要求。本教材能够灵活地根据国家会计准则、制度等相关法规、政策的变化及时修订教材，使之与最新准则和法规的要求相吻合。

本书由肇庆市农业学校教研室主任李方武主编，参编人员有谢拥军、蒋一罡、王有福、张彦欣。在此特别感谢肇庆市鼎湖区会计学会王有福、肇庆市正德会计师事务所注册会计师张彦欣的指导与帮助。由于编者学识水平、教学经验有限，时间紧迫，书中不免存在纰漏，恳请广大读者批评指正。

肇庆市农业学校会计专业教研组

2015 年 3 月

目　录

项目一 会计知识入门

情景设计

  张小菲是一家超市的收银员。因为平时工作认真负责，被超市经理刘小贝看重。此时恰好超市财务室缺人，刘小贝决定给她一个机会，让她转职做会计工作。张小菲从来没有接触过会计工作，不知道会计工作是做什么的，一时没有办法决定，于是她就向公司的老会计关小雨请教。关小雨向她解释了会计工作的具体内容："会计工作就是利用一些专门的方法，对超市经营过程中的现金流量进行核算，同时监督其是否正常。所以说，会计工作本质上是一项管理工作。"张小菲对关小雨讲述的内容很有兴趣，她继续问："超市每天的现金业务那么复杂，作为一名会计怎样才能准确核算它呢？""这可是一件很复杂的事情呢"，关小雨笑了笑，回答说，"简单地讲，首先要做出一些基本假设。会计工作所处的经济环境十分复杂，只有对会计核算所处时间、空间环境等做出合理设定，才能保证会计工作顺利进行"。"其次呢？"张小菲急切地问。关小雨耐心地回答说："其次还要明确会计核算的具体时间点，究竟是在业务发生的时候就马上记账，还是需要等到真正支付和收到现金的时候再记账。"

学习目标

专业技能

1. 能初步认识会计工作。

2. 能明确会计的从业资格。

3. 能制订会计职业生涯规划。

专业知识

1. 训练掌握会计的特点、职能和对象。

2. 明确会计核算的基本前提和基础设施。

3. 熟悉会计人员的岗位和任职资格。

职业素养

培养学生认真负责、吃苦耐劳、敢于动手、勇于创新、善于表达、遵纪守法、团结协作的职业素养；培养学生的自主学习能力、动手能力、分析问题和解决问题能力。

任务一　会计初识

●引入任务

初识会计（1）

资料：企业日常的经济业务事项是纷繁复杂的，包括投入资金、设备购置、材料采购、员工招聘与培训、产品设计生产、广告宣传、产品销售、缴纳税金和征订书报等。

要求： 1. 你认为该由谁去记录、计算和管理企业已发生的经济业务事项呢？

2. 记录、计算一个企业的经济业务事项时，可能采用的计量单位有哪些？

3. 如果你是一个企业的会计，你核算和监督的对象是什么？

4. 假如你对一个企业的经济活动进行核算和监督，必须具有的基本前提是什么？必须采用的核算方法是什么？

◆ 相关专业知识

会计已经成为现代企业中一项重要的管理工作。企业的会计工作主要是通过一系列会计程序，对企业的经济活动和财务收支进行核算和监督，反映企业财务状况、经营成果和现金流量，反映企业管理层受托责任履行情况，为会计信息使用者提供对决策有用的信息，并积极参与经营管理决策，提高企业经济效益，促进市场经济的健康有序发展。

知识点一：会计的概念与特征

（一）会计的概念

会计是以货币为主要计量单位，运用专门的方法，核算和监督一个单位经济活动的一种经济管理工作。

单位是国家机关、社会团体、公司、企业、事业单位和其他组织的统称。未特别说明时，本书主要以《企业会计准则》为依据介绍企业经济业务的会计处理。

（二）会计的基本特征

从会计的定义中，我们看到会计具有以下特征：

1. 会计以货币作为主要计量单位

对任何一种经济活动的记录与核算，都需要采用一定的计量单位，否则无法进行数量反映。人们经常采用的计量单位主要有三种：实物计量单位（如个、件、台、千克、米等），是为了核算各种不同物资的实物数量；劳动计量单位（如天、小时、工时等），是为了核算企业经营活动中消耗劳动者工作时间的数量；它们从侧面反映了企业的生产经营成果。不同计量单位之间是无法加计和汇总的，无法在量上进行比较，也不便于会计计量和经营管理。而货币度量，是衡量一般商品价值的共同尺度，企业任何经济活动所涉及的人力、物力、财力的投入和耗费，都可以用货币度量进行综合比较，由此对企业的财务状况和经营成果进行总体评价。

> ● 小贴士
>
> 会计在选择货币作为统一的计量尺度的同时，要以实物度量和时间度量等作为辅助的计量尺度。

2. 会计拥有一系列专门的方法

会计在工作期间逐步形成了一系列专门的核算方法——设置会计科目和账户、复式记账、填制和审核会计凭证、登记账簿、成本计算、财产清查和编制财务报告等。

3. 会计具有核算和监督职能

一方面，会计要按照会计法规制度的要求，对经济活动进行确认、计量和报告；另一方面，会计要对业务活动的合法性、合理性进行审查。因此，会计核算是会计工作的基础，会计监督是会计工作的质量保证。会计核算与监督贯穿于会计工作的全过程，是会计工作最基本的职能，也是会计管理活动的重要表现形式。

4. 会计的本质就是管理活动

会计产生于人们管理社会生产和经济事务的过程中，不仅为管理提供了各种数据资料，还通过各种方式直接进行管理，如为未来实现经营目标而参与经营方案的选择、经营计划的确定、经营活动的控制和评价等。会计工作往往在单位内部整个系统中进行，每个管理环节都离不开会计人员的参与。在宏观经济中，会计是国民经济管理的重要基础和组成部分。从职能属性看，核算和监督本身是一种管理活动；从本质属性看，会计本身就是一种管理活动。

（三）会计的发展历程

会计是随着人类社会生产的发展和经济管理的需要而产生、发展并不断得到完善的。其中，会计的发展可划分为古代会计、近代会计和现代会计三个阶段。

1. 古代会计

古代会计，从时间上说，就是从旧石器时代的中晚期至封建社会末期的这段漫长的时期。从会计运用的主要技术方法方面看，主要涉及原始计量记录法、单式账簿法和初创时期的复式记账法等。这个时期的会计所进行的计量、记录、分析等工作一开始是同其他计算工作混合在一起的，经过漫长的发展过程后，才逐步形成一套具有自己特征的方法体系，成为一种独立的管理工作。

2. 近代会计

一般认为近代会计的时间跨度标志应从 1494 年意大利数学家、会计学家卢卡·帕乔利所著《算术、几何、比及比例概要》一书公开出版开始，直至 20 世纪 40 年代末。此间在会计的方法技术与内容上有两点重大发展：其一是复式记账法的不断完善和推广；其二是成本会计的产生和迅速发展，继而成为会计学中管理会计分支的重要基础。

3. 现代会计

现代会计的时间跨度是自 20 世纪 50 年代开始到现在。此间会计方法技术和内容的发展有两个重要标志：一是会计核算手段方面质的飞跃，即现代电子技术与会计融合导致的"会计电算化"；二是会计伴随着生产和管理科学的发展而分化为财务会计和管理会计两个分支。1946 年在美国诞生了第一台电子计算机，1953 年电子计算机便在会计中得到初步应用，其后迅速发展，至 20 世纪 70 年代，发达国家就已经出现了电子计算机软件方面数据库的应用，并建立了电子计算机的全面管理系统。从系统的财务会计中分离出来的"管理会计"这一术语在 1952 年的世界会计学会上获得正式通过。

知识点二：会计的对象与目标

（一）会计对象

1. 会计对象的概念

会计对象是指会计核算和监督的内容。特定主题的货币本身或能够以货币表现的经济活动，都是会计对象。以货币表现的经济活动通常又称为资金运动，因此会计核算、会计监督的内容即会计对象就是资金和资金运动。

2. 资金运动的过程

资金是指一个单位所拥有的各项财产物资的货币表现。资金运动是资金的形态变化和位置移动，资金运动是客观的，资金运动的客观性体现在任何单位的资金都要经过资金的投入、资金的循环与周转（即运用）和资金退出这样一个运动过程，这个过程不因单位所处的国家或地区的不同而不同。也正因为资金运动的客观性，才使得会计能成为一种国际性的"商业语言"。资金运动过程对任何单位来说都是一样的，但是具体运动形式并不完全相同。

（1）资金的投入。投入单位的资金包括投资者投入的资金和债权人投入的资金，前者形成所有者权益，后者属于债权人权益（即单位的负债）。资金的投入是单位取得资金的过程，是资金运动的起点。

按照相关法律要求，注册单位都需要资金的投入，即来自企业所有者（投资者）投入的资金，通常表现为货币资金（现金或银行存款），但有时也表现为存货（原材料、库存商品等）、固定资产、无形资产（商标权、专利权等）等非货币性资产。单位成立后，尤其是企业成立后，出于经营或扩大规模需要，在资金不足或为解决临时的资金需要时，还可以通过其他筹资活动从单位外部取得一定的资金，即债权人投入的资金。

（2）资金的运用（资金的循环和周转）。企业将资金运用于生产的经营过程，就开始了资金的运用。它又可分为供应过程、生产过程、销售过程三个阶段。资金的运用在不同的单位（企业、行政和事业单位、民间非营利组织等）存在较大的差异。下面以制造业（以下简称"企业"）为例，简要说明资金的循环与周转。

1）供应过程：它是生产的准备过程。企业进行采购，将投入的资金用于建造或购置厂房、购置机器设备、购买原材料，为生产产品作必要的物资准备，即是供应过程。

2）生产过程：它是生产的制造过程。企业劳动者借助机器设备对原材料进行加工，生产出产品，企业支付职工工资和生产经营中必要的开支，就是生产过程。

3）销售过程：它是产品价值的实现过程。企业将生产的产品销售并取得收入，就是销售过程。

在上述过程中，劳动对象的实物形态在供应、生产、销售等环节依次发生转变，即原材料—在产品—库存商品；资金形态也相应地发生变化，即货币资金—储备资金—生产资金—成品资金—结算资金—货币资金。资金运动从货币资金形态开始又回到货币资金形态，我们称其为完成了一次资金循环，资金的不断循环就是资金周转。

（3）资金的退出。资金退出是资金运动的终点，主要包括偿还各项债务、依法缴纳各项税费，以及向所有者分配利润等。

总之，资金运动是对会计核算和监督的内容的最高概括，是会计对象的第一层次，会计对象的第二层次是会计要素，会计对象的第三层次是会计科目，我们将在后面的项目中加以介绍。

（二）会计目标

会计目标也称会计目的，是要求会计工作完成的任务或达到的标准，即向财务会计报告使用者提供与企业财务状况、经营成果和现金流量等有关的会计信息，反映企业管理层受托责任履行情况，有助于财务会计报告使用者做出经济决策。

知识点三：会计核算的具体内容

会计核算和监督的主要内容是资金运动，即资金的投入、资金的运用、资金的退出三个阶段。

资金运动的三个阶段，又是通过一系列的经济业务事项来进行的。这里的经济业务事项包括经济业务和经济事项两类。经济业务又称为经济交易，是指单位与其他单位和个人之间发生的各种经济利益的交换，如商品销售、上缴税款等。经济事项是指单位内部发生的具有经济影响的各类事项，如支付职工工资、报销差旅费、计提折旧等，这些经济业务、经济事项内容，就是会计核算的具体内容。

（一）款项和有价证券的定义

1. 款项和有价证券的定义

款项是作为支付手段的货币资金，主要包括现金、银行存款以及其他视同现金和银行存款的银行汇票存款、银行本票存款、信用卡存款等。

有价证券表示具有一定财产拥有权或支配权的证券，如国库券、股票、企业债券等。

2. 会计核算企业款项和有价证券的意义

款项和有价证券是流动性最强的资产，如果收付环节出现问题，不仅会使企业款项和有价证券受损，更会直接影响企业货币资金的供应，从而影响企业生产经营活动。企业必须按照国家统一的会计制度规定，加强监督管理，及时、如实地核算款项和有价证券的收付结存。

（二）财物的收发、增减和使用

1. 财物的定义

财物是财产、物资的简称，企业的财产物资是企业进行生产经营活动且具有实物形态的经济资源，一般包括原材料、燃料、包装物、低值易耗品、在产品、库存商品等流动资产，以及房屋、建筑物、机器、设备、设施、运输工具等固定资产。

2. 会计核算企业财物的意义

由于财物本身就是一种资产，而且大多数都是企业经营所必需的生产设备和生产资料等，价值一般比较大，在企业的资源总额中占有较大比重，因此，企业对财物的收发使用和结存情况，必须及时进行核算，全面反映企业的收付、结存使用情况，发挥会计在控制和降低成本、保证财物安全完整、防止资产流失等方面的重要作用，维护企业正常生产经营秩序。

（三）债权、债务的发生和结算

1. 债权和债务的定义

债权是企业收款项的权利，一般包括各种应收和预付款项等，如应收账款、应收票据、其他应收款、预付账款等。

债务是企业承担的需要偿付的现时义务，一般包括各项借款、应付和预收款项，以及应缴税费、应付利润、其他应付款等。

2.会计核算企业债权和债务的意义

债权和债务是企业在日常生产经营活动中经常出现的经济业务事项。债权债务的发生与结算，涉及企业与其他企业以及企业与其他有关方面的经济利益，关系到企业自身的资金周转，影响到企业的生产经营活动。因此，企业必须及时、真实、完整地核算其债权债务，防止在债权债务核算环节发生非法行为。

（四）资本的增减

1.资本的定义

资本是投资者为开展生产经营活动而投入的本金。资本是企业进行生产经营活动的必要条件，是现代企业明晰产权关系的重要标志。

2.会计核算企业资本的意义

资本增减业务的办理政策性强，一般都应以具有法律效力的合同、协议、董事会决议等为依据。资本增减会直接影响企业的经营规模和收益分配，因此会计上要求对资本的增减必须及时进行会计核算。

（五）收入、支出、费用、成本的计算

1.收入、支出、费用和成本的定义

收入是指企业在日常活动中形成的、会导致所有者权益增加的、与所有者投入资本无关的经济利益的总流入。如销售商品收入、提供劳务收入以及销售多余材料、转让无形资产使用权取得的收入等。

支出是指企业实际发生的各项开支，以及在日常生产经营活动以外的支出与损失。企业购买原材料、固定资产、无形资产、对外投资、职工薪酬的支出，以及在对正常生产经营活动支出进行划分时，如果一项支出符合资产的定义，则形成企业的资产，否则为当期费用或损失。

费用是指企业在日常活动中发生的、会导致所有者权益减少的、与向所有者分配利润无关的经济利益的总流出，是为了取得收入而发生的资源耗费。

成本是指企业为生产产品、提供劳务而发生的各种耗费，是按一定的产品或劳务对象所归结的费用，是对象的费用。成本是企业在一定时期内为生产一定种类、一定数量的产品所支出的各种费用的总和。

2.会计核算企业收入、支出、费用和成本的意义

会计核算收入、支出、费用和成本是相互联系、密不可分的，都是计算和判断企业经营成果及其盈利状况的主要依据，取得收入，必然要发生一定的成本、费用和支出。企业应当重视收入、支出、成本、费用环节的管理，按照国家统一会计制度的规定进行会计核算。

（六）财务成果的计算和处理

1.财务成果的定义

财务成果主要是指企业在一定时期内通过从事生产经营活动而在财务上所取得的

结果，具体表现为盈利或亏损。

2. 会计核算企业财务成果的意义

财务成果的计算和处理一般包括利润的计算、所得税的计算和缴纳、利润分配或亏损弥补等，涉及企业与所有者、国家等方面的利益关系。因此，企业必须按照国家统一的会计制度和其他法规制度的规定，对财务成果进行正确的计算和处理。

（七）需要办理会计手续、进行会计核算的其他事项

需要办理会计手续、进行会计核算的其他事项是指以上所列举的六类经济业务事项以外的、按照国家统一的会计制度规定应办理会计手续和进行会计核算的其他经济业务事项。

任务实施

一、资讯

接受并明确工作任务，进行小组分工，每组4人，各自负责工作任务的阶段分解、需用物料的准备及相关知识原理的收集。

二、计划与决策

各组独立完成上述实务任务，第一节课完成概念的理解，第二节课进行组间问答等。

三、实施处理

1. 明确会计的概念和特征。

2. 明确会计的对象与目标。

3. 识记会计核算的具体内容。

4. 回答：

（1）你认为该由谁去记录、计算和管理企业已发生的经济业务事项呢？

（2）记录、计算一个企业的经济业务事项时，可能采用的计量单位有哪些？

四、检查

各小组间进行概念的界定等，最后由老师进行纠正、讲解。

五、总结评价

老师针对各组完成情况进行评比、公布，并进行归纳总结，力求各组能完整完成相应的工作任务。

任务二　会计的职能与方法

●引入任务

初识会计（2）

要求： 1. 作为企业的会计，你了解的会计职能是什么？

2. 作为企业的会计，你应该明确的会计核算方法有哪些？

3. 如果你是一个企业的会计，你核算和监督的对象是什么？

4. 假如你对一个企业的经济活动进行核算和监督，必须具有的基本前提是什么？必须采用的核算方法是什么？

◆ 相关专业知识

会计的职能是指会计在经济管理过程中所具有的功能，会计具有会计核算和会计监督两项基本职能和预测经济前景、参与经济决策、评价经营业绩等拓展职能。

知识点一：会计的职能

（一）基本职能

会计基本职能包括会计核算和会计监督两个方面。

1. 会计的核算职能

会计核算职能是指会计以货币为主要计量单位，通过确认、计量和报告等环节，从数量方面反映特定主体已经发生或者已经完成的各项经济活动，为经营管理提供会计信息。会计核算贯穿于经济活动的全过程，是会计最基本的职能和最基础的工作。

●小贴士

特定主体是单位即国家机关、社会团体、公司、企业、事业单位和其他组织的统称。

（1）确认职能。

会计确认职能解决的是定性问题，即判断发生的经济活动是否属于会计核算的内容，归属哪一类性质的业务，是作为资产还是负债或其他会计要素等。

（2）计量职能。

会计计量职能解决的是定量问题，即在会计确认的基础上确定具体金额。如确认企业资产有多少、负债有多少等。

（3）报告职能。

会计报告职能是确认和计量的结果，即通过报告，将确认、计量的结果进行归纳和整理，以财务报告的形式提供给信息使用者。

比如企业发生一笔经济业务活动，向银行借入短期借款 10 万元，存入银行。该业务发生后，会计首先应当"确定"企业发生了一项负债即短期借款，其次"计量"该项短期借款的账面金额是 10 万元，最后在企业的有关会计报表中"报告"该项短期借款账面金额 10 万元。

会计确定、计量和报告是会计核算的重要环节，企业会计准则对此做出了严格规定。此外，会计记录是将经过确认、计量的经济事项通过一定方法记下来的过程，企业会计准则应用指南的附录部分对会计记录进行了规范。

2. 会计的监督职能

会计的监督职能是指在会计的核算过程中，对特定主体经济活动的合法性和合理性进行审查。

（1）监督合法性。

监督合法性是针对各项经济业务是否遵守国家有关法律制度、是否执行国家各项方针政策等情况进行审查，以杜绝违反财经法纪的作为。

（2）监督合理性。

监督合理性是针对经济业务是否符合经济运行的客观规律和单位内部的管理要求、是否执行了单位的财务收支计划、是否有利于经营目标的实现等进行的审查，为单位增收节支、提高经济和社会效益把关。

会计监督贯穿于社会会计管理活动的全过程，包括事前监督、事中监督和事后监督。

事前监督是在经济活动发生前进行监督，主要是对未来经济活动是否符合法律政策的规定、在经济上是否可行进行分析判断，以及为未来经济活动制定定额、编制预算等；事中监督是指对正在发生的经济活动过程及其核算资料进行审查，并据以纠正经济活动过程中的偏差和失误，使其按预定计划进行；事后监督是对已经发生的经济活动及其核算资料进行审查。

《会计法》确立了单位内部监督、社会监督、政府监督三位一体的会计监督体系，为会计监督的具体内涵及其实现方式赋予了新的内容。

3. 会计核算与监督职能的关系

会计核算与会计监督两大基本职能关系密切、相辅相成。

会计核算职能是会计的首要职能，是会计监督的基础。会计核算工作的好坏，直接影响到会计信息质量的高低，并可以为会计监督提供依据。

会计监督职能是会计核算的保证。没有严格的会计监督，就难以保证会计核算所提供信息的真实性，会计核算的作用就难以发挥。

可见，会计是通过核算为管理提供会计信息，又通过监督直接履行管理职能的，两者必须结合起来发挥作用，才能正确、及时、完整地反映经济管理活动。

（二）拓展职能

除上述基本职能外，会计还具有预测经济前景、参与经济决策、评价经营业绩等功能。

知识点二：会计核算方法

会计核算方法是指对会计对象进行连续、系统、全面、综合的确认、计量和报告所采用的各种方法。

（一）会计核算方法体系

会计核算方法体系由填制和审核会计凭证、设置会计科目和账户、复式记账、登记会计账簿、成本计算、财产清查、编制财务会计报告七种专门方法构成。它们相互联系、紧密结合，以确保会计工作有序进行。

1. 填制和审核会计凭证

凭证是记录经济业务、明确经济责任、作为记账依据的书面证明。正确填制和审核会计凭证，是核算和监督经济活动财务收支的基础，是做好会计工作的前提。

2. 设置会计科目和账户

设置账户是对会计核算的具体内容进行分类核算和监督的一种专门方法。由于会计对象的具体内容是复杂多样的，要对其进行系统的核算和经常性监督，就必须对经济业务进行科学的分类，以便分门别类地、连续地记录，据以取得多种不同性质、符合经营管理需要的信息和指标。

3. 复式记账

复式记账是指对所发生的每项经济业务，以相等的金额，同时在两个或两个以上相互联系的账户中进行登记的一种记账方法。采用复式记账方法，可以全面反映每一笔经济业务的来龙去脉，而且可以防止差错和便于检查账簿记录的正确性和完整性，是一种比较科学的记账方法。

4. 登记会计账簿

登记会计账簿简称记账，是以审核无误的会计凭证为依据在账簿中分类、连续、完整地记录各项经济业务，以便为经营管理提供完整、系统的会计核算资料。账簿记录是重要的会计资料，是进行会计分析、会计检查的重要依据。

5. 成本计算

成本计算是按照一定对象归集和分配生产经营过程中发生的各种费用，以便确定各对象的总成本和单位成本的一种专门方法。产品成本是综合反映企业生产经营活动的一项重要指标。正确地进行成本计算,可以考核生产经营过程的费用支出水平,同时又是确定企业盈亏和制定产品价格的基础,并可以为企业进行经营决策提供重要数据。

6. 财产清查

财产清查是指通过盘点实物,核对账目,以查明各项财产物资实有数额的一种专门方法。通过财产清查,可以提高会计记录的正确性,保证账实相符。同时,还可以查明各项财产物资的保管和使用情况以及各种结算款项的执行情况,以便对积压或损毁的物资和逾期未收到的款项及时采取措施,进行清理和加强对财产物资的管理。

7. 编制财务会计报告

编制会计报表是以特定表格的形式,定期并总括地反映企业、行政事业单位的经济活动情况和结果的一种专门方法。会计报表主要以账簿中的记录为依据,经过一定形式的加工整理而产生一套完整的核算指标,用来考核、分析财务计划和预算执行情况以及作为编制下期财务预算的重要依据。

以上会计核算的七种方法,虽各有特定的含义和作用,但并不是独立的,而是相互联系、相互依存、彼此制约的。它们构成了一个完整的方法体系,在会计核算中,应正确地运用这些方法。一般在经济业务发生后,应按规定的手续填制和审核凭证,并应用复式记账法在有关账簿中进行登记;一定期末还要对生产经营过程中发生的费用进行成本计算和财产清查,在账证、账账、账实相符的基础上,根据账簿记录编制会计报表,如图 1-1 所示。

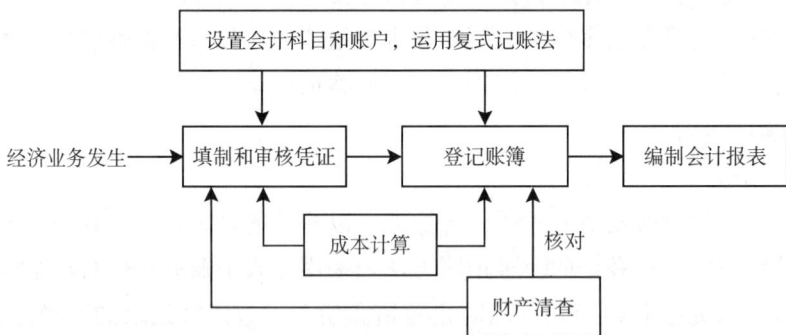

图 1-1 会计核算方法体系

(二) 会计循环

会计循环是指按照一定的步骤反复运行的会计程序。从会计工作流程看,会计循环由确认、计量和报告等环节组成。从会计核算的具体内容看,会计循环是在经济业务事项发生时,从填制和审核会计凭证开始,到登记账簿,直至编制财务会计报告,即完成一个会计期间会计核算工作的过程。

（1）对于发生的经济业务进行初步的确认和记录，即填制和审核原始凭证。

（2）填制记账凭证，即在审核的原始凭证的基础上，通过编制会计分录填制记账凭证。

（3）登记账簿，包括日记账、总分类账和明细分类账。

（4）编制调整分录，其目的是将收付实现制转换为权责发生制。

（5）结账，即通过有关账户结算出本期总的发生额和期末余额。

（6）对账，包括账证核对、账账核对和账实核对。

（7）试算平衡，即根据借贷记账法的基本原理进行全部总分类账户的借方与贷方总额的试算平衡。

（8）编制会计报表和其他财务报告。

任务实施

一、资讯

接受并明确工作任务，进行小组分工，每组 4 人，各自负责工作任务的阶段分解、需用物料的准备及相关知识原理的收集。

二、计划与决策

各组独立完成上述实务任务，第一节课完成概念的界定及问题的回答，第二节课进行组间答案核对与结果展示。

三、实施处理

1. 明确会计的职能。

2. 掌握会计的核算方法。

3. 了解会计的基本假设。

4. 回答：

（1）作为企业的会计，你了解的会计职能是什么？

（2）作为企业的会计，你应该明确的会计核算方法有哪些？

（3）如果你是一个企业的会计，你核算和监督的对象是什么？

（4）如果你对一个企业的经济活动进行核算和监督，必须具有的基本前提是什么？必须采用的核算方法是什么？

四、检查

各小组间进行答案的检查、批改，最后由老师进行纠正、讲解。

五、总结评价

老师针对各组的完成情况进行评比，公布评比结果并进行归纳总结，力求各组能完整完成相应的工作任务。

任务三 会计基本假设与会计基础

●引入任务

初识会计（3）

要求： 1. 会计基本假设是什么？

2. 会计基础是什么？

◆ **相关专业知识**

会计基本假设是会计确认、计量和报告的前提，是对核算所处时间、空间环境等做出的合理假设。

会计基础是指企业会计确认、计量和报告的基础，是确认一定会计期间的收入和费用的标准。

知识点一：会计基本假设

（一）会计基本假设的原因

现实生活中的经济活动复杂多样，不同单位的情况千差万别，会计工作需要根据经济业务发生的不同情况，选择合适的会计方法进行处理。但是由于一些不确定因素的存在，会计人员很难从正面做出肯定判断和估计，从而无法做出适当的会计处理。因此需要先行设定一些基本前提，并在这些假设前提的情况下进行会计核算。

（二）会计基本假设的内容

1. 会计主体

（1）会计主体的定义。

会计主体也可以称为会计实体，是指会计工作所服务的特定单位组织，即为谁记账。它界定了从事会计工作和提供会计信息的空间范围。如果你是某超市的会计，那么你所服务的会计主体就是某超市。

（2）会计主体假设的意义。

为了避免将应当反映的主体与其他经济主体混淆，在开展会计核算之前，必须首先明确规定会计的空间范围。会计人员只能核算和监督所在主体的经济业务，不能超越范围核算和监督其他主体的经济业务。会计主体假设明确界定了从事会计工作和提供会计信息的空间范围。

甲企业会计人员只能核算和监督甲企业的经济业务，不能核算和监督乙企业的经济业务，即使甲、乙企业之间有经济业务往来，甲企业的会计人员也不能核算和监督乙企业的经济业务。

（3）会计主体和法人（法律主体）的区别。

一般来说，法人可以作为会计主体。比如一个企业、一个机关、一个学校、一个医院、一个社会团体和某个体单位作为一个法律主体，应当独立反映其财务状况和经营结果。但会计主体不一定是法律主体，比如，在企业集团的情况下，一个母公司拥有若干个子公司，母、子公司虽然是不同的法人，但是母公司对子公司拥有控制权，为了全面反映企业集团的财务状况和经营成果，有必要将企业集团作为一个会计主体，全面反映这个企业集团的财务状况和经营成果，在这种情况下，尽管企业集团不属于法人，但它却是会计主体。

企业内部划出的核算单位（分公司、营业部）也可以视为一个会计主体，但不是法人。在特定情况下，一个基金，如社会保险金、企业年金、企业基金也是会计主体。

2. 持续经营

（1）持续经营的定义。

持续经营是指在可预见的将来，会计主体将会按当前的规模状态持续经营下去，不会停业，也不会大规模削减业务。即在可预见的未来，该会计主体不会破产清算，所有的资产将正常营运，所负有的债务将正常偿还。

（2）持续经营假设的意义。

会计分期假设为会计核算确定了时间范围，利于分期结算账目、计算盈方和编制财务报告，从而及时地向信息使用者提供会计信息。

3. 会计年度

会计年度就是公历年度，即从每年的 1 月 1 日到 12 月 31 日为一个会计年度。

4. 货币计量

（1）货币计量的定义。

货币计量是指会计主体在会计核算过程中采用货币作为主要计量单位，记录、反映会计主体的财务状况和经营成果。

（2）货币计量是假设的意义。

货币是衡量一般商品价值的共同尺度，其他计量单位，如实物计量和时间计量，只从一个侧面反映企业的生产成果，不同计量单位之间无法加计、汇总，无法在量上进行比较，也不便于会计计量和经营管理。因此，采用货币作为统一的计量单位可以更全面地反映企业的生产经营、业务收支情况。

> ●小贴士
>
> 单位的会计核算应以人民币作为记账本位币。业务收支以人民币以外的货币为主的单位，可以选择其中一种货币作为记账本位币，但编制财务报告时，应当折算为人民币。

5. 会计四项基本假设的关系

会计核算的四项基本假设，具有相互依存和相互补充的关系。

（1）会计主体确立了会计核算的空间范围，区分了本企业和其他企业的业务，使会计核算和监督有针对性。

（2）持续经营确立了会计核算的时间长度，使会计核算和监督有了基础。

（3）会计分期确立了会计核算的时间范围，便于定期算账、结账、报账。

（4）会计计量为会计核算提供了必要的手段，便于核算和监督及统一计量。

总之，没有会计主体，就不会有持续经营，没有持续经营，就不会有会计分期，没有货币计量就不会有现代会计。

知识点二：会计基础

（一）会计基础产生的原因

由于会计分期的假设，产生了本期和以前期间、以后期间的差别，使不同类型的会计主体有了会计确认和计量的基准，形成了权责发生制和收付实现制两种不同的会计基础。

企业在一定会计期间，为了进行生产经营活动而发生的费用，可能在本期已经付出货币资金，也可能在本期尚未付出货币资金；所形成的收入，可能在本期已经收到货币资金，也可能在本期尚未收到货币资金。同时，本期发生的费用可能与本期收入的取得有关，也可能与本期收入的取得无关。诸如此类的经济业务应如何处理，必须以采用的会计基础为依据。

（二）会计基础的种类

会计基础主要有两种，即权责发生制基础和收付实现制基础。《企业会计准则——基本准则》第九条规定：企业应当以权责发生制为基础进行会计、确认、计量和报告。

1. 权责发生制

权责发生制要求凡是当期已经实现的收入、已经发生和应当负担的费用，不论款项是否收付，都应当作为当期的收入、费用；凡是不属于当期的收入、费用，即使款项已经在当期收付，也不应当作为当期的收入、费用。也就是说，企业应当在收入已经实现和费用已经发生时进行确认，而不是等到实际收到现金（包括银行存款）或者支付现金（包括银行存款）时才确认。所以，权责发生制也称应计制。

例如：2011 年 10 月，某企业销售了一批商品，而款项在 12 月收到。在权责发生制下，这笔款项应当作为 10 月的收入。

2011 年 10 月，某企业预收了一笔货款。在权责发生制下，尽管这笔货款已经收到，但货物还没有发出，就不能作为 2011 年 10 月的收入，而应当作为货物发出月份的收入。

2011 年 11 月，某企业支付临时租入设备的两个月租金 2000 元。在权责发生制下，由于此项费用的发生会使企业 11 月和 12 月均受益，所以 11 月支付此项费用时，并不会作为当月费用，当月只计费用 1000 元，从当月收入中取得补偿；12 月再计费用 1000 元，从 12 月收入中取得补偿。

2. 收付实现制

收付实现制是与权责发生制相对应的一种会计基础，它以收到或支付的现金作为确认收入和费用等的依据。收付实现制要求凡是本期实际收到现金（包括银行存款）的收入，不论其是否应归属于当期，均应作为当期收入处理；凡是在当期实际以现金（包括银行存款）付出的费用，不论其应否在当期收入中取得补偿，均应作为当期的费用处理。也就是说，现金（包括银行存款）收支行为在其发生期间全部记作收入和费用，而不考虑与现金（或银行存款）收支行为相连的经济业务实质上是否发生。所以，收付实现制也称为实收实付制。

例如：2011 年 10 月，某企业销售了一批商品，而款项在 12 月收到。在收付实现制下，这笔款项应当作为 12 月的收入。

2011 年 10 月，某企业预收了一笔货款。在收付实现制下，这笔货款已经收到，虽然货物还没有发出，也应当作为 2011 年 10 月的收入。

2011 年 10 月，某企业支付临时租入设备两个月租金 1000 元。在收付实现制下，则所付 1000 元全部作为 10 月的费用。

在实际工作中，企业进行会计确认、计量和报告并非绝对只采用权责发生制基础，在某项经济业务的发生额很小，对企业经营成果没有影响的情况下，根据重要性原则，为简化核算，可以采用收付实现制。

例如：某企业 1 月订购全年报刊一份，价值 480 元。该项业务若按照权责发生制基础处理，每月应计费用 40 元，每月均需要对该项业务进行核算；若按收付实现制基础处理，支付报刊费当月，可将 480 元全部计入费用，其他月份不再需要对该项业务进行处理。由于费用金额小，采用收付实现制对企业盈亏没有实质性影响，而且会计处理简化，节约了核算成本，因此，可以选择使用收付实现制基础。

● **小贴士**

目前，我国的行政单位会计采用收付实现制；事业单位会计除经营业务可以采用权责发生制外，其他大部分业务采用收付实现制。

任务实施

一、资讯

接受并明确工作任务，进行小组分工，每组 4 人，各自负责工作任务的阶段分解、需用物料的准备及相关知识原理的收集。

二、计划与决策

各组独立完成上述实务任务，第一节课完成概念的界定，第二节课进行组间问答、答案核对与结果展示。

三、实施处理

1. 了解会计的基本假设。

2. 明确会计基础的概念、产生原因及其种类。

四、检查

各小组间进行答案的检查、批改，最后由老师进行纠正、讲解。

五、总结评价

老师针对各组完成情况进行评比、公布，并进行归纳总结，力求各组能完整完成相应的工作任务。

任务四　会计信息的使用者及其质量要求

● **引入任务**

初识会计（4）

要求： 1. 会计信息的使用者有哪些？

2. 会计信息的质量要求有哪些？

◆ **相关专业知识**

会计信息只有提供给相应的使用者，才能真正体现其价值。然而，会计信息还需要符合其质量要求。

知识点一：会计信息的使用者

会计信息的使用者主要包括投资者、债权人、企业管理者、政府及其相关部门和社会公众等。

知识点二：会计信息的质量要求

会计信息质量要求是对企业财务会计报告中所提供高质量会计信息的基本规范，是使财务会计报告中所提供的会计信息对投资者等使用者决策有价值所应具备的基本特征，主要包括可靠性、相关性、可理解性、可比性、实质重于形式、重要性、谨慎性和及时性等。

（一）可靠性

可靠性要求企业应当以实际发生的交易或者事项为依据进行确认、计量和报告，如实反映符合确认和计量要求的各项会计要素及其他相关信息，保证会计信息真实可靠、内容完整。

（二）相关性

相关性要求企业提供的会计信息应当与财务会计报告使用者的经济决策需要相关，有助于财务会计报告使用者对企业过去和现在的情况做出评价，对未来的情况做出预测。

（三）可理解性

可理解性要求企业提供的会计信息应当清晰明了，便于财务会计报告使用者理解和使用。

（四）可比性

可比性要求企业提供的会计信息应当相互可比，保证同一企业不同时期可比、不同企业相同会计期间可比。

（五）实质重于形式

实质重于形式要求企业应当按照交易或者事项的经济实质进行会计确认、计量和报告，不应仅以交易或者事项的法律形式为依据。

（六）重要性

重要性要求企业提供的会计信息应当反映与企业财务状况、经营成果和现金流量有关的所有重要交易或者事项。

（七）谨慎性

谨慎性要求企业对交易或者事项进行会计确认、计量和报告时保持应有的谨慎，不应高估资产或者收益、低估负债或者费用。

（八）及时性

及时性要求企业对于已经发生的交易或者事项，应当及时进行确认、计量和报告，不得提前或者延后。

任务实施

一、资讯

接受并明确工作任务，进行小组分工，每组 4 人，各自负责工作任务的阶段分解、需用物料的准备及相关知识原理的收集。

二、计划与决策

各组独立完成上述实务任务，第一节课进行概念的界定，第二节课进行问题回答、答案核对与结果展示。

三、实施处理

明确会计信息的使用者、质量要求。

四、检查

各小组间进行问题的回答、批改，最后由老师进行纠正、讲解。

五、总结评价

老师针对各组的完成情况进行评比、公布，并进行归纳总结，力求各组能完整完成相应的工作任务。

任务五　会计准则体系认知及会计职业认知

● 引入任务

初识会计（5）

要求： 1. 会计职业活动的领域有哪些？

2. 会计机构设置的原则和类型有哪些？

3. 会计岗位设置有哪些？

4. 主要会计岗位有哪些?

5. 会计人员的从业资格和专业技术职务分别是什么?

◆ **相关专业知识**

会计准则是反映经济活动、确认产权关系、规范收益分配的会计技术标准,是生成和提供会计信息的重要依据,也是政府调控经济活动、规范经济秩序和开展国际经济交往等的重要手段。会计准则具有严密和完整的体系,我国已颁布的会计准则有《企业会计准则》、《小企业会计准则》和《事业单位会计准则》。

知识点一:会计准则的构成

我国的企业会计准则体系包括基本准则、具体准则、应用指南和解释公告等。2006 年 2 月 15 日,财政部发布了《企业会计准则》,自 2007 年 1 月 1 日起在上市公司范围内施行,并鼓励其他企业执行。

2011 年 10 月 18 日,财政部发布了《小企业会计准则》,要求符合适用条件的小企业自 2013 年 1 月 1 日起执行,并鼓励提前执行。《小企业会计准则》一般适用于在我国境内依法设立、经济规模较小的企业,具体标准参见《小企业会计准则》和《中小企业划型标准规定》。

2012 年 12 月 6 日,财政部修订发布了《事业单位会计准则》,自 2013 年 1 月 1 日起在各级各类事业单位施行。该准则对我国事业单位的会计工作予以规范。

知识点二:会计职业活动的领域

按照行业性质不同,会计职业可分为企业会计、政府与非营利组织会计和会计事务所的注册会计师。

(一)企业会计

企业会计是指自主经营、自负盈亏的单位中从事会计管理活动的一种职业,如在工业企业、商业企业、施工建筑企业、金融企业、服务企业等从事会计核算、成本计算、分析、预测、决策等工作。

1. 财务会计

财务会计即在各类企业中从事会计核算与监督,以对外提供会计信息为主要目的的一种会计职业,如我们在工作业、商业等企业看到的记账、算账、报账的会计人员。

2. 管理会计

管理会计即在各类企业中从事会计分析、投资、融资预测与决策,以对内提供会计信息为主要目的的一种会计职业,如企业中从事投资分析、预测、决策等方面的会计人员。

3. 成本会计

成本会计即在各类企业中从事产品成本计算、核算、分析，以提供成本信息为主要目的的一种会计职业，如工业企业中的成本核算员、成本分析员等。

（二）政府与非营利组织会计

政府与非营利组织会计是应用于社会再生产过程中分配领域的专业会计，它们以预算管理为中心，对中央与地方政府及事业行政单位的经济业务，进行连续、系统、完整地反映和监督，主要包括财政总预算、行政单位会计、事业单位会计。

（三）会计师事务所注册会计师

注册会计师是指在会计师事务所执业并取得注册会计师证书的人员，有时也指其所在的会计师事务所，它是指从事社会审计、中介审计、独立审计的专业人士。

知识点三：会计机构的设置

（一）会计机构的设置原则

会计机构是指在单位内部所设置的、专门处理会计事项的机构。会计人员就是在这个会计机构中从事会计工作的专业人员。会计机构和会计人员是会计工作的主要承担者。

《中华人民共和国会计法》规定：各单位应当根据会计业务的需要设置会计机构；不具备单独设置会计机构条件的，应在有关机构中配备专职会计人员并指定会计主管人员，或委托经批准设立从事会计代理记账业务的中介机构代理记账。

（二）会计机构的设置类型

1. 独立设置会计机构

经济业务繁多、财务收支数额大的大中型企业和具有一定规模的行政事业单位及其他经济组织，都应当独立设置会计机构。大中型单位设置财务处（或财务部），下面设置一些科室，如综合科、会计资料核算科、资金科、成本科、预算科等。小型单位设置财务科。

2. 在有关机关中设置会计人员并指定会计主管人员

经济业务比较简单、财务收支数额不大、规模比较小的企事业单位、机关团体和个体工商户等，可以在单位内部有关机构中，如计划、统计、办公室等部门，配备会计人员，并指定会计主管人员。

3. 实行代理记账

对不具备设置会计机构、配备会计人员的小型经济组织，可以委托经批准设立的，从事会计咨询、服务的社会中介机构，如会计师事务所，实行代理记账。

知识点四：会计工作岗位的设置

对会计工作岗位的设置，《会计基础工作规范》提出如下示范性要求：

（一）根据本单位会计业务的需要设置会计工作岗位

（二）符合内部牵制制度的要求

根据规定，会计工作岗位可以一人一岗、一人多岗或一岗多人。出纳人员不得兼管稽核，会计档案保管和收入、费用、债权债务账目的登记工作。

（三）会计人员有计划轮岗

对会计人员的工作岗位要有计划地进行轮岗，以促进会计人员全面熟悉业务和不断提高业务素质。

（四）应建立岗位责任制

1. 属于会计的岗位

总会计师（或行使总会计师职权）岗位；会计机构负责人（会计主管人员）岗位；出纳岗位；稽核岗位；资本、基金核算岗位；收入、支出、债权债务核算岗位；工资核算、成本费用核算、财务成果核算岗位；财产物资收发、增减核算岗位；总账岗位；对外财务会计报告编制岗位；会计电算化岗位；会计档案管理岗位。

2. 不属于会计的岗位

档案管理部门人员管理会计档案，不属于会计岗位。医院门诊收费员、住院处收费员、药房收费员、药品库房记账员、商场收费（银）员所从事的工作均不属于会计岗位。单位内部审计、社会审计、政府审计工作也不属于会计岗位。

对于会计档案管理岗位，在会计档案正式移交之前，属于会计岗位；正式移交档案至管理部门之后，不属于会计岗位。

知识点五：主要会计岗位的描述

（一）会计主管岗位

（1）按照会计制度及有关规定，结合本单位的具体情况，主持起草本单位具体会计制度及实施办法，科学地组织会计工作，并领导、督促会计人员贯彻执行。

（2）参加经营决策，主持制定和考核财务预算。

（3）经常研究工作，总结经验，不断改进和完善会计工作。

（4）组织本单位会计人员学习业务知识，提高会计人员的素质，考核会计人员的能力，合理调配会计人员的工作。

（二）出纳岗位

（1）办理库存现金收付。

（2）办理银行结账，规范使用支票。

（3）认真登日记账，保证日清月结，及时查询未达账项。

（4）保管库存现金和各种有价证券，保管空白支票、收据和有关印章。

（三）资金管理岗位

（1）掌握资金预算的执行及控制状况。

（2）筹措及调度资金。

（3）办理借贷事项及其清偿。

（4）办理投资业务。

（四）财产物资核算岗位

（1）负责与生产部门协调、制定材料物资的管理和核算办法。

（2）审查材料物资的采购计划和购货合同，制定、落实采购资金，办理采购资金的清算和报销业务，计算确定采购成本。

（3）严格查核材料物资出入库凭证，进行材料物资明细核算。

（4）进行固定资产构建、调拨、清理、报废核算。

（5）协助有关部门建立固定资产管理制度，包括固定资产的重置、修理计划。

（6）按规定计算固定资产折旧，进行固定资产明细核算。

（五）工资核算岗位

（1）审核有关工资的原始单据，办理代扣款项（包括计算个人所得税、住房基金、劳保基金、失业报险金等）。

（2）进行职工薪酬结算及明细核算。

（3）分析职工薪酬计划执行情况，控制职工薪酬总额支出。

（六）成本费用核算岗位

（1）编制成本、费用计划，拟定成本、费用管理和核算办法。

（2）进行费用的归集、分配和成本的计算。

（3）登记成本费用明细账。

（4）检查分析成本费用计划执行情况，编制有关成本执行情况报表。

（七）财务成果核算岗位

（1）制订收入、利润计划并组织实施。

（2）预测销售情况，掌握营销状况，落实销售货款回收。

（3）计算和缴纳税费，进行应收款、收入和利润的明细核算。

（4）编制有关收入、利润方面的会计报表，并对其进行分析利用。

（八）往来结算岗位

（1）办理暂收、暂付、应收、应付等债权债务及往来款项的结算。

（2）负责备用金定额制定、管理和核算。

（3）负责往来结算的明细核算。

（九）总账报表岗位

（1）负责总账的登记。

（2）编制会计报表。

（3）进行财务状况和经营成果的分析，进行财务预测，制订财务计划，参与经营决策。

（十）稽核岗位

（1）制定稽核工作职责，明确具体分工。

（2）复核各种会计凭证。

（3）复核会计账簿和财务报告。

（十一）会计电算化管理岗位

（1）负责协调计算机及会计软件系统的运行工作。

（2）掌握计算机的性能和财务软件的特点，负责财务软件的升级与开发。

（3）对计算机的文件进行日常整理，对财务数据盘进行备份，妥善保管。

（4）监督计算机及会计软件系统的运行，防止利用计算机进行舞弊。

（5）经常进行查、杀病毒工作，保证计算机的正常使用。

（十二）档案管理岗位

（1）制定本单位档案管理制度。

（2）妥善保管会计档案，及时提供档案的查阅。

知识点六：会计人员的从业资格与会计专业技术职务

（一）会计人员的从业资格

《中华人民共和国会计法》规定："从事会计工作的人员，必须取得会计从业资格证书。担任单位会计机构负责人（会计主管人员）的，除取得会计从业资格证书外，还应当具备会计师以上专业技术职务资格或者从事会计工作3年以上经历。会计人员从业资格管理办法由国务院财政部规定。"

会计从业资格是指进入会计职业、从事会计工作的一种法定资质，是进入会计职业的"门槛"。在国家机关、社会团体、公司、企业、事业单位和其他组织从事会计工作的人员，必须取得会计从业资格，并注册登记。具体包括：

（1）会计机构负责人（会计主管人员）。

（2）出纳。

（3）稽核。

（4）资本核算，收入、支出、债权债务核算，工资、成本费用、财务成果核算。

（5）财产物资的收发、增减核算。

（6）总账、财务会计报告编制。

（7）会计机构内会计档案管理。

在会计岗位的会计人员要取得会计从业资格证书。不属于会计岗位的不需要取得资格。

●**小贴士**

会计从业资格的取得实行考试制度，考试科目为：财经法规与会计职业道德、会计基础、初级会计电算化（或者珠算五级）。

(二) 会计人员的专业技术职务

1. 会计人员的专业技术职务的类型

会计人员的专业技术职务分为高级会计师、会计师、助理会计师和会计人员四种。高级会计师为高级职称，会计师为中级职称，助理会计师和会计人员为初级职称。会计人员必须获得专业技术职务的任职资格，然后由各单位根据会计工作需要和本人的实际工作表现聘任一定的专业职务。为了加强会计工作队伍的建设，更好地体现客观、公正的原则，从 1992 年 8 月起，我国开始实行会计人员专业技术职务任职资格考试，即"以考代评"，以专业知识水平测试成绩作为确定会计人员专业职务任职资格的主要依据。

2. 对各种职称会计人员的基本要求

高级会计师必须较系统地掌握经济、财务会计理论和专业知识，具有较高的政策水平和丰富的财务会计工作经验，能负担一个地区、一个部门或一个系统的财务会计管理工作，较熟练地掌握一门外语；会计师必须较系统地掌握财务会计基础理论和专业知识，掌握并能正确贯彻执行有关的财经方针、政策和财务会计法规和制度，具有一定的财务会计工作经验，能担负一个单位或管理一个地区、一个部门、一个系统某方面的财务会计工作，掌握一门外语；助理会计师必须掌握一般的财务会计基础理论和专业知识，熟悉并能正确地执行有关的财经方针、政策和财务会计法规和制度，能担负一个方面或某个重要岗位的财务会计工作；会计人员必须初步掌握财务知识和技能，熟悉并能按照要求执行有关会计法规和财务会计制度，能承担一个岗位的财务会计工作。

3. 会计专业技术资格报名条件

(1) 坚持原则，具备良好的职业道德品质。

(2) 认真执行《中华人民共和国会计法》和国家统一会计制度，以及有关财经法律、法规、规章制度，无严重违反财经纪律的行为。

(3) 履行岗位职责，热爱本职工作。

(4) 具备会计从业资格，持有会计从业资格证书。

报名参加会计专业技术初级资格考试的人员，除具备上述所列基本条件外，还必须具备教育部门认可的高中以上学历。

报名参加会计专业技术中级资格考试的人员，除具备上述所列基本条件外，还必须具备下列条件之一：

（1）取得大专专科学历，从事会计工作满五年。

（2）取得大学本科学历，从事会计工作满四年。

（3）取得双学士学位或研究生毕业，从事会计工作满两年。

（4）取得硕士学位，从事会计工作满一年。

（5）取得博士学位。

●小贴士

会计专业技术初级资格考试科目为经济法基础、初级会计实务；会计专业技术中级资格考试科目为财务管理、中级会计实务和经济法；会计专业技术高级资格考试科目为高级会计实务。

任务实施

一、资讯

接受并明确工作任务，进行小组分工，每组4人，各自负责工作任务的阶段分解、需用物料的准备及相关知识原理的收集。

二、计划与决策

各组独立完成上述实务任务，第一节课完成基础知识问题解答，第二节课进行组间批改、答案核对与结果展示。

三、实施处理

1. 了解会计准则体系。

2. 了解会计职业活动的领域、会计机构设置、会计工作岗位的设置及其详细描述。

3. 了解会计人员的从业资格及专业技术职务。

四、检查

各小组间进行基础知识描述，最后由老师进行纠正、讲解。

五、总结评价

老师针对各组完成情况进行评比、公布，并进行归纳总结，力求各组能完整完成相应的工作任务。

项目二　会计要素与会计等式

情景设计

　　实习会计张小菲开始从事会计工作后，发现超市里很多业务的会计处理和自己的认识有所不同。例如，超市通过融资租赁方式租入一台仓库用的起重机，每年租金 50000 元，租期 10 年。张小菲认为这台起重机不属于公司所有，不应算作公司的资产。但财务主管关小雨在业务处理时，却将其按照公司的资产来处理。而且它的入账价值并不是公司应该支付的总租金 500000 元，而是 450000 元。张小菲向关小雨提出了自己的疑问，关小雨回答她说这是企业资产要素确认的规则，并且让她重新学习企业会计的六大要素。

　　实习记账一段时间后，张小菲把自己的账簿记录给关小雨看。关小雨只是简单地看了一下就告诉她，这份账簿记录有错误。张小菲疑惑地问关小雨是怎么发现的，关小雨解答说，这份账簿记录的资产余额与负债和所有者权益余额并不相等，违背了会计等式，因此在记录的过程中，肯定出现了错误。

学习目标

专业技能

1. 熟悉企业每笔经济业务事项所体现的会计要素。

2. 掌握会计等式的表现形式。

专业知识

1. 熟悉会计要素的含义。

2. 熟悉会计要素的特征。

职业素养

善于积极主动地积累记账方面的理论知识，为成为业务熟练、技术过硬的会计人员奠定基础。

任务一　会计要素盘点

●引入任务一

确认企业的会计要素

资料：广州 ABC 有限公司 2011 年 10 月部分经济业务事项。

1. 2011 年 10 月 1 日，购入原材料 1000 元。

2. 2011 年 10 月 21 日，向银行贷款 100000 元。

3. 2011 年 10 月 23 日，接受投资者投入 20000 元。

4. 2011 年 10 月 24 日，支付办公费用 500 元。

5. 2011 年 10 月 25 日，销售产品取得收入 50000 元。

6. 2011 年 10 月 31 日，本月利润为 50500 元。

要求：1. 说出以上每笔经济业务事项所体现的会计要素。

2. 确定公司下个月要买的空调，是否构成企业资产？为什么？

3. 确定公司仓库里储存的材料已腐烂变质，还能作为企业的资产吗？

4. 确认公司向灾区的捐款是费用吗？企业收到的保险理赔是收入吗？

5. 确认公司计划下月向银行贷款 50000 元是负债吗？

◆ **相关专业知识**

(一) 会计要素的含义

会计要素是指根据交易或者事项的经济特征所确定的财务会计对象的基本分类。

(二) 会计要素的分类

我国《企业会计准则》将会计要素划分为资产、负债、所有者权益、收入、费用和利润六类，其中，前三类属于反映财务状况的会计要素，在资产负债表中列示；后三类属于反映经营成果的会计要素，在利润表中列示。

知识点一：会计要素的确认

(一) 资产

1. 资产的定义

资产是指企业过去的交易或者事项形成的、由企业拥有或者控制的、预期会给企业带来经济利益的资源。

2. 资产的特征

（1）资产是由于过去的交易事项而形成的。资产必须是现实的资产，而不能是预期的资产，是由过去的交易或事项所产生的结果。未来的交易或事项以及尚未发生的交易或事项可能产生的结果，不能确认为资产。例如，企业上月购买的原材料应该确认为企业的资产，而企业计划将要购买的原材料则不能确认为企业的资产。

（2）资产是企业拥有或者控制的。一项资源要确认为企业资产，则该资源应被企业所拥有或为企业所控制，否则不能确认为企业的资产。例如，企业临时租入的其他单位的物品，不能确认为本企业的资产；而租给其他单位的物品，仍作为本企业的资产。

> ● **小贴士**
>
> 　　企业以融资租赁方式租入的固定资产，企业虽对其不拥有所有权，但能够实际控制，也应该确认为企业的资产。

（3）资产预期会给企业带来经济利益。资产必须能够直接或间接地给企业带来经济利益，如果某一资源预期不能给企业带来经济利益，那么就不能将其确认为企业的资产。例如，企业库存的原材料已过期变质，无法用于生产经营过程，在市场上也不能卖出价钱，不能给企业带来经济利益，就不能再作为企业的资产。

3. 资产的分类

按照不同标准，资产可以分为不同类别。

（1）企业的资产按变现或耗用时间的长短，可分为流动资产和非流动资产（长期资产）。通常在一年或超过一年的营业周期内变现或耗用的资产，称为流动资产，如库存现金、银行存款、原材料等；流动资产以外的资产称为非流动资产，如固定资产、无形资产、长期股权投资等。

（2）企业的资产按是否有实体形态，可以分为有形态资产和无形态资产等。

（二）负债

1. 负债的定义

负债是指企业过去的交易或事项形成的，预期会导致经济利益流出企业的现时义务。

2. 负债的特征

（1）负债是企业承担的现时义务。现时义务是指企业在现行条件已承担的义务。例如，银行借款利息一般半年支付一次，但每月都要将应支付的利息作为一项借债进行确认。未来发生的交易或者事项形成的义务，不属于现时义务，不应当确认为负债。

（2）负债的清偿预期会导致经济利益流出企业。负债将来要用库存现金、银行存款或商品偿还，会导致经济利益流出企业。

（3）负债由企业过去的交易或事项形成。将来发生的交易或事项不能确认为负债。

例如，企业计划下个月向银行借款 10 万元购买设备，这个月不能将这 10 万元确认为企业的负债。

3. 负债的分类

负债按其偿还速度或偿还时间的长短可划分为流动负债和非流动负债（长期负债）。

（1）流动负债。流动负债是指将在一年或超过一年的一个营业周期内偿还的负债，包括应付票据、预收账款、应付账款、应交税费、应付利息、应付职工薪酬、短期借款等。

（2）长期负债。长期负债是指偿还期超过一年或超过一个营业周期的负债，包括长期借款、长期应付款等。

（三）所有者权益

1. 所有者权益的定义

所有者权益是指企业资产扣除负债后由所有者享有的剩余权益。股份有限公司所有者权益又称股东权益。

2. 所有者权益的特征

（1）所有者权益反映的是产权关系，即企业净资产归谁所有。

（2）企业使用所有者投入的资本，一般情况下不需要支付费用。

（3）一般情况下，投资者不得随意抽回资本，只有在企业清算时，清偿负债后，才能将净资产返还给投资者。

（4）所有者凭借所有者权益可以参与企业利润分配。

3. 所有者权益的分类

企业所有者权益通常划分为实收资本、资本公积、盈余公积和未分配利润。

（1）实收资本。企业的实收资本是指投资者按照企业章程，或合同、协议的约定，实际投入企业的资本，即企业的注册资本或股本。所有者向企业投入的资本，在一般情况下无须偿还，可以长期使用。

（2）资本公积。企业的资本公积是指企业投资者投入的超过其在注册资本中所占份额部分的资金等。它有其特定的来源，由所有投资者共同享有。

（3）盈余公积。企业的盈余公积是指在国家规定的企业税后利润中按一定比例提取或形成的留存于企业内部的积累。

（4）未分配利润。企业的未分配利润是指企业本年度产生和以往年度结存的尚未分配的税后利润。

（四）收入

1. 收入的定义

收入指企业的日常活动中形成的、会导致所有者权益增加的、与所有者投入资本无关的经济利益的总流入。

2. 收入的特征

（1）收入是在企业的日常活动中形成的。收入源于企业为完成其经营目标所从事的经常性活动，而不是从偶尔的交易或事项中产生的。以制造业为例，产品销售、原材料销售、固定资产出租等活动流入的经济利益，与日常活动有关，应该确认为企业的收入；出售固定资产、无形资产等，由于不属于企业日常活动，其流入不能确认为收入，在会计上称为得利。

（2）收入与所有者投入的资本无关。收入会导致经济利益注入企业，但并非所有经济利益的流入都是收入，如所有者投入的资本也会导致经济利益流入企业，但应计入所有者权益，而不能确认为收入。

（3）收入只包括本企业的经济利益的流入，不包括为第三方或客户代收的款项。企业为第三方或客户代收的款项，如增值税、代收利息等，一方面增加了企业的资产，另一方面增加了企业的负债，因此不增加企业的所有者权益，不能作为本企业的收入。

（4）收入能导致企业所有者权益的增加。收入会表现为企业资产的增加，或负债的减少，或两者兼而有之，但最终将导致所有者权益增加。

3. 收入分类

（1）收入按从事日常活动的性质不同，分为销售商品收入、提供劳务收入（如提供咨询服务收入、提供安装服务收入、提供运输收入等）和让渡资产使用权收入（如利息收入、出租收入等）。

（2）收入按企业经营业务主次不同，分为主营业务收入和其他业务收入。

主营业务收入是指企业通过主要生产经营活动所取得的收入。在制造业企业中主要包括销售商品、对外提供劳务等所取得的收入。

其他业务收入是指企业主营业务以外的，企业附带经营的业务所取得的收入。在制造业企业中主要包括出售原材料、出租固定资产、出租无形资产等业务所取得的收入。

（五）费用

1. 费用的定义

费用是指企业在日常活动中发生的、会导致所有者权益减少的、与向所有者分配利润无关的经济利益的总流出。

2. 费用的特征

（1）费用是在企业日常活动中发生的，而不是在偶尔的交易或事项中发生的。日常活动的界定与收入定义中涉及的日常活动一致。例如，企业的广告费、宣传费、办公用品费等活动流出的经济利益，与日常活动有关，应该确认为企业的费用；但对外捐赠、自然灾害造成的损失、财产物资的短缺等，由于不属于企业日常活动，其流出的经济利益不能确认为费用，在会计上称为损失。

（2）费用会导致所有者权益减少。费用可能表现为资产减少或是负债增加，或者两者兼而有之，但最终会导致所有者权益减少。

（3）费用与向所有者分配利润无关。费用会导致经济利益流出企业，但并非所有的经济利益的流出都属于费用，如向投资者分配利润、向银行归还贷款等，这是所有者权益的兑现和负债的偿付，并不是费用的支出。

> ●小贴士
> 费用与收入是相对应的概念，是企业为取得收入而付出的代价。

3. 费用的分类

费用按照与收入的关系，可分为营业成本和期间费用。

（1）营业成本。营业成本是指所销售商品或是提供劳务的成本。营业成本按照其所有销售商品或提供劳务在企业日常活动中所处的地位，可以分为主营业务成本和其他业务成本。

（2）期间费用。期间费用是指与会计期间相关，与产品生产无直接关系的费用，包括管理费用、销售费用和财务费用。管理是指行政管理部门为组织和管理生产经营活动而发生的各种费用，例如行政管理部门人员的工资、福利费、固定资产折旧费、业务招待费、工会经费等。销售费用是指企业在销售商品和提供劳务等日常活动中发生的除营业成本以外的各项费用以及专设销售机构的各项费用，如运输费、包装费、广告费等。财务费用是指企业为了筹集生产经营所需要的资金而发生的各项费用，如贷款手续费、利息支出等。

> ●小贴士
> 期间费用直接计入当期损益。

（六）利润

1. 利润的定义

利润是指企业在一定会计期间的经营成果。利润包括收入减去费用后的净额、直接计入当期利润的利得和损失等。

2. 利润的特征

从狭义角度看，利润是企业生产经营的目标，它表现为一定会计期间内收入与费用配比的结果，这个结果会使企业所有者权益增加。

3. 利润的分类

利润一般包括营业利润、利润总额、净利润。

营业利润是指企业的营业收入减去营业成本、营业税金、期间费用，加上投资收益后的余额；利润总额是指营业利润加营业外收入减去营业外支出后的部分；净利润是指利润总额减去所得税后的金额。

●引入任务二

计量企业的会计要素

资料： 广州 ABC 有限公司 2011 年 10 月部分经济业务事项。

1. 2011 年 9 月，以 100 元/千克的价格购入原材料 100 千克，则该材料的入账价值为 10000 元。2011 年 10 月，该材料价格上涨至 120 元/千克，而其账面价值仍保持 10000 元不变。

2. 财产清查时发现一台账外电脑，该电脑已使用了几年，现在若购买这种品牌的二手电脑，市场价格为 1500 元，因此该电脑按 1500 元的价值登记入账。

3. 月末库存产品 200 件的账面金额为 200000 元，但按市场售价只能卖 150000 元，并且还需支付销售费用 1000 元，则编制资产负债表时按 149000 元计量。

4. 从租赁公司租入设备 10 年，该设备作为固定资产的入账价值以未来每年租赁费 100000 元，折算为现在的价值 850000 元。

5. 接受股东以专利投资，该专利评估作价为 800000 元。双方均认可，则该专利作为无形资产的入账价值为 800000 元。

要求： 说出以上每笔经济业务事项在确定会计要素金额时所采用的方法。

知识点二：会计要素的计量

会计计量是将符合确认条件的会计要素登记入账并列于财务报表而确定其金额的过程。企业应当按照规定的会计计量属性进行计量，确定相关金额。

（一）会计计量属性及其构成

会计计量属性反映的是会计要素金额的确定基础，主要包括历史成本、重置成本、可变现净值、现值、公允价值。

1. 历史成本

历史成本，又称为实际成本，就是取得或制造某项财产物产时所实际支付的现金或其等价物。历史成本计量，要求对企业资产、负债和所有者权益等项目的计量，应当基于经济业务的实际交易成本，而不考虑随后市场价格变动的影响。

历史成本计量要求对企业资产按照其购置时支付的现金或现金等价物的金额，或者按照购置资产时所付出的对价的公允价值计量；负债按照其应承担现时义务的合同金额，或者按照日常活动中为偿还负债预期需要支付的现金或者现金等价物的金额计量。多用于会计要素基本的账面计量。

2. 重置成本

重置成本，又称现行成本，是指按照当前市场条件，重新取得同样一项资产所需支付的现金或现金等价物的金额。

在重置成本计量下，资产按照现在购买相同或者相似资产所需支付的现金或者现金等价物的金额计量；负债按照现在偿付该项债务所需支付的现金或者现金等价物的金额计量。

重置成本是现在时点的成本，它强调站在企业主体角度，以投入到某项资产上的价值作为重置成本。在实务中，重置成本多应用于盘盈固定资产的计量等。

3. 可变现净值

可变现净值是指在正常生产经营过程中，以预计售价减去进一步加工成本和预计销售费用以及相关税费的净值。

在可变现净值计量下，资产按照其正常对外销售所能收到现金或者现金等价物的金额扣减该资产到完工时估计将要发生的成本、估计的销售费用以及相关税费后的金额计量，多用于存货价值。

4. 现值

现值是指用恰当的折现率对终值进行折现后的价值，是考虑资金时间价值的一种计量属性。

在现值计量下，资产按照预计从其持续使用和最终处置中所产生的未来净现金流入量的折现金额计量；负债按照预计期限内需要偿还的未来现金流出量的折现金额计量。多用于分期付款所购长期资产等的计量。

5. 公允价值

公允价值是指在公平交易中，熟悉情况的交易双方自愿进行资产交换或者债务清偿的金额。

在公允价值计量下，资产和负债按照在公平交易中熟悉情况的交易双方自愿进行资产交换或者债务清偿的金额计量。多用于交易性金融资产的计量。

（二）计量属性的运用原则

企业在对会计要素进行计量时，一般应当采用历史成本。采用重置成本、可变现净值、现值、公允价值计量的，应当保证所确定的会计要素金额能够持续取得并可靠计量。

任务实施

一、资讯

接受并明确工作任务，进行小组分工，每组 4 人，各自负责工作任务的阶段分解、需用物料的准备及相关知识原理的收集。

二、计划与决策

各组独立完成上述实务任务，第一节课完成归纳总结，第二节课进行组间交流、答案核对与结果展示。

三、实施处理

1. 明确会计要素的含义及其分类。

2. 熟记会计的六大要素：资产、负债、所有者权益、收入、费用、利润。

3. 了解会计要素的计量属性及运用原则。

四、检查

各小组间进行会计要素的计量，最后由老师进行纠正、讲解。

五、总结评价

老师针对各组完成情况进行评比、公布，并进行归纳总结，力求各组能完整完成相应的工作任务。

任务二　会计等式解析

●引入任务

判断企业的经济业务类型

资料： 广州 ABC 有限公司 2011 年 11 月部分经济业务事项。

1. 2011 年 11 月 1 日，购回材料 60000 元，货款尚未支付。

2. 2011 年 11 月 3 日，收到追加投资款 300000 元，货款尚未支付。

3. 2011 年 11 月 5 日，以银行存款 80000 元偿还以前所欠货款。

4. 2011 年 11 月 8 日，经批准减少资本 40000 元，以银行存款退还投资者。

5. 2011 年 11 月 10 日，购入价款 86000 元的设备一台，款项通过银行支付。

6. 2011 年 11 月 15 日，从银行取得 8 个月的贷款 80000 元，偿还之前欠供货单位的货款。

7. 2011 年 11 月 20 日，经批准将资本公积 60000 元转作资本。

8. 2011 年 11 月 28 日，经研究利润分配，应付投资者利润 30000 元同意转作红星公司的投资。

要求： 1. 确认每笔经济业务事项所属的会计要素类别。

2. 判断每笔经济业务时哪个会计要素增加。哪个会计要素减少。

3. 分析以上经济业务事项对会计等式的影响。

◆ **相关专业知识**

会计等式，又称会计恒等式、会计方程式或会计平衡公式，它是指会计要素之间的内在关系，从本质上看，会计等式提示了会计主体的产权关系、基本财务状况和经营成果。

知识点一：会计等式的表现形式

（一）反映会计主体产权关系的会计等式

资产=权益

企业要从事生产经营活动，必须拥有或控制一定数额的资产，而这些资产要么来源于债权人，要么来源于投资人，会计上把债权人权益和投资人权益合称为权益。资产表明企业拥有或控制的资源，权益表明这些资源的来源，二者相互依存。从数量上看，有一定数额的资产必然有一定数额的权益；反之，有一定数额的权益也必定有一定数额的资产。也就是说，一个企业有多少资产，就意味着有关方对这些资产有多大的权权，资产和权益是一个事物的两个方面。

（二）反映会计主体财务状况的会计等式

资产=负债+所有者权益

企业资产中来源于债权人提供的部分形成企业的负债，来源于投资人投入的部分形成企业的所有者权益。这是最基本的会计等式，是资金的静态表现，它是复式记账和编制资产负债表的基础。

（三）反映会计主体经营成果的会计等式

收入–费用=利润

企业日常经营活动的主要目的是获取收入，实现盈利。企业在取得收入的同时，也必然要发生相应的费用。通常将收入与费用比较后，才能确定企业一定时期的盈利水平，即企业一定时期所获得的收入扣除所发生的各项费用后的余额，就表现为利润。

●**小贴士**

在实际工作中，日常活动取得的收入减去日常活动中产生的费用，加上相关的得利，减去相关的损失才是利润。

知识点二：经济业务对会计等式的影响

企业在生产经营过程中，每天会发生多种多样、错综复杂的经济业务，从而引起各会计要素的增减变动，但并不影响资产与权益的恒等关系。资产与权益的恒等关系，是复式记账法的理论基础，也是编制资产负债表的依据。

（一）经济业务对"资产=权益"等式的影响

经济业务的发生引起"资产=权益"等式两边会计要素变动的方式，可以总结归纳为以下四种类型。

1. 资产与权益同时等额增加

资产（增加）=权益（增加）

例如：企业将接受的追加投资款 10000 元存入银行。

这笔经济业务的发生，引起了银行存款这项资产增加 10000 元，投资款这项所有者权益也增加 10000 元，等式两边同时等额增加，使资产总额仍然等于权益总额。

2. 资产与权益同时等额减少

资产（减少）=权益（减少）

例如：企业用银行存款 18000 元，偿还前欠贷款。

这笔经济业务的发生。引起银行存款这项资产减少了 18000 元，应付账款这项债权人权益也减少了 18000 元，等式两边同时等额减少，使资产总额仍然等于权益总额。

3. 资产方等额增减，权益不变

资产（增加和减少）=权益

例如：企业从银行提取现金 5000 元。

这笔经济业务的发生，引起银行存款这项资产减少了 5000 元，库存现金这项资产增加了 5000 元，等式一边同时等额增减，使资产总额仍然等于权益总额。

4. 权益方等额增减，资产不变

资产=权益（增加和减少）

例如：企业经银行同意将短期借款 30000 元展期两年，变更为长期贷款。

这笔经济业务使短期贷款这项债权人权益减少了 30000 元，长期借款这项债权人权益增加了 30000 元，等式一边同时等额增减，使资产总额仍然等于权益总额。

（二）经济业务对"资产=负债+所有者权益"等式的影响

如果把权益分为负债和所有者权益两个会计要素，不难看出经济业务对会计等式"资产=负债+所有者权益"的影响，可以扩展为九种类型变化。

（1）资产和负债要素同时等额增加。

资产（增加）=负债（增加）+所有者权益

（2）资产和负债要素同时等额减少。

资产（减少）=负债（减少）+所有者权益

（3）资产和所有者权益要素同时等额增加。

资产（增加）=负债+所有者权益（增加）

（4）资产和所有者权益要素同时等额减少。

资产（减少）=负债+所有者权益（减少）

（5）资产要素内部项目等额增减，负债和所有者权益要素不变。

资产（增加、减少）=负债+所有者权益

（6）负债要素内部项目等额增减，资产所有者权益要素不变。

资产=负债（增加、减少）+所有者权益

（7）所有者权益要素内部项目等额增减，资产和负债要素不变。

资产=负债+所有者权益（增加、减少）

（8）负债要素增加，所有者权益要素等额减少，资产要素不变。

资产=负债（增加）+所有者权益（减少）

（9）负债要素减少，所有者权益要素等额增加，资产要素不变。

资产=负债（减少）+所有者权益（增加）

综上所述，每一项经济业务的发生，都必然会引起会计等式的一方或双方会计要素相互联系的等量变化，即当涉及会计等式的一方时，会计要素的数额发生相反方向的等额变动，但始终不会打破等式的平衡关系。

任务实施

一、资讯

接受并明确工作任务，进行小组分工，每组 4 人，各自负责工作任务的阶段分解、需用物料的准备及相关知识原理的收集。

二、计划与决策

各组独立完成上述实务任务，第一节课完成归纳总结，第二节课进行组间交流、答案核对与结果展示。

三、实施处理

1. 熟悉会计等式的三大表现形式：会计主体产权关系、会计主体财务状况、会计主体经营成果。

2. "资产=权益"等式的影响因素。

3. "资产=负债+所有者权益"等式的影响因素。

四、检查

各小组间进行会计等式解析，最后由老师进行纠正、讲解。

五、总结评价

老师针对各组完成情况进行评比、公布，并进行归纳总结，力求各组能完整完成相应的工作任务。

项目三　会计科目与账户

情景设计

　　张小菲实习记账一段时间后，感觉自己对业务的记录一团糟，记账的结果总是无法满足会计等式。财务主管关小雨仔细查看了她的账务记录后，发现她的问题主要表现为对会计账簿的使用不正确，例如将应收账款和应付账款记混；公司收回欠款时，本应登记为应收账款的减少，她却登记成应付账款的减少；公司的应付职工薪酬科目本应是负债类科目，她却登记成资产类科目。关小雨将张小菲记账过程中的错误一一指了出来，重新帮她调整了会计记录。

学习目标

专业技能

1. 能对简单经济业务进行分析，并正确选择与之相对应的会计科目。

2. 能用借贷记账法的基本原理编制会计分录。

专业知识

1. 熟练掌握借贷记账法的原理。

2. 熟悉借贷记账法不同类账户的结构。

职业素养

熟悉常用的会计科目，为日后的记账工作打下坚实的基础。

任务一 会计科目介绍

●**引入任务**

选择企业经济业务所属的会计科目

资料：广州 ABC 公司 2011 年 12 月的经济业务事项。

1. 2011 年 12 月 1 日，收到粤东公司的追加投资款 1000000 元，款项已存入银行。

2. 2011 年 12 月 1 日，从银行取得期限为 6 个月的借款 150000 元，款项已划入银行存款账户。

3. 2011 年 12 月 10 日购入不需要安装的设备一台并已交付使用，设备的买价为 18000 元，增值税进项税额为 3060 元，全部款项已通过银行支付。

4. 2011 年 12 月 15 日，从正日公司购进甲材料 8000 千克（15 元/千克）；购进乙材料 2000 千克（10 元/千克）；增值税进项税额 23800 元，材料均已验收入库，货款税款已通过银行支付。

5. 2011 年 12 月 17 日，从正日公司购进甲材料 500 千克（15 元/千克）；购进乙材料 2000 千克（10 元/千克）；增值税进项税额为 4675 元，材料均已验收入库，货款暂未支付。

6. 2011 年 12 月 19 日，用银行存款偿还正日公司货款 32175 元。

7. 2011 年 12 月 20 日，本月共领用甲材料 75000 元（5000 千克），乙材料 15000 元（1500 千克）。其中，生产 A 产品耗费 40000 元，生产 B 产品耗费 30000 元，生产车间一般耗费 15000 元，行政管理部门耗费 5000 元。

8. 2011 年 12 月 21 日，计算本月应付工资，其中，生产 A 产品的工人工资为 24000 元，生产 B 产品的工人工资为 25000 元，车间管理人员的工资为 13000 元，厂部行政管理人员的工资为 18000 元。

9. 2011 年 12 月 22 日，银行提取现金 5000 元备用。

10. 2011 年 12 月 22 日，签发转账支票通过银行发放职工工资 80000 元。

11. 2011 年 12 月 23 日，用现金 500 元购买办公用品，其中，厂部管理部门领用 300 元的办公用品，生产车间领用 200 元的办公用品。

12. 2011 年 12 月 24 日，管理部门张三出差预借旅费 3000 元，以现金支付。

13. 2011 年 12 月 25 日，用银行存款支付修理费，其中，生产车间修理费 2000

元，厂部修理费 1500 元。

14. 2011 年 12 月 25 日，用现金 690 元支付报刊费。

15. 2011 年 12 月 25 日，用银行存款支付本月电费 7800 元，其中，生产车间电费 6300 元，厂部电费 1500 元。

16. 2011 年 12 月 27 日，向大安公司销售 A 产品 900 件（130 元/件），货款计 117000 元，增值税销项税额为 19890 元，全部款项已存入银行。

17. 2011 年 12 月 27 日，向大都公司销售 B 产品 1800 件（50 元/件），货款计 90000 元，增值税销项税额为 15300 元，款项全部未收到。

18. 2011 年 12 月 28 日，向金大公司销售剩余的丙材料一批，货款计 5400 元，增值税销项税额为 918 元，全部款项已存入银行。

19. 2011 年 12 月 28 日，收到大都公司部分欠款 87750 元，款项已存入银行。

20. 2011 年 12 月 28 日，预收前进公司货款 30000 元，款项已存入银行。

21. 2011 年 12 月 28 日，用银行存款支付广告费 3000 元。

22. 2011 年 12 月 31 日，计提本月固定资产折旧费 11500 元，其中，生产车间折旧费 9700 元，管理部门折旧费 1800 元。

23. 2011 年 12 月 31 日，将本月 46200 元的制造费用进行分配，其中，A 产品应负担 26200 元，B 产品应负担 20000 元。

24. 2011 年 12 月 31 日，结转本月完工入库产品的成本，其中，A 产品完工入库数量 1000 件，生产成本为 90200 元，B 产品完工入库数量 2000 件，生产成本为 75000 元。

25. 2011 年 12 月 31 日，结转已售产品实际生产成本，其中，A 产品的实际生产成本为 83948 元，B 产品的实际生产成本为 59062 元。

26. 2011 年 12 月 31 日，计算出本月应缴纳的城市维护建设税 111.86 元，教育费附加 47.94 元。

27. 2011 年 12 月 31 日，收到对公司职工安武因违反规定的罚款总计现金 500 元。

28. 2011 年 12 月 31 日，结转已售出丙材料成本 3000 元。

29. 2011 年 12 月 31 日，经董事会决定，给希望小学捐款 8000 元，款项已通过银行划转。

30. 2011 年 12 月 31 日，计算本月应负担的借款利息 442.50 元。

31. 2011 年 12 月 31 日，将本月损益类账户余额全部结转至"本年利润"账户。其中，主营业务收入 207000 元，其他业务收入 5400 元，营业外收入 500 元；主营业务成本 153010 元，其他业务成本 3000 元，营业税金及附加 159.80 元，销售费用 3000 元，管理费用 28790 元，财务费用 442.50 元，营业外支出 8000 元。

32. 2011 年 12 月 31 日，计算出本月所得税费用 2649.43 元。

33. 2011 年 12 月 31 日，结转本月所得税费用 2649.43 元至"本年利润"账户。

34. 2011 年 12 月 31 日，结转本年净利润 7948.27 元至"分配利润"账户。

要求：1. 将每笔经济业务事项用两个或两个以上的"关键词"进行概括。

2. 在会计科目表中找出"关键词"对应的会计科目并确定它们属于哪种类型。

◆ 相关专业知识

会计科目是对会计六要素的具体内容进行分类后的类别名称。会计科目是填制记账凭证和设置账户的依据，是编制会计报表的基础。

●小贴士

会计科目是会计对象细分的第三个层次。

知识点一：会计科目的分类

（一）按其归属的会计要素分类

企业会计科目按其归属的会计要素不同，通常可以分为资产类、负债类、所有者权益类、成本类、损益类五大类。

1. 资产类科目

资产类科目是对资产要素的具体内容进行分类后的名称，按资产的流动性分为反映流动资产的科目和反映非流动资产的科目。

反映流动资产的科目有"库存现金"、"银行存款"、"应收账款"、"库存商品"等；反映非流资产的科目有"长期股权投资"、"长期应收款"、"固定资产"、"无形资产"等。

2. 负债类科目

负债类科目是对负债要素的具体内容进行分类后的名称。按负债的偿还期限分为反映流动负债的科目和反映长期负债的科目。

反映流动负债的科目有"短期借款"、"应付账款"、"应付职工薪酬"、"应缴税费"等；反映长期负债的科目有"长期借款"、"应付债券"、"长期应付款"等。

3. 所有者权益类科目

所有者权益科目是对所有者权益要素的具体内容进行分类后的名称，按所有者权益的形成和性质可分为反映资本的科目和反映留存收益的科目。

反映资本的科目有"实收资本"（或"股本"）、"资本公积"等；反映留存收益的科目有"盈余公积"、"本年利润"、"利润分配"等。"本年利润"科目属于利润会计要素，由于企业实现利润会增加所有者权益，因而将其作为所有者权益科目。

4. 成本类科目

成本类科目是对生产成本和劳务成本的构成要素的具体内容进行分类后的名称，按成本的不同内容和性质可分为反映制造成本的科目和反映劳务成本的科目。

反映制造成本的科目有"生产成本"、"制造费用"科目；反映劳务成本的科目有"劳务成本"等。成本类科目归属于资产要素，成本是企业生产产品、提供劳务所消耗的价值体现，为了单独计算产品成本、劳务成本，因此设置成本类科目。

5. 损益类科目

损益类科目是对收入、费用要素具体内容进行分类后的名称。按损益的不同内容可以分为反映收入的科目和反映费用的科目。

反映收入的科目有"主营业务收入"、"其他业务收入"、"营业外收入"等；反映费用的科目有"主营业务成本"、"其他业务成本"、"管理费应"、"账务费用"、"销售费用"、"所得税费用"、"营业外支出"等。

（二）按其提供信息的详细程度及其统驭关系分类

会计科目按提供信息详细程度及其统驭关系，可以分为总分类科目和明细分类科目两大类。

1. 总分类科目

总分类科目又称一级科目或总账科目，它是对会计要素具体内容进行总括分类、提供总括信息的会计科目；总分类科目反映各种经济业务的概括情况，是进行总分类核算的依据。如"应收账款"、"应付账款"、"原材料"等。

2. 明细分类科目

明细分类科目又称明细科目，是对总分类科目做进一步分类、提供更详细和更具体会计信息的科目。对于明细科目较多的分类科目，可在总分类科目与明细科目之间设置二级或多级科目，如设置二级明细科目（也称子目）、三级明细科目（也称细目）等。二级明细科目是对总分类科目进一步分类的科目，三级明细科目是对二级明细科目进一步分类的科目。如"应收账款"科目按债务人名称或姓名设置明细科目，反映应收账款的具体对象。总分类科目与各级明细分类科目之间的关系，如表3-1所示。

表3-1　总分类科目与各级明细科目之间的关系

总分类科目（一级科目）	明细分类科目	
	二级明细科目（子目）	三级明细科目（细目）
原材料	原材料及主要材料	甲材科
		乙材科
	辅助材料	润滑油
		油漆

续表

总分类科目（一级科目）	明细分类科目	
	二级明细科目（子目）	三级明细科目（细目）
原材料	燃料类	焦炭
		汽油
库存商品	家电类	电视机
		洗衣机
	食品类	饮料
		饼干
	洗涤用品类	肥皂
		洗衣粉

总分类科目和明细分类科目的关系是：总分类科目对其所属的明细分类科目具有统驭和控制的作用，而明细分类科目是对其所归属的总分科目的补充和说明。总分类科目及其明细科目，共同反映经济业务的情况。

知识点二：会计科目的设置

会计科目的设置取决于企业的管理要求、管理水平、规模大小、业务繁杂程度，既不要过于复杂烦琐，增加不必要的工作量，又不要过于简单粗略，各项会计要素混淆不清，不能满足会计信息使用者的需要。

（一）会计科目的设置原则

会计科目作为反映会计要素的构成及其变化情况，为投资者、债权人、企业经营管理者等提供会计信息的重要手段，在其设置过程中应努力做到科学、合理、适用。因此，会计科目在设置过程中应遵循下列原则。

1.合法性原则

合法性是指所设置的会计科目应符合国家统一的会计制度要求。

在我国，总分类科目原则上由财政部统一制定，主要是为了保证会计信息的可比性。企业可以根据自身的生产经营特点，在不影响会计核算要求，以及对外提供统一的财务会计报表的前提下，自行增设、减少或合并某些会计科目。

2.相关性原则

相关性是指所设置的会计科目应当为有关各方的会计信息使用者提供有用的信息资料，满足对外报告与对内管理的要求。

会计核算，既要为政府职能部门对国民经济进行宏观经济管理提供会计信息，又要为投资者、债权人了解企业财务状况、经营成果等，进行投资决策提供会计信息，还要为企业管理的经营预测、决策和管理提供会计信息。因此，会计科目的设置，要便于为有关方面提供所需要的会计信息。例如，为了对外提供企业固定资产和资本金规模方面的信息，应设置"固定资产"、"实收资本"总分类科目，同时，还应按固定资产类别、固定资产项目和投资人设置明细分类科目，以满足固定资产管理和资本金管理要求。

3. 实用性原则

实用性是指所设置的会计科目应符合单位自身特点，满足单位实际需要。

企业应根据所设置的会计制度的规定，设置和使用会计科目。同时，会计科目的设置还应符合企业自身的特点，以满足实际需要。例如，对于流通企业而言，由于主要的经营活动是购进和销售商品，不进行产品生产，因而一般不需要设置"生产成本"科目，但需要设置反映商品采购、商品销售，以及在购、销、存等环节发生各项费用的会计科目。

（二）常用会计科目

一般企业常用的会计科目表，如表3-2所示。

表3-2　企业常用会计科目表

顺序号	编号	会计科目名称	顺序号	编号	会计科目
一、资产类			27	1702	累计摊销
1	1001	库存现金	28	1801	长期待摊费用
2	1002	银行存款	29	1901	待处理财产损溢
3	1012	其他货币资金	二、负债类		
4	1101	交易性金融资产	30	2001	短期借款
5	1121	应收票据	31	2201	应付票据
6	1122	应收账款	32	2202	应付账款
7	1123	预付账款	33	2203	预收账款
8	1131	应收股利	34	2211	应付职工薪酬
9	1132	应收利息	35	2221	应交税费
10	1221	其他应收款	36	2231	应付利息
11	1231	坏账准备	37	2232	应付股利
12	1401	材料采购	38	2241	其他应付款
13	1402	在途物资	39	2501	长期借款
14	1403	原材料	40	2502	应付债券
15	1405	库存商品	41	2701	长期应付款
16	1411	周转材料	三、所有者权益类		
17	1471	存货跌价准备	42	4001	实收资本
18	1511	长期股权投资	43	4002	资本公积
19	1531	长期应收款	44	4101	盈余公积
20	1601	固定资产	45	4103	本年利润
21	1602	累计折旧	46	4104	利润分配
22	1603	固定资产减值准备	四、成本类		
23	1604	在建工程	47	5001	生产成本
24	1605	工程物资	48	5101	制造费用
25	1606	固定资产清理	49	5201	劳务成本
26	1701	无形资产			

续表

序号	编号	会计科目名称	顺序号	编号	会计科目
		五、损益类	57	6403	营业税金及附加
50	6001	主营业务收入	58	6601	销售费用
51	6011	其他业务收入	59	6602	管理费用
52	6101	公允价值变动损益	60	6603	账务费用
53	6111	投资收益	61	6701	资产减值损失
54	6301	营业外收入	62	6711	营业外支出
55	6401	主营业务成本	63	6801	所得税费用
56	6402	其他业务成本	64	6901	以前年度损益调整

●小贴士

会计科目表中的科目为总分类科目。会计科目的编号是为了方便应用会计软件进行会计电算化工作，我国对总账科目和部分二级科目进行了统一编号。

任务实施

一、资讯

接受并明确工作任务，进行小组分工，每组 4 人，各自负责工作任务的阶段分解、需用物料的准备及相关知识原理的收集。

二、计划与决策

各组独立完成上述实务任务，第一节课完成会计科目及账户的分类，第二节课进行组间批改、答案核对与结果展示。

三、实施处理

1. 准备相关的经济业务事项。可以引用教材的实例。

2. 注明对应的会计科目。每个小组由组长牵头，组员配合列出每笔经济业务对应的会计科目。旨在掌握会计科目的概念、分类、设置等。

3. 注明对应的账户。每个小组由组长牵头，组员配合列出每笔经济业务对应的会计科目应该归属的账户类型。旨在弄清楚会计科目与账户的区别与联系以及账户的定义、分类、功能、结构等。

四、检查

各小组间进行会计科目及账户的检查、批改，最后由老师进行纠正、讲解。

五、总结评价

老师针对各组完成情况进行评比、公布，并进行归纳总结，力求各组能完整完成相应的工作任务。

任务二 账户设置

◆ **相关专业知识**

账户是根据会计科目的名称设立的, 具有一定格式和结构, 用来反映由于经济业务的发生而引起会计要素的增减变动情况及其结果的载体。设置账户是会计核算的重要方法之一。

会计科目仅仅是对会计要素的具体内容进行分类的总称, 它不能反映交易或事项的发生所引起的会计要素各项目的增减变动情况和结果, 不能提供会计信息的具体数据资料, 只有通过账户记录才能取得。因此, 在设置会计科目后, 还必须根据规定的会计科目开设账户, 用来对各项交易或事项进行连续、系统的记录, 以提供有用的会计信息。

知识点一: 账户的分类

账户是根据会计科目开设的, 所以会计科目反映的经济内容也就是账户的核算内容。因此, 账户和会计科目一样, 也可以按反映的经济内容分类或按反映经济内容的详细程度分类。

（一）按反映的经济内容分类

账户按其所反映的经济业务内容不同, 可分为资产类账户、负债类账户、所有者权益类账户、成本类账户和损益类账户。

1. 资产类账户

资产类账户是根据资产类会计科目设置的, 用来记录企业资产的增减变动及结存情况的账户, 包括反映流动资产的账户和反映非流动资产的账户两类。反映流动资产的账户主要有 "库存现金"、"银行存款"、"应收账款" 等; 反映非流动资产的账户主要有 "长期股权投资"、"固定资产"、"无形资产" 等。

2. 负债类账户

负债类账户是根据负债类会计科目设置的, 用来记录企业负债的增减变动及结存情况的账户，包括反映流动负债的账户和反映长期负债的账户两类。反映流动负债的账户主要有"短期贷款"、"应付债券"、"长期应付款"等。

3. 所有者权益类账户

所有者权益类账户是根据所有者权益类会计科目设置的，用来记录企业资产扣除负债后由所有者享有的剩余权益的增减变动及结余情况的账户，包括反映投入资本的账户和反映资本积累的账户两类。反映投入资本的账户主要有"实收资本"、"资本公积"等；反映资本积累的账户主要有"盈余公积"、"本年利润"、"利润分配"等。

4. 成本类账户

成本类账户是根据成本类会计科目设置的，用来记录和归集企业的生产费用，据以计算产品成本的账户，主要包括"生产成本"、"制造费用"等。

5. 损益类账户

损益类账户是根据成本类会计科目设置的，用来记录企业实现的收入和发生的相关费用以及直接计入利润和损失，并计算当期损益的账户。反映收入的账户主要有"主营业务收入"、"营业外收入"等；反映费用的账户主要有"主营业务成本"、"营业外支出"、"管理费用"等。

（二）按反映的经济内容的详细程度分类

账户按反映经济内容的详细程度分类，也可分为总类账户和明细分类账户两类。

总类账户是根据总分类科目设置的，以货币为计量单位，用于对会计要素具体内容进行总括分类核算的账户，简称总账。

明细分类账户是根据明细分类科目设置的，以货币、实物等为计量单位，用于对会计要素具体内容进行明细分类核算的账户，简称明细账。

总账和明细账之间的关系是统驭与被统驭的关系，前者统驭后者，后者对前者起补充说明的作用，从属于前者。

●小贴士

与会计科目一样，并不是所有的账户都必须设置明细分类账户，应该根据企业的实际情况决定是否设置或者如何设置明细分类账户。

知识点二：账户的功能与结构

（一）账户的功能

账户的功能在于连续、系统、完整地提供企业经济活动中各会计要素增减变动及其结果的具体信息。其中，会计要素在特定会计期间增加和减少的金额，分别称为账户的"本期增加发生额"和"本期减少发生额"，二者统称为账户的"本期发生额"；会计要素在会计期末的增减变动结果，称为账户的"余额"，具体表现为期初余额和期末余额，账户上期的期末余额转入本期，即为本期的期初余额；账户本期的期末余额转入下期，即为下期的期初余额。

账户的期初余额、期末余额、本期增加发生额和本期减少发生额统称为账户的四个金额要素。对于同一账户而言，它们之间的基本关系为：

期末余额=期初余额+本期增加发生额−本期减少发生额

（二）账户的结构

账户的结构是指账户用来记录交易或事项的具体格式。由于交易或事项的发生所引起的会计要素具体内容的变动，从数量上不外乎表现为增加和减少两种情况。因此，账户的基本结构应该包括增加和减少两部分。相应地，账户也应固定分为左、右两个方向，一方登记增加，另一方登记减少。至于哪一方登记增加，哪一方登记减少，则取决于所记录交易或事项的内容和账户的性质。

账户的基本结构如表3-3所示，具体包括以下内容：

（1）账户的名称（会计科目）。

（2）日期（记录经济业务的日期）。

（3）凭证编号（账户所依据的记账凭证日期）。

（4）摘要（概括说明经济业务的内容）。

（5）金额（增加金额、减少金额和余额）。

表3-3　账户名称

总页号	分页号

一级科目＿＿＿＿＿＿

明细科目：　　　　　　　　　　　　　子目或户名＿＿＿＿＿＿

月	种类	号数	摘要	凭证 借方 核对										贷方										核对 借或贷	余额									
				亿	千	百	十	万	千	百	十	元	角	分	亿	千	百	十	万	千	百	十	元	角	分	亿	千	百	十	万	千	百	十	元	角	分

为了叙述方便，上述账户的基本结构，可以简化为"T"字形，称为"T"形账户。如图3-1所示。

知识点三：账户与会计科目的关系

图3-1　"T"形账户

（一）会计科目与账户的联系

（1）会计科目是账户的名称，也是设置账户的依据；账户则是会计科目的具体运用，所以会计科目的名称与账户的名称是一致的。

（2）会计科目的核算内容决定了账户的核算内容，会计科目的分类决定了账户的分类，都分为资产类、负债类、所有者权益类、成本类和损益类。

（3）没有会计科目，账户便失去了设置的依据；没有账户，会计科目便无法发挥作用。

（二）会计科目与账户的区别

（1）会计科目只是账户的名称，不存在结构；而账户则具有一定的格式和结构。

（2）会计科目反映会计核算的经济内容，而账户不仅反映会计核算的经济内容，而且也系统地核算和监督其增减变化及结余情况。

（3）会计科目主要为开设账户、填制凭证所用；而账户主要提供某一具体会计对象的会计资料，为编制账务报表所用。

> ●小贴士
>
> 在实际工作中，账户和会计科目这两个概念已不加严格区别，往往是互相通用。

知识点四：经济业务事项所属会计科目及类型的示范

经济业务事项所属会计科目及类型的示范操作，如表3-4所示。

表3-4 广州ABC有限公司2011年12月经济业务事项涉及的会计科目所属类型

经济业务序号	涉及的会计科目及所属类型
业务1	银行存款（资产类）、实收资本（所有者权益类）
业务2	银行存款（资产类）、短期借款（负债类）
业务3	固定资产（资产类）、应交税费（负债类）、银行存款（资产类）
业务4	原材料（资产类）、应交税费（负债类）、银行存款（资产类）
业务5	原材料（资产类）、应交税费（负债类）、应付账款（负债类）
业务6	应付账款（负债类）、银行存款（资产类）
业务7	原材料（资产类）、生产成本（成本类）、制造费用（成本类）、管理费用（损益类）
业务8	生产成本（成本类）、制造费用（成本类）、管理费用（损益类）、应付职工薪酬（负债类）
业务9	银行存款（资产类）、库存现金（资产类）
业务10	应付职工薪酬（负债类）、银行存款（资产类）
业务11	管理费用（损益类）、制造费用（成本类）、库存现金（资产类）
业务12	其他应收款（资产类）、库存现金（资产类）
业务13	银行存款（资产类）、管理费用（损益类）、制造费用（成本类）
业务14	银行存款（资产类）、管理费用（损益类）
业务15	银行存款（资产类）、管理费用（损益类）、制造费用（成本类）
业务16	主营业务收入（损益类）、银行存款（资产类）、应交税费（负债类）
业务17	应收账款（资产类）、主营业务收入（损益类）、应交税费（负债类）
业务18	其他业务收入（损益类）、银行存款（资产类）、应交税费（负债类）

● 小贴士

其余经济业务所涉及的会计科目及所属类型的选择方法与本任务中展示的方法相同，故不再重复，由学生独立完成。

任务实施

一、资讯

接受并明确工作任务，进行小组分工，每组 4 人，各自负责工作任务的阶段分解、需用物料的准备及相关知识原理的收集。

二、计划与决策

各组独立完成上述实务任务，第一节课完成会计科目及账户的分类，第二节课进行组间批改、答案核对与结果展示。

三、实施处理

1. 准备相关的经济业务事项。可以引用教材的实例。

2. 注明对应的会计科目。每个小组由组长牵头，组员配合列出每笔经济业务对应的会计科目。旨在掌握会计科目的概念、分类、设置等。

3. 注明对应的账户。每个小组由组长牵头，组员配合列出每笔经济业务对应的会计科目应该归属的账户类型。旨在弄清楚会计科目与账户的区别与联系以及账户的定义、分类、功能、结构等。

四、检查

各小组间进行账务处理的检查、批改，最后由老师进行纠正、讲解。

五、总结评价

老师针对各组完成情况进行评比、公布，并进行归纳总结，力求各组能完整完成相应的工作任务。

项目四 会计记账

情景设计

张小菲做会计一段时间后，一直有一个疑问，她不明白为什么公司每发生一笔业务都要同时在两个或者更多的账户里登记。她认为这样会增加会计工作的工作量，于是向财务主管关小雨提出了这个疑问。

关小雨说，这是由会计使用的借贷记账法决定的。在借贷记账法下，任何一笔业务发生后，两个或两个以上有关账户之间形成应借、应贷的相互对照关系，这样做的好处一是能够全面反映经济业务内容和资金运动的来龙去脉，二是能够进行试算平衡，便于查账和对账。

学习目标

专业技能

学会编制简单的会计分录。

专业知识

1. 了解借贷记账法的原理。

2. 掌握借贷记账法下的账户结构。

职业素养

从根本上认识会计记账，了解会计工作的实质。

任务一　会计记账方法介绍

初识会计记账（1）

资料：企业日常的经济业务事项是纷繁复杂的，包括投入资金、设备购置、材料采购、员工招聘与培训、产品设计生产、广告宣传、产品销售、缴纳税金和征订书报等。

要求：1. 作为企业的会计人员，你了解的会计记账方法有哪几种？

2. 作为企业的会计人员，你知道单式记账法和复式记账法各自的优缺点有哪些吗？

◆ **相关专业知识**

企业进行会计核算，除了设置会计科目和账户外，还必须采用一定的记账方法。记账方法就是在账簿中登记经济业务的方法。按记录经济业务的方式不同，记账方法可分为单式记账法和复式记账法两种。

知识点一：单式记账法

单式记账法是指对发生的每一项经济业务，只在一个账户中加以登记的记账方法。

知识点二：复式记账法

（一）复式记账法的概念

复式记账法是以会计等式资产与权益的平衡关系作为记账基础，对于每一笔经济交易式事项，都以相等的金额在两个或两个以上相互联系的账户中进行连续登记的一种记账方法。

例如，用银行存款 20000 元购买一批原材料，该业务发生后，一方面在"银行存款"账户中记录银行存款减少 20000 元，另一方面在"原材料"账户中记录原材料增加 20000 元。这样登记的结果能清晰地反映一项济业务的来龙去脉，即资金往何处去。

由此可见，复式记账法是对全部经济交易与事项均进行完整且相互联系的记录的一种记账方法。目前，世界上普遍采用的复式记账法是借贷记账法。

（二）复式记账法的优点

与单式记账法相比，复式记账法的优点主要有：

（1）能够全面反映经济业务内容和资金运动的来龙去脉；

（2）能够进行试算平衡，便于查账和对账。

（三）复式记账法的种类

复式记账法可分为借贷记账法、增减记账法和收付记账法等。借贷记账法是目前国际上通用的记账方法，我国《企业会计准则》规定企业应当采用借贷记账法记账。

任务实施

一、资讯

接受并明确工作任务，进行小组分工，每组 4 人，各自负责工作任务的阶段分解、需用物料的准备及相关知识原理的收集。

二、计划与决策

各组独立完成上述实务任务，第一节课完成基本概念的理解，第二节课进行组间概念阐述展示。

三、实施处理

1. 了解单式记账法、复式记账法的概念。

2. 了解单式记账法、复式记账法的优缺点及种类。

四、检查

各小组间进行账务处理的检查、批改，最后由老师进行纠正、讲解。

五、总结评价

老师针对各组完成情况进行评比、公布，并进行归纳总结，力求各组能完整完成相应的工作任务。

任务二　借贷记账法

●引入任务一

初识会计记账（2）

要求： 1. 作为企业的会计人员，你了解借贷记账法吗？

2. 作为企业的会计人员，你知道借贷记账法的记账符号吗？

3. 借贷记账法下账户的结构是怎样的？

4. 借贷记账法的记账规则有哪些？

5. 借贷记账法下账户的对应关系与会计分录有哪些？

6. 借贷记账法下的试算平衡表如何编制？

◆ **相关专业知识**

借贷记账法是以借和贷作为记账符号的复式记账法，即将发生的经济交易与事项所引起会计要素的增减变动以相等的金额，同时在相互关联的两个或者两个以上的账户中进行相互联系、相互制约的记录。

知识点一：借贷记账法的记账符号

资金在运动过程中其变化状态有两大类，即增加和减少，因此，将账户分为了两个基本部位：左方和右方，以此来分别反映某类经济业务事项所引起企业资金的增加或减少。借贷记账法用"借"、"贷"作为记账符号，将账户左方称为借方，右方称为贷方。采用借贷记账法，所有账户的借方和贷方按相反方向记录，即一方登记增加额，另一方就登记减少额。至于"借"表示增加还是"贷"表示增加，则由账户所反映的经济内容，即账户的性质决定。

知识点二：借贷记账法下账户的结构

（一）借贷记账法下账户的结构

借贷记账法下，账户的左方称为借方，右方称为贷方。所有账户的借方和贷方按相反方向记录增加数和减少数，即一方登记增加额，另一方就登记减少额。至于是"借"表示增加，还是"贷"表示增加，则取决于账户的性质与所记录经济内容的性质，如图4-1所示。

| 左方 | 账户名称 | 右方 |

图4-1 借贷记账法账户简单结构

通常而言，资产、成本和费用类账户的增加用"借"表示，减少用"贷"表示；负债、所有者权益和收入类账户的增加用"贷"表示，减少用"借"表示。备抵账户的结构与所调整账户的结构正好相反。

（二）资产和成本类账户的结构

资产类账户主要是根据资产会计科目所设置的账户，用来登记企业资产的增减变动和期初、期末余额。资产类账户的借方表示增加，贷方表示减少，期初、期末余额一般在借方。即当资产类账户发生增加额时，登记在该账户的借方，发生减少额时登记在该账户的贷方，其余额一般在账户的借方。该类账户的具体结构如图 4-2 所示。

借方	贷方
期初余额××× 本期增加发生额××× ……	本期减少发生额××× ××× ……
本期借方发生额合计××× 期末余额×××	本期贷方发生额合计×××

图 4-2 资产类账户结构

资产类账户的期末余额计算公式如下：

期末余额（借方）=期初余额（借方）+本期借方发生额−本期贷方发生额

成本类账户是根据成本类会计科目设置的，用来登记企业成本的发生额。企业在一定时期内为生产一定种类、一定数量的产品所支出的各种费用的总和，是这些产品的成本。企业生产的产品，是企业资产的一种存在形态。也就是说，属于资产范畴。由此可知，成本类账户的结构与资产类账户的结构一致，如图 4-3 所示。

借方	贷方
期初余额××× 本期增加发生额××× ……	本期减少发生额××× ××× ……
本期借方发生额合计××× 期末余额×××	本期贷方发生额合计×××

图 4-3 成本类账户结构

成本类账户的期末余额计算公式如下：

期末余额（借方）=期初余额（借方）+本期借方发生额−本期贷方发生额

（三）负债和所有者权益类账户的结构

负债及所有权益类账户主要是根据负债类会计科目和所有者权益类会计科目设置的，用来登记企业负债和所有者权益的增减变动和期初、期末余额。负债及所有者权益类账户的贷方表示增加，借方表示减少，期初、期末余额一般在贷方。该类账户的具体结构如图 4-4 所示。

借方	贷方
本期减少发生额×××	期初余额×××
×××	本期增加发生额×××
……	……
本期借方发生额合计×××	本期贷方发生额合计×××
	期末余额×××

图 4-4　负债及所有者权益账户结构

负债及所有者权益账户的期末余额计算公式如下：

期末余额（贷方）=期初余额（贷方）+本期贷方发生额−本期借方发生额

（四）损益类账户的结构

损益类账户包括收入类账户和费用类账户。收入和费用的发生，最终会导致所有者权益发生变化。收入的增加是所有者权益增加的因素，费用的增加是所有者权益减少的因素。这就决定了收入类账户的结构与所有者权益类账户的结构基本相同，费用类账户的结构与所有者权益类账户的结构相反，即与资产类账户的结构类似。损益类账户是为了计算损益而开设的，因而会计期末，就将收入、费用全额转出，计算利润。收入、费用转出后，损益类账户期末一般没有余额。

1. 收入类账户的结构

收入类账户的贷方登记收入的增加额，借方登记收入的减少额，本期发生的增加额减去本期发生的减少额的差额期末转入所有者权类的"本年利润"账户，结转后无余额。该类账户的结构如图 4-5 所示。

借方	贷方
本期减少发生额×××	本期增加发生额×××
……	……
本期借方发生额合计×××	本期贷方发生额合计×××

图 4-5　收入类账户结构

2. 费用类账户的结构

在借贷记账法下，费用类账户的借方登记增加额；贷方登记减少额。本期费用净额在期末转入"本年利润"账户，用以计算当期损益，结转后无余额。该类账户的结构如图 4-6 所示。

借方	贷方
本期增加发生额××× ……	本期减少发生额××× ……
本期借方发生额合计×××	本期贷方发生额合计×××

图 4-6　费用类账户结构

知识点三：借贷记账法的记账规则

所谓记账规则，是指记录经济交易或事项时所应遵循的规则。借贷记账法的记账规则是"有借必有贷，借贷必相等"。即当发生经济交易或事项时，企业必须按照相同的金额，一方面计入一个账户的借方，另一个方面同时计入一个或几个账户的贷方，反之亦然，且借方金额合计与贷方金额合计必然相等。

运用借贷记账法的记账规则登记经济业务时，一般按照如下步骤进行：

首先，分析经济业务事项中涉及的账户名称，并判断账户的性质；其次，判断账户中所涉的资金数量是增加还是减少；最后，根据账户的结构确定计入账户的方向。

下面举例说明借贷记账法记账规则的运用。

例1：企业将接受的追加投资款 100000 元存入银行。

这笔经济业务的发生，使"银行存款"这项资产增加了 100000 元，应计入该账户的借方；"实收资本"这项所有者权益也增加 100000 元，应计入该账户的贷方。有借有贷，借贷金额相等。

例2：企业用银行存款 18000 元，偿还前欠贷款。

这笔经济业务的发生，使"应付账款"这项负债减少了 18000 元，应计入该账户的借方；"银行存款"这项资产也减少了 18000 元，应计入账户的贷方。有借有贷，借贷金额相等。

例3：企业从银行提取现金 5000 元。

这笔经济业务的发生，使"库存现金"这项资产增加了 5000 元，应计入该账户的借方；"银行存款"这项资产也减少了 5000 元，应计入该账户的贷方。有借有贷，借贷金额相等。

例4：企业经银行同意取得短期贷款 30000 元，银行存款增加了 30000 元，应计入该账户的借方；"短期借款"这项负债增加了 30000 元，应计入该账户的贷方。有借有贷，借贷金额相等。

图 4-7 列示了上述四项经济资交易或事项的账户记录结构。

```
   借方    实收资本    贷方          借方    银行存款    贷方
                                    ① 1000000    ② 18000
              ① 1000000            ④ 30000      ③ 5000


   借方    库存现金    贷方          借方    应付账款    贷方
   ③ 5000                          ② 18000


   借方    短期借款    贷方
              ④ 30000
```

图 4-7 借贷记账法下账户记录结构

●小贴士

1. "借"和"贷"只是一种记账符号，表示增加或者减少，没有任何字面意义。

2. 熟记"资产、成本、费用增加在借方，负债、所有者权益、收入增加在贷方"。

●做中学

1. 平常我们自己如果记账，只记收了多少，花了多少，那是我们通常说的"流水账"。现在学习了借贷记账法，要双向记账。用钱买了衣服：现金减少，资产增加；自己打工挣了钱：现金增加，收入增加。请根据自己的实际收入与开支用借贷记账法的原理记录。

2. 一组同学给出经济业务，另一组同学画"T"形账户。

●引入任务二

资料：沿用之前案例中广州 ABC 有限公司 2011 年 12 月的经济业务事项。

要求：1. 运用借贷记账法，分析每笔经济业务的性质和内容，确认其所涉及的账户名称及记账方向。

2. 将每笔经济业务应借、应贷账户名称及金额记录下来。

知识点四：借贷记账法下的账户对应关系与会计分录

（一）账户的对应关系

会计账户的对应关系，是指按照借贷记账法的记账规则记录经济业务时，在两个或两个以上有关账户之间形成的应借、应贷的相互对照关系。具有对应关系的账户，称为对应账户。

例如，购入原材料10000元，已用银行存款支付6000元，另4000元货款暂欠。这项经济业务的发生，使资产中的"原材料"增加，记借方，"银行存款"减少，记贷方，同时负债中的"应付账款"增加，记贷方，借贷双方的金额相等。这样，在"原材料"账户与"银行存款"、"应付账款"账户之间就形成了应借、应贷的对应关系，但是这种对应关系只是存在于"原材料"账户（借方）与"银行存款"、"应付账款"账户（贷方）之间，而同为贷方科目的"银行存款"与"应付账款"之间则不存在对应关系。

（二）会计分录

1. 会计分录的含义

会计分录是指对某项经济交易或事项标明其应借应贷账户及其金额的记录，简称分录。

为了保证账簿记录的正确性，在经济交易或事项登记入账前，应先对每项经济交易或事项进行分析，确定应登记的账户的名称、应登记账户的方向及应借应贷金额，是将经济交易或事项记入会计账户前的一项准备工作。通过编制会计分录还可以根据分录中各账户的对应关系及借、贷金额的平衡来检验并保证其所进行的账簿记录的完整性与正确性。在我国，会计分录习惯通过编制记账凭证进行。

2. 会计分录的格式

会计分录的内容包括记账方向，应借、应贷账户名称，记账金额三部分。编制会计分录的格式是先借后贷、借贷分行，借方在上，贷方在下；"贷"字应对齐借方会计科目的第一个字，金额也要错开写。

如前述四个简例的会计分录分别为：

例1：企业将接受的追加投资款100000元存入银行。

借：银行存款　　　　　　　　　　　　　　　100000
　　贷：实收资本　　　　　　　　　　　　　　　100000

例2：企业用银行存款18000元，偿还前欠货款。

借：应付账款　　　　　　　　　　　　　　　18000
　　贷：银行存款　　　　　　　　　　　　　　　18000

例3：企业从银行提取现金5000元。

借：库存现金	5000
贷：银行存款	5000

例 4：企业经银行同意，将短期借款 30000 元展期两年，转为长期借款。

借：短期借款	30000
贷：长期借款	30000

3. 会计分录的分类

根据账户对应关系的不同情况，会计分录可以分为简单分录与复合分录两种。其中简单分录只涉及两人账户，又称"一借一贷"分录。复合分录时账户之间的对应关系要明确，禁止把无联系的简单分录合并成复合分录。

如前述，企业购入原材料 10000 元，已用银行存款支付 6000 元，另 4000 元货款暂欠。此笔业务涉及的账户有"原材料"、"银行存款"、"应付账款"，应做的会计分录为"一借两贷"的复合分录：

借：原材料	10000
贷：银行存款	6000
应付账款	4000

应注意的是，"多借多贷"复合分录的对应关系应从总体上实现借方和贷方的金额相等。一般只能是在一笔经济交易或事项客观存在复杂关系时，才需要编制"多借多贷"的复合会计分录；不允许将不同类型的交易或事项合并编制"多借多贷"的会计分录。

> **●小贴士**
>
> 实际工作中，会计分录是填写在记账凭证上的。

（三）编制会计分录的示范

编制会计分录的示范操作，如表 4-1 所示。

表 4-1　编制会计分录示范操作

经济业务序号	分析借贷方向	会计分录
业务 1	银行存款属资产类账户，其增加记借方；实收资本属所有者权类账户，其增加记贷方	借：银行存款　　　　　　　　　1000000 　　贷：实收资本——粤东公司　　　1000000
业务 2	银行存款属资产类账户，其增加记借方；短期借款属负债类账户，其增加记贷方	借：银行存款　　　　　　　　　150000 　　贷：短期借款　　　　　　　　150000
业务 3	固定资产属资产类账户，其增加记借方；应交税费减少记借方；银行存款属资产类账户，其减少记贷方	借：固定资产　　　　　　　　　　18000 　　应交税费——应交增值税（进项税额）　3060 　　贷：银行存款　　　　　　　　21060

经济业务序号	分析借贷方向	会计分录
业务4	原材料属资产类账户，其增加记借方；应交增值税（进项税额）应从应交增值税（销项税额）中抵扣，即应交增值税减少记借方；银行存款属资产类账户，其减少记贷方	借：原材料——甲材料　　　　120000　　　　　　——乙材料　　　　　20000　　　应交税费——应交增值税（进项税额）23800　　　贷：银行存款　　　　　　　163800
业务5	原材料属资产类账户，其增加记借方；应交增值税（进项税额）应从应交增值税（销项税额）中抵扣，即应交增值税减少记借方；应付账款属负债类账户，其增加记贷方	借：原材料——甲材料　　　　　7500　　　　　　——乙材料　　　　　20000　　　应交税费——应交增值税（进项税额）4675　　　贷：应付账款——正日公司　　　32175
业务6	应付账款属负债类账户，其减少记借方；银行存款属资产类账户，减少记贷方	借：应付账款——正日公司　　　32175　　　贷：银行存款　　　　　　　32175
业务7	生产成本、制造费用属成本类账户，其增加记借方；管理费用属费用类账户，其增加记借方；原材料属资产类账户，其减少记贷方	借：生产成本——A产品　　　40000　　　　　　——B产品　　　30000　　　制造费用——耗用材料　　15000　　　管理费用——耗用材料　　5000　　　贷：原材料——甲材料　　75000　　　　　　——乙材料　　　15000
业务8	生产成本、制造费用属成本类账户，其增加记借方；管理费用属费用类账户，其增加记借方；应付职工薪酬属负债类账户，其增加记贷方	借：生产成本——A产品　　　24000　　　　　　——B产品　　　25000　　　制造费用——工资　　　13000　　　管理费用——工资　　　18000　　　贷：应付职工薪酬——工资　80000
业务9	库存现金属资产类账户，其增加记借方；银行存款属资产类账户，其减少记贷方	借：库存现金　　　　　　　　5000　　　贷：银行存款　　　　　　　5000
业务10	应付职工薪酬属负债类账户，其减少记借方；银行存款属资产类账户，其减少记贷方	借：应付职工薪酬——工资　　80000　　　贷：银行存款　　　　　　　80000
业务11	管理费用属费用类账户，其增加记借方；制造费用属成本类账户，其增加记借方；库存现金属资产类账户，其减少记贷方	借：管理费用——办公用品费　　300　　　制造费用——办公用品费　　200　　　贷：库存现金　　　　　　　500
业务12	其他应收款属资产类账户，其增加记借方；库存现金属资产类账户，其减少记贷方	借：其他应收款——张三　　　　3000　　　贷：库存现金　　　　　　　3000
业务13	制造费用属成本账户，其增加记借方，管理费用属费用类账户，其增加记借方；银行存款属资产类账户，其减少记贷方	借：制造费用——修理费　　　　2000　　　管理费用——修理费　　　　1500　　　贷：银行存款　　　　　　　3500
业务14	管理费用属费用类账户，其增加记借方；库存现金属资产类账户，其减少记贷方	借：管理费用——报刊费　　　　690　　　贷：库存现金　　　　　　　690
业务15	制造费用属成本类账户，其增加记借方；管理费用属费用类账户，其增加记借方；银行存款属资产类账户，其减少记贷方	借：制造费用——电费　　　　　6300　　　管理费用——电费　　　　　1500　　　贷：银行存款　　　　　　　7800
业务16	银行存款属资产类账户，其增加记借方；主营业务收入属收入类账户，其增加记贷方；应交税费属负债类账户，其增加记贷方	借：银行存款　　　　　　　136890　　　贷：主营业务收入——A产品　117000　　　　　应交税费——应交增值税（销项税额）19890

经济业务序号	分析借贷方向	会计分录
业务17	应收账款资产类账户，其增加记借方；主营业务收入属收入类账户，其增加记贷方；应交税费属负债类账户，其增加记贷方	借：应收账款——大都公司　105300 　　贷：主营业务收入——B产品　90000 　　　　应收税费——应交增值税（销项税额）　15300
业务18	银行存款属资产类账户，其增加记借方；业务收入属收入类账户，其增加记贷方；应交税费属负债类账户，其增加记贷方	借：银行存款　6318 　　贷：其他业务收入　5400 　　　　应交税费——应交增值税（销项税额）　918
业务19	银行存款属资产类账户，其增加记借方；应收账款属资产类账户，其减少记贷方	借：银行存款　87750 　　贷：应收账款——大都公司　87750
业务20	银行存款属资产类账户，其增加记借方；预收账款属负债类账户，其增加记贷方	借：银行存款　30000 　　贷：预收账款——前进公司　30000
业务21	销售费用属费用类账户，其增加记借方；银行存款属资产类账户，其减少记贷方	借：销售费用——广告费　3000 　　贷：银行存款　3000
业务22	制造费用属成本类账户，其增加记借方；管理费用属费用类账户，其增加记借方；累计折旧属资产类账户，是固定资产的备抵账户，其减少记贷方	借：制造费用——折旧费　9700 　　管理费用——折旧费　1800 　　贷：累计折旧　11500
业务23	生产成本属成本类账户，其增加记借方；制造费用属费用类账户，其减少记贷方	借：生产成本——A产品　26200 　　　　　　——B产品　20000 　　贷：制造费用　46200
业务24	库存商品属资产类账户，其增加记借方；生产成本属成本类账户，其减少记贷方	借：库存商品——A产品　90200 　　　　　　——B产品　75000 　　贷：生产成本——A产品　90200 　　　　　　　——B产品　75000
业务25	主营业务成本属费用类账户，其增加记借方；库存商品属资产类账户，其减少记贷方	借：主营业务成本——A产品　93948 　　　　　　　——B产品　59062 　　贷：库存商品——A产品　93948 　　　　　　——B产品　59062
业务26	营业税金及附加属费用类账户，其增加记借方；应交税费属负债类账户，其增加记贷方	借：营业税金及附加　159.80 　　贷：应交税费——应交城市维护建设税　111.86 　　　　　——应交教育费附加　47.94
业务27	库存现金属资产类账户，其增加记借方；营业外收入属收入类账户，其增加记贷方	借：库存现金　500 　　贷：营业外收入——罚款收入　500
业务28	其他业务成本属成本类账户，其增加记借方；库存材料属资产类账户，其减少记贷方	借：其他业务成本　3000 　　贷：库存材料——丙材料　3000
业务29	营业外支出属费用账户，其增加记借方；银行存款属资产类账户，其减少记贷方	借：营业外支出——希望小学捐款　8000 　　贷：银行存款　8000
业务30	财务费用属费用类账户，其增加记借方；应付利息属负债类账户，其增加记贷方	借：财务费用——利息支出　442.50 　　贷：应付利息　442.50
业务31（1）	各项收入属收入类账户，其月末结转记借方；本年利润属所有者权益类账户，其贷方登记月末结转来的各项收入	借：主营业务收入　207000 　　其他业务收入　5400 　　营业外收入　500 　　贷：本年利润　212900

经济业务序号	分析借贷方向	会计分录
业务31（2）	各项费用属费用类账户，其月末结转记贷方；本年利润属所有者权益账户，其借方登记月末结转来的各项费用	借：本年利润　196402.30 　贷：主营业务成本　153 010 　　营业税金及附加　159.80 　　销售费用　3000 　　管理费用　28790 　　财务费用　442.50 　　其他业务成本　3000 　　营业外支出　8000
业务32	所得税费用属费用类账户，其增加记借方；应交税费属负债类账户，其增加记贷方	借：所得税费用　2649.43 　贷：应交税费——应交所得税　2649.43
业务33	所得税费用结转时记本账户的贷方，记本年利润账户的借方	借：本年利润　2649.43 　贷：所得税费用　2649.43
业务34	本年利润结转时记本账户的借方和本年利润账户的贷方	借：本年利润　7948.27 　贷：利润分配——未分配利润　7948.27

知识点五：借贷记账法下的试算平衡

（一）试算平衡的含义

试算平衡是指根据借贷记账法的记账规则和资产与权益的恒等关系，通过对所有账户的发生额和余额的汇总计算和比较，来检查记录是否正确的一种方法。

（二）试算平衡的分类

1. 发生额试算平衡

发生额试算平衡是指全部账户本期借方发生额合计与全部账户本期贷方发生额合计保持平衡，即：

全部账户本期借方发生额合计=全部账户本期贷方发生额合计

发生额试算平衡的直接依据是借贷记账法的记账规则。

2. 余额试算平衡

余额试算平衡是指全部账户借方期末（初）余额合计与全部账户贷方期末（初）余额合计保持平衡，即：

全部账户借方期末（初）余额合计=全部账户贷方期末（初）余额合计

余额试算平衡的直接依据是资产与权益的恒等关系。

（三）试算平衡表的编制

试算平衡是通过编制试算平衡表进行的。试算平衡表通常是在期末结出各账户的本期发生额合计和期末余额后编制的，试算平衡表中一般应设置"期初余额"、"本期发生额"和"期末余额"三大栏目，其下分设"借方"和"贷方"两个小栏。各大栏中的借方合计与贷方合计应该平衡相等，否则，便存在记账错误。为了简化表格，试算平衡表也可只根据各个账户的本期发生额编制，不填列各账户的期初余额和期末余额。

例如：表 4-2 是广州市 ABC 有限公司 2011 年 12 月 31 日试算平衡表。

表 4-2　试算平衡表

编制时间：2011 年 12 月 31 日　　　　　　　　　　　　　　　　　　　　单位：元

会计科目	期初余额		本期发生额		期末余额	
	借方	贷方	借方	贷方	借方	贷方
现金	1000		2000	1350	1650	
银行存款	150000		40000	135000	55000	
应收账款	20000			20000	0	
其他应收款			800	800	0	
原材料	20000		40000	10000	50000	
固定资产	125000		65000		190000	
生产成本	15000		10000		25000	
短期借款		20000		10000		30000
应付账款		10000	40000	46800		16800
应交税金		35000	34800			200
实收资本		100000		10000		110000
本年利润		166000				166000
管理费用			1350		1350	
合计	331000	331000	233950	233950	323000	323000

任务实施

一、资讯

接受并明确工作任务，进行小组分工，每组 4 人，各自负责工作任务的阶段分解、需用物料的准备及相关知识原理的收集。

二、计划与决策

各组独立完成上述实务任务，第一节课完成账户默写、会计分录编制，第二节课进行组间批改、答案核对与结果展示。

三、实施处理

1. 重点掌握借贷记账法。各小组默写借贷记账法下的账户结构，包括资产和成本类账户结构、负债和所有者权益类账户结构、损益类账户结构。

2. 掌握借贷记账法的记账规则。各小组归纳总结记账规则。

3. 掌握会计分录编制。给定经济业务资料，各小组编制会计分录。

4. 验证记账的准确度。各小组编制试算平衡表。

表 4-3　试算平衡表

编制时间：　　年　月　日　　　　　　　　　　　　　　　　　单位：元

会计科目	期初余额		本期发生额		期末余额	
	借方	贷方	借方	贷方	借方	贷方
库存现金						
银行存款						
应收账款						
其他应收款						
原材料						
固定资产						
生产成本						
短期借款						
应付账款						
应交税费						
实收资本						
本年利润						
管理费用						
合计						

四、检查

各小组间进行账务处理的检查、批改，最后由老师进行纠正、讲解。

五、总结评价

老师针对各组完成情况进行评比、公布，并进行归纳总结，力求各组能完整完成相应的工作任务。

项目五　借贷记账法下主要经济业务账务处理

情景设计

　　张小菲刚开始从事财务工作，编制分录时总是丢三落四。为此，公司财务主管关小雨为她编制了一份"分录大全"，里面涵盖了公司经常发生的所有业务。张小菲在工作过程中，遇到需要处理的经济业务时，只需在"分录大全"中找到相关业务处理的范例，按照范例操作，就不用再担心自己的业务处理发生错误了。

学习目标

专业技能

能对企业主要经济业务事项做正确的账务处理。

专业知识

掌握企业主要经济业务事项所涉及的主要经济业务事项的账务处理。

职业素养

培养运用所学知识处理会计业务的能力。

任务一　资金筹集业务的账务处理

●引入任务

企业接受投资的账务处理

　　资料：1. 接受现金资产投资的资料。

　　（1）甲、乙、丙共同投资设立广州市 ABC 有限责任公司，注册资本为 2000000

元，甲、乙、丙持股比例分别为55%、25%和20%。按照章程规定，甲、乙、丙投入资本分别为1100000元、500000元和400000元。ABC公司已如期收到各投资者一次缴足的款项，不考虑其他因素。

（2）沿用（1），一年后，为扩大经营规模，经批准，广州市ABC有限责任公司注册资本增加到2500000元，并引入第四位投资者丁加入。按照投资协议，丁需缴足现金850000元，同时享有该公司20%的股份。该有限责任公司已收到丁的现金投资，不考虑其他因素。

2. 接受非现金资产投资的资料。

广州市ABC有限责任公司于设立时收到甲公司作为资本投资投入的办公楼一栋，合同约定该办公楼的价值为50000000元。假定合同约定的固定资产价值与公司允许价值相符，不考虑其他因素。

要求：1. 分析该经济业务事项需要设置的账户及其性质、用途和结构。

2. 写出该经济业务事项的会计分录。

◆ **相关专业知识**

资金筹集业务涉及的账户一般为"实收资本账户"和"资本公积账户"。

知识点一：资金筹集业务的主要账户

（一）"实收资本"账户

（1）账户性质：所有者权益类账户。

（2）账户用途：用于核算企业收到投资者投入资本的情况。

（3）账户结构：贷方登记投资者投入企业的资本；借方登记资本的减少额；期末余额在贷方，反映企业实收资本的结存额。

（4）明晰设置：本账户应按照投资者设置明细账，进行明细分类核算。

●**小贴士**

对于投资者投入的资本，股份有限公司应通过"股本"科目核算。

（二）"资本公积"账户

（1）账户性质：所有者权益类账户。

（2）账户用途：核算企业收到投资者超出其在注册资本或股本中所占份额的部分，作为资本溢价或股本溢价在该账户核算。

（3）账户结构：贷方登记形成的资本公积的数额；借方登记转增资本金的数额；期

末余额在贷方，表示资本公积的结存数额。

（4）明细设置：本账户应按照资本公积项目设置明细账，进行明细分类核算。

知识点二：资金筹集账务处理的示范操作

（一）广州市 ABC 有限公司接受现金资产投资的账务处理

1. 成立时接受现金资产投资

借：银行存款　　　　　　　　　　　　　　　　　2000000
　　贷：实收资本——甲　　　　　　　　　　　　　　1100000
　　　　　　　　——乙　　　　　　　　　　　　　　500000
　　　　　　　　——丙　　　　　　　　　　　　　　400000

2. 一年后，扩大经营规模，接受现金资产投资

借：银行存款　　　　　　　　　　　　　　　　　850000
　　贷：实收资本——丁　　　　　　　　　　　　　　500000
　　　　资本公积——资本溢价　　　　　　　　　　　350000

（二）广州市 ABC 有限公司接受非现金资产投资的账务处理

借：固定资产　　　　　　　　　　　　　　　　　50000000
　　贷：实收资本——甲　　　　　　　　　　　　　　50000000

●小贴士

该项固定资产的合同约定价值与公允价值相符，固定资产应按合同约定价值入账，合同规定甲公司投入 ABC 公司的固定资产按合同约定金额作为实收资本，因此在“实收资本”贷方反映。

●任务演练

企业实收资本减少的账务处理

资料：沿用接受现金资产投资的资料。一年后，经批准，丙从 ABC 公司按其过去的实际出资进行退还。ABC 公司已将 400000 元现金退还给丙。不考虑其他因素。

要求：1. 分析该经济业务事项需要设置的账户及其性质、用途和结构。

2. 写出该经济业务事项的会计记录。

根据所给资料进行财务处理的示范操作：

借：实收资本——丙　　　　　　　　　　　　　　400000
　　贷：银行存款　　　　　　　　　　　　　　　　　400000

● **小贴士**

注册资本减少必须经法定程序报经批准。

企业资本增减账务处理涉及的主要账户及记账方向如表 5-1 所示。

表 5-1　企业资本增减账务处理涉及的主要账户及记账方向

主要账户＼记账方向	借方	贷方	期末余额
实收资本	减少	增加	贷方
股本	减少	增加	贷方
资本公积	减少	增加	贷方

任务实施

一、资讯

接受并明确工作任务，进行小组分工，每组 4 人，各自负责工作任务的阶段分解、需用物料的准备及相关知识原理的收集。

二、计划与决策

各组独立完成上述实务任务，第一节课完成会计分录登记，第二节课进行组间批改、答案核对与结果展示。

三、实施处理

1. 资金筹集业务的账务处理。各小组分析该经济业务事项需要设置的账户及其性质、用途和结构。

2. 各小组写出该经济业务事项的会计分录。

四、检查

各小组间进行会计分录的检查、批改，最后由老师进行纠正、讲解。

五、总结评价

老师针对各组完成情况进行评比、公布，并进行归纳总结，力求各组能完整完成相应的工作任务。

任务二　固定资产业务的账务处理

●引入任务

企业固定资产的账务处理

资料：1. 2010 年 12 月 23 日，ABC 有限责任公司购入一台不需要安装就可以投入使用的生产设备，取得的增值税专用发票上注明的设备价款为 600000 元，增值税额为 102000 元，以上均以银行转账支票支付。假定不考虑其他税费。该生产设备采用平均年限法计提折旧，预计使用年限为 10 年，预计净残值为 6000 元。假定 ABC 有限责任公司按年计提折旧，自 2011 年起，每年应计提折旧额为（600000–6000）÷10=59400（元）。

2. 2010 年 2 月 20 日，ABC 有限公司购入一台机器设备并投入使用，取得增值税专用发票上注明的设备付款为 100000 元，增值税税额为 17000 元，采用平均年限法计提折旧，该设备预计使用寿命为 10 年，预计净残值率 3%，2012 年 2 月底 ABC 有限公司将该设备出售给乙公司，开具的增值税专用发票上注明的价款为 82000 元，增值税额为 13940 元。假定不考虑其他相关税费，该设备未提取过减值准备。

要求：1. 分析该经济业务事项需要设置的账户及其性质、用途和结构。

2. 写出该经济业务事项的会计分录。

◆ 相关专业知识

固定资产业务涉及的账户主要有"固定资产"、"累计折旧"、"固定资产清理"及"营业外收入"。

知识点一：固定资产业务的主要账户

（一）"固定资产"账户

（1）账户性质：资产类账户。

（2）账户用途：用于核算企业固定资产原值的增减变动及结余情况。

（3）账户结构：借方登记增加的固定资产原值；贷方登记减少的固定资产原值；期末余额在借方，表示现存资产的原值。

（4）明细设置：本账户应按照固定资产类别、使用部门和每项固定资产设置卡片式明细账，进行明细分类核算。

（二）"累计折旧"账户

（1）账户性质：资产类账户，属于"固定资产"账户的备抵账户。

（2）账户用途：用于核算企业固定资产因损耗而减少的价值，即累计折旧。

（3）账户结构：贷方登记固定资产计提折旧的增加数；借方登记固定资产减少时折旧的冲销数；期末余额在贷方，表示现有固定资产已计提的累计折旧额。

（4）明细设置：本账户应按照固定资产类别或使用部门对每项固定资产设置卡片式明细账，进行明细分类核算。

（三）"固定资产清理"账户

（1）账户性质：资产类账户。

（2）账户用途：用于核算企业因出售、报废和毁损等原因转入清理的固定资产价值及其在清理过程中所发生的清理费用、清理收入和净损益。

（3）账户结构：借方登记转入清理的固定资产的账面净值（固定资产原值−累计折旧）、清理过程中发生的各项清理费用等；贷方登记清理固定资产产生的各项收入等；期末余额在贷方，表示固定资产清理收益；期末余额在借方，表示固定资产清理损失。

（4）明细设置：本账户应按照被清理固定资产设置明细账，进行明细分类核算。

（四）"营业外收入"账户

（1）账户性质：损益类账户。

（2）账户用途：用于核算企业发生的与日常生产经营活动无直接关系的各项收入。主要有处理固定资产的净收入、收取的罚金和违约金等。

（3）账户结构：贷方登记月内企业取得的各项营业外收入；借方登记月末转入"本年利润"账户的营业外收入；期末结转后本账户无余额。

（4）明细设置：本账户应按照收入项目设置明细账，进行明细分类核算。

知识点二：固定资产业务账务处理的示范操作

（一）2010 年 12 月 23 日，ABC 公司购入不需要安装的固定资产的账务处理

借：固定资产——××设备　　　　　　　　　　　　600000

　　应交税费——应交增值税（进项税额）　　　　102000

　　　　贷：银行存款　　　　　　　　　　　　　　　702000

（二）2011 年 1 月，固定资产计提折旧的账务处理

借：制造费用　　　　　　　　　　　　　　　　　59400

　　　　贷：累计折旧　　　　　　　　　　　　　　　59400

●**小贴士**

根据年限计算固定资产折旧的计算公式为：年折旧额=(固定资产原价−预计净残值)÷预计使用年限

根据我国会计准则和会计制度的规定，当月增加的固定资产，当月不计提折旧，从下月起开始计提折旧；当月减少的固定资产，当月照提折旧，从下月起不再计提。本资料中的生产设备购买于 2010 年 12 月，应从 2011 年开始计提折旧。

(三) 固定资产处置的账务处理

1. 2010 年 2 月 20 日，ABC 公司购入机器设备

借：固定资产——××设备	100000
应交税费——应交增值税（进项税额）	17000
贷：银行存款	117000

●**小贴士**

至 2012 年 2 月 28 日，该固定资产已计提折旧 19400 元。计算过程为：

$[100000-(100000×3\%)]÷10×2=19400$（元）

2. 2012 年 2 月 28 日，固定资产转入清理

借：固定资产清理——××设备	80600
累计折旧	19400
贷：固定资产——××设备	100000

3. 2011 年 2 月 28 日，结转固定资产净损益

借：固定资产清理	1400
贷：营业外收入	1400

●**小贴士**

固定资产净损益=固定资产清理账户的贷方金额−固定资产清理账户的借方金额

企业固定资产账务处理涉及的主要账户及记账方向如表5-2所示。

表5-2　企业固定资产账务处理涉及的主要账户及记账方向

记账方向＼主要账户	借方	贷方	期末余额
固定资产	增加	减少	借方
累计折旧	减少	增加	贷方
固定资产清理	净值	收入	贷方或借方
营业外收入	结转到本年利润账户的金额	增加	无余额

任务实施

一、资讯

接受并明确工作任务，进行小组分工，每组4人，各自负责工作任务的阶段分解、需用物料的准备及相关知识原理的收集。

二、计划与决策

各组独立完成上述实务任务，第一节课完成账务处理及登账，第二节课进行组间批改、答案核对与结果展示。

三、实施处理

1. 掌握固定资产业务的主要账户登记方法。

2. 固定资产业务的账务处理。

四、检查

各小组间进行账务处理的检查、批改，最后由老师进行纠正、讲解。

五、总结评价

老师针对各组完成情况进行评比、公布，并进行归纳总结，力求各组能完整完成相应的工作任务。

任务三　材料采购业务的账务处理

●引入任务

企业原材料的账务处理

资料：2011年4月5日，ABC有限公司购入C材料一批，取得的增值税专用发票上记载的价款为50000元，增值税额为8500元，款项通过银行转账支付，材料同日验收入库。根据公司"发料凭证汇总表"的记录，2011年4月，基本生产车间领用 C 材料 20000 元，辅助生产车间领用 C 材料 10000 元，车间管理部门领用 C 材料 5000 元，ABC 公司行政管理部门领用 C 材料 3000 元。

要求：1. 分析该经济业务事项需要设置的账户及其性质、用途和结构。

2. 写出该经济业务事项的会计分录。

● 小贴士

本项目中的企业和公司均假设为增值税一般纳税人，增值率为 17%。

◆ 相关专业知识

材料采购业务涉及的账户主要有"原材料"账户、"生产成本"账户、"应交税费"账户、"制造费用"账户及"管理费用"账户。

知识点一：材料采购业务的主要账户

（一）"原材料"账户

（1）账户性质：资产类账户。

（2）账户用途：用于核算企业各种库存材料的收发和结存情况。

（3）账户结构：借方登记入库材料的实际成本；贷方登记发出材料的实际成本；期末余额在借方，反映企业库存材料的实际成本。

（4）明细设置：本账户按照材料品种或类别设置明细账，进行明细分类核算。

（二）"生产成本"账户

（1）账户性质：成本类账户。

（2）账户用途：用于核算企业为生产产品而发生的各项费用。

（3）账户结构：借方登记生产费用的发生额，即平时发生的直接材料、直接人工及月末分配回来的制造费用；贷方登记转入"库存商品"账户的完工并验收入库产品的成本；月末如有余额一般在借方，表示尚未完工的在产品成本。

（4）明细设置：本账户应按照产品种类设置明细账，进行明细分类核算。

（三）"应交税费"账户

（1）账户性质：负债类账户。

（2）账户用途：用于核算企业应缴纳的各种税费，如增值税、消费税、营业税、所得税、城市维护建设税、教育费附加等。

（3）账户结构：贷方登记应缴纳的税金数；借方登记实际缴纳的税金数；期末余额一般在贷方，表示企业应交而未交的税费。如期末余额在借方，则表示多交或尚未抵扣的税费。

（4）明细设置：本账户应按照税种设置明细账户，进行明细分类核算。

（四）"制造费用"账户

（1）账户性质：成本类账户。

（2）账户用途：用于核算企业生产车间为组织和管理生产而发生的各项间接费用，包括车间管理人员的薪酬、车间固定资产的折旧费、车间办公费、水电费、车间设备租赁费等。

（3）账户结构：借方登记月内生产车间发生的各项间接费用；贷方登记月末分配转入"生产成本"账户的数额；月末无余额。

（4）明细设置：本账户应按照车间及制造费用的项目设置明细账户，进行明细分类核算。

（五）"管理费用"账户

（1）账户性质：损益类账户。

（2）账户用途：用于核算企业行政管理部门为组织和管理生产经营活动而支出的各项费用，包括企业经费（行政管理部门人员的薪酬、修理费、办公费、差旅费）、工会经费、职工教育、业务执行费、印花税等。

（3）账户结构：借方登记月内行政管理部门发生的各项管理费用；贷方登记月末转入"本年利润"账户的数额；月末无余额。该账户应按费用项目设置明细账户。

（4）明细设置：本账户应按照管理费用项目设置明细账户，进行明细分类核算。

知识点二：材料采购业务账务处理的示范操作

（一）2011 年 4 月 5 日，购买原材料的账务处理

借：原材料——C 材料　　　　　　　　　　　　　　　50000

　　应交税费——应交增值税（进项税额）　　　　　　8500

　　　贷：银行存款　　　　　　　　　　　　　　　58500

（二）2011 年 4 月 30 日，发出原材料的账务处理

借：生产成本——基本生产成本　　　　　　　　　　20000

　　　　　　　——辅助生产成本　　　　　　　　　10000

　　制造费用　　　　　　　　　　　　　　　　　　5000

　　管理费用　　　　　　　　　　　　　　　　　　3000

　　　贷：原材料——C 材料　　　　　　　　　　　38000

●**小贴士**

本任务中，根据领用材料部门不同，基本生产车间领用的 20000 元材料应计入"生产成本——基本生产成本"账户，辅助生产车间领用的 10000 元材料应计入"生产成本——辅助生产成本"账户，车间管理部门领用的 5000 元材料应计入"制造费用"账户，行政管理部门领用的 3000 元材料应计入"管理费用"账户。

企业原材料账务处理涉及的主要账户及记账方向如表 5-3 所示。

表 5-3 企业原材料账务处理涉及的主要账户及记账方向

主要账户　　　　　记账方向	借方	贷方	期末余额
原材料	增加	减少	借方
生产成本	发生的生产费用	结转完工产品成本	借方
应交税费	已交税金数	应交税金数	一般在贷方
制造费用	增加	结转到生产成本账户的金额	无余额
管理费用	增加	结转到本年利润账户的金额	无余额

●**任务演练一**

企业应付账款经济业务事项

资料： 2011 年 5 月 5 日，ABC 公司从某公司购入一批原材料并已验收入库，取得增值税专用发票上记载的价款为 100 万元，增值税为 17 万元。2011 年 5 月 23 日，ABC 公司通过银行转账偿付所欠货款。

要求： 1. 分析该经济业务事项需要设置的账户及其性质、用途和结构。

2. 写出该经济业务事项的会计分录。

知识点三："应付账款"账户

（1）账户性质：负债类账户。

（2）账户用途：用于核算应付账款的增减变动及其结存情况。

（3）账户结构：贷方登记企业购买材料、商品和接受劳务等而发生的应付账款；借方登记偿还的应付账款或已冲销的无法支付的应付账款等；期末余额一般在贷方，反映企业尚未支付的应付账款。

（4）明细设置：本账户应按照供应单位设置明细账，进行明细分类核算。不单独设置"预付账款"科目的企业，预付的账款通过"应付账款"科目核算。

知识点四：材料采购业务应付账款账务处理的示范操作

（一）2011 年 5 月 5 日，购买原材料

借：原材料　　　　　　　　　　　　　　　　　　　　　1000000

　　应交税费——应交增值税（进项税额）　　　　　　　170000

　　　贷：应付账款——某公司　　　　　　　　　　　　1170000

（二）2011 年 5 月 23 日，偿付货款

借：应付账款——某公司　　　　　　　　　　　　　　　1170000

　　　贷：银行存款　　　　　　　　　　　　　　　　　1170000

企业应付款项账务处理涉及的主要账户及记账方向如表 5-4 所示。

表 5-4　企业应付账款账务处理涉及的主要账户及记账方向

记账方向 主要账户	借方	贷方	期末余额
应付	减少	增加	贷方

●任务演练二

企业应交税费经济业务事项

资料：2011 年 8 月，ABC 公司的咨询业务营业收入为 3000000 元，适用的营业税率为 5%，城市维护建设税率为 7%，教育费附加比率为 3%。9 月 7 日，ABC 公司通过银行转账方式缴纳了 8 月的营业税、城市维护建设税和教育费附加，不考虑其他税费。

要求：1. 分析该经济业务事项需要设置的账户及其性质、用途和结构。

2. 写出该经济业务事项的会计分录。

知识点五："应交税费"账户和"营业税金及附加"账户

（一）"应交税费"账户

（1）账户性质：负债类账户。

（2）账户用途：用于核算企业根据税法规定应交的税费。

（3）账户结构：贷方登记应缴纳的各种税费；借方登记实际缴纳的税费；期末余额在贷方，反映企业尚未缴纳的税费；期末余额在借方，反映企业多交或尚未抵扣的税费。

（4）明细设置：本账户应按照税种设置明细账，进行明细分类核算。

> ●小贴士
>
> 税法规定企业应缴纳的税包括增值税、消费税、城市维护建设说、资源税、企业所得税、土地增值税、房产税、车船税等。

（二）"营业税金及附加"账户

（1）账户性质：损益类账户。

（2）账户用途：用于核算企业日常主要经营活动应负担的税金及附加，包括营业税、消费税、城市维护建设税、资源税和教育费附加等相关税费。

（3）账户结构：借方登记根据规定计算出应负担的各种税金及附加；贷方登记月末从本账户转入"本年利润"账户的数额；月末无余额。

（4）明细设置：本账户应按照税金及附加的种类设置明细账，进行明细分类核算。

知识点六：应交税费和营业税金及附加账务处理的示范操作

> ●小贴士
>
> 应交增值税的账务处理参见本项目任务1和任务2，以下只说明应交营业税、城市维护建设税和教育费附加的账务处理。

（一）2011年8月31日，计算应交营业税、城市维护建设税和教育费附加

借：营业税金及附加	165000
贷：应交税费——应交营业税	150000
——应交城市维护建设税	10500
——应交教育费附加	4500

> ●小贴士
>
> 应交营业税=3000000×5%=150000（元）
>
> 应交城市维护建设税=150000×7%=10500（元）
>
> 应交教育费附加=150000×3%=4500（元）

（二）2011年9月7日，缴纳营业税、城市维护建设税和教育费附加

借：应交税费——应交营业税	150000
——应交城市维护建设税	10500
——应交教育费附加	4500
贷：银行存款	165000

企业应交税费账务处理涉及的主要账户及记账方向如表5-5所示。

表5-5 企业应交税费账务处理涉及的主要账户及记账方向

记账方向 主要账户	借方	贷方	期末余额
应交税费	实际缴纳的税费	应缴纳的税费	贷方：尚未缴纳的税费 借方：多交或尚未抵扣的税费
营业税金及附加	与经营活动相关的税费	结转到本年利润账户的金额	无余额

任务实施

一、资讯

接受并明确工作任务，进行小组分工，每组4人，各自负责工作任务的阶段分解、需用物料的准备及相关知识原理的收集。

二、计划与决策

各组独立完成上述实务任务，第一节课完成会计分录默写及账务处理，第二节课进行组间批改、答案核对与结果展示。

三、实施处理

1. 分组默写材料采购业务主要账户会计分录。

2. 材料采购业务的账务处理。

四、检查

各小组间进行会计分录及账务处理的检查、批改，最后由老师进行纠正、讲解。

五、总结评价

老师针对各组完成情况进行评比、公布，并进行归纳总结，力求各组能完整完成相应的工作任务。

任务四 生产业务的账务处理

● 引入任务一

企业产品成本的账务处理

资料：2011年6月1日，ABC公司收到一批订单，要求在月底之前生产完成A产品和B产品各200件。ABC公司如期完成任务，所有产品已于6月30日入库。本月其他资料如下：

1. 领用某种材料 5000 千克，其中 A 产品耗用 3000 千克，B 产品耗用 2000 千克，该材料单价 100 元/千克。

2. 生产 A 产品发生的直接生产人员工时为 4000 小时，B 产品为 2000 小时，每工时的标准工资为 10 元。

3. 生产车间发生管理人员工资、折旧费、水电费等 90000 元。假定该车间本月仅生产 A 和 B 两种产品，采用生产工人工时比例法对制造费用进行分配。

要求： 1. 分析该经济业务事项需要设置的账户及其性质、用途和结构。

2. 写出该经济业务事项的会计分录。

◆ **相关专业知识**

生产业务主要涉及的账户是"生产成本"账户和"制造费用"账户。

知识点一：生产业务的主要账户

企业产品成本主要通过"生产成本"和"制造费用"账户核算。"生产成本"账户核算企业进行工业性成产发生的各项生产成本；"制造费用"账户核算用生产车间（部门）为生产产品和提供劳务而发生的各项间接费用，包括生产车间发生的机物料消耗、管理人员工资、折旧费、办公费、水电费、季节性停工损失等。在生产一种产品的车间中，制造费用可以直接计入产品成本；在生产多种产品的车间里，企业应根据制造费用的性质，合理选择分配方法，将制造费用分配计入各种产品成本。

知识点二：生产业务账务处理的示范操作

（一）核算产品成本的账务处理

A 产品应分配的制造费用 = 90000 ÷ (4000 + 2000) × 4000 = 60000（元）

B 产品应分配的制造费用 = 90000 ÷ (4000 + 2000) × 2000 = 30000（元）

A 产品的生产成本 = 3000 × 100 + 4000 × 10 + 60000 = 400000（元）

B 产品的生产成本 = 2000 × 100 + 2000 × 10 + 30000 = 250000（元）

借：生产成本——基本生产成本——A 产品	400000
——B 产品	250000
贷：原材料——某材料	500000
应付职工薪酬	60000
制造费用	90000

（二）产品入库的账务处理

借：库存商品——A 产品	400000
——B 产品	250000

贷：生产成本——基本生产成本——A 产品　　　　　　　　400000

　　　　　　　　　　　　　　——B 产品　　　　　　　　250000

企业商品成本账务处理涉及的主要账户及记账方向如表 5-6 所示。

表 5-6　企业产品成本账务处理涉及的主要账户及记账方向

记账方向 主要账户	借方	贷方	期末余额
原材料	增加	减少	借方
生产成本	发生的生产费用	结转完工产品成本	借方
制造费用	增加	结转到生产成本账户的金额	无余额
应付职工薪酬	实发数	应发数	贷方余额表示应付未付数

●引入任务二

企业库存商品的账务处理

资料：2011 年 4 月 30 日，ABC 公司"商品入库汇总表"记载，该月已验收入库 A 产品 500 台，实际单位成本 2000 元；B 产品 1000 台，实际单位成本 900 元。在该月汇总的发出商品中，当月已实现销售的 A 产品有 300 台，B 产品有 900 台。

要求：1. 分析该经济业务事项需要设置的账户及其性质、用途和结构。

2. 写出该经济业务事项的会计分录。

知识点三："库存商品"账户和"主营业务成本"账户

(一)"库存商品"账户

(1) 账户性质：资产类账户。

(2) 账户用途：用于核算各种商品（包括库存产成品、外购商品、存放在门市部准备出售的商品、发出展览的商品以及寄存在外的商品等）的收发和使用情况。

(3) 账户结构：借方登记完工验收入库的库存商品的生产成本；贷方登记发出的库存商品成本；期末余额在借方，反映尚未出售的各种库存商品的实际成本或计划成本。

(4) 明细设置：本账户应按照产品种类设置明细账户，进行明细分类核算。

(二)"主营业务成本"账户

(1) 账户性质：损益类账户。

(2) 账户用途：用于核算销售商品或提供劳务而发生的实际成本。

(3) 账户结构：借方登记已销商品实际成本的结转额；贷方登记月末转入"本年利

润"账户的数额；期末结转后本账户无余额。

（4）明细设置：本账户应按照产品的种类设置明细账户，进行明细分类核算。

知识点四："库存商品"和"主营业务成本"账务处理的示范操作

（一）2011 年 4 月，产成品入库的账务处理

借：库存商品——A 产品   1000000

          ——B 产品   900000

    贷：生产成本——基本生产成本——A 产品   1000000

                          ——B 产品   900000

（二）2011 年 4 月，已销商品成本结转的账务处理

借：主营业务成本——A 产品   600000

            ——B 产品   810000

    贷：库存商品——A 产品   600000

            ——B 产品   810000

企业库存商品账务处理涉及的主要账户及记账方向如表 5-7 所示。

表 5-7   企业库存商品账务处理涉及的主要账户及记账方向

主要账户　　　　　记账方向	借方	贷方	期末余额
库存商品	增加	减少	借方
主营业务成本	已销售商品成本	结转到本年利润账户的金额	无余额

●任务演练

职工薪酬经济业务事项的核算

资料：2011 年 9 月，ABC 公司本月应付职工工资总额为 500000 元，工资费用分配汇总表中列示的生产人员的工资为 380000 元，车间管理人员的工资为 40000 元，企业行政管理人员的工资为 50000 元，销售人员工资为 30000 元。2011 年 9 月 30 日，公司通过银行代发了本月工资，不考虑其他因素。

要求：1. 分析该经济业务事项需要设置的账户及其性质、用途和结构。

2. 写出该经济业务事项的会计分录。

知识点五："应付职工薪酬"账户和"销售费用"账户

(一)"应付职工薪酬"账户

(1)账户性质：负债类账户。

(2)账户用途：用于核算企业根据有关规定应付给职工的各种薪酬。

(3)账户结构：贷方登记已分配计入有关成本费用项目的职工薪酬的数额；借方登记实际发放职工薪酬的数额；期末余额在贷方，反映企业应付未付的职工薪酬。

(4)明细设置：本账户按工资、职工福利、社会保险、住房公积金、工会经费、职工教育经费设置明细账，进行明细分类核算。

> ●小贴士
>
> 职工的各种薪酬包括职工工资、奖金、津贴和补贴、职工福利费等。

(二)"销售费用"账户

(1)账户性质：损益类账户。

(2)账户用途：用于核算企业在销售商品的和材料、提供劳务过程中发生的各种费用，包括企业在销售商品中发生的包装费、保险费、展览费和广告费等，以及企业发生的为销售本企业商品而专设的销售机构的职工薪酬、业务费、折旧费等。

(3)账户结构：借方登记月销售部门发生的各项费用；贷方登记本月末转入"本年利润"账户的数额；该账户应按费用项目设置明细账。

(4)明细设置：本账户应按照管理费用项目设置明细账，进行明细分类核算。

知识点六："应付职工薪酬"和"销售费用"账务处理的示范操作

(一)2011年9月，计提工资

借：生产成本——基本生产成本	380000	
制造费用	40000	
管理费用	50000	
销售费用	30000	
贷：应付职工薪酬		500000

> ●小贴士
>
> 根据不同职工提供服务的受益对象不同，产品生产人员工资分别计入"生产成本——基本生产成本"、"制造费用"、"管理费用"、"销售费用"科目。

（二）2011 年 9 月 30 日，发放工资

借：应付职工薪酬——工资　　　　　　　　　　　　　500000

　　贷：银行存款　　　　　　　　　　　　　　　　　　500000

企业应付职工薪酬账务处理涉及的主要账户及记账方向，如表 5-8 所示。

表 5-8　企业应付职工薪酬账务处理涉及的主要账户及记账方向

主要账户 ＼ 记账方向	借方	贷方	期末余额
应付职工薪酬	减少	增加账户	贷方
销售费用	增加	结转到本年利润账户的金额	无余额

任务实施

一、资讯

接受并明确工作任务，进行小组分工，每组 4 人，各自负责工作任务的阶段分解、需用物料的准备及相关知识原理的收集。

二、计划与决策

各组独立完成上述实务任务，第一节课完成账务处理及登账，第二节课进行组间批改、答案核对与结果展示。

三、实施处理

生产业务的账务处理。

四、检查

各小组间进行账务处理的检查、批改，最后由老师进行纠正、讲解。

五、总结评价

老师针对各组完成情况进行评比、公布，并进行归纳总结，力求各组能完整完成相应的工作任务。

任务五 销售业务的账务处理

●引入任务

企业收入的账务处理

资料： 1. ABC 公司向某公司销售一批商品，开具的增值税专用发票上记载的价值为 700000 元，增值税额 119000 元，ABC 公司已将商品送抵某公司，并收到某公司的货款 819000 元。该商品的成本为 600000 元。

2. ABC 公司销售一批原材料，开具的增值税专用发票上注明的售价为 30000 元，增值税额为 5100 元，款项已由银行收讫。该批商品的成本为 23000 元。

要求： 1. 分析该经济业务事项需要设置的账户及其性质、用途和结构。

2. 写出该经济业务事项的会计分录。

◆ **相关专业知识**

销售业务涉及的账户主要有"主营业务收入"账户、"主营业务成本"账户、"其他业务收入"账户和"其他业务成本"账户。

知识点一：销售业务的主要账户

（一）"主营业务收入"账户

（1）账户性质：损益类账户。

（2）账户用途：用于核算企业在销售商品、提供劳务等日常活动中所产生的收入。

（3）账户结构：贷方登记企业实现的主营业务收入；借方登记期末转入"本年利润"账户的数额；期末结转后本账户无余额。

（4）明细设置：本账户按主营业务的种类设置明细账，主要产品销售还可按产品的种类设置明细账，进行明细分类核算。

（二）"主营业务成本"账户

（1）账户性质：损益类账户。

（2）账户用途：用于核算企业在销售商品、提供劳务等日常活动中所发生的实际成本。

（3）账户结构：借方登记已销商品、提供劳务的实际成本数；贷方登记期末转入"本年利润"账户的数额；期末结转后本账户无余额。

（4）明细设置：本账户按主营业务的种类设置明细账，主要产品销售还可按产品的种类设置明细账，进行明细分类核算。

●小贴士

收入按企业经营业务的主次分为主营业务收入和其他业务收入。企业实现的主营业务收入通过"主营业务收入"账户核算，并通过"主营业务成本"账户核算为取得主营业务收入发生的相关成本。

（三）"其他业务收入"账户

（1）账户性质：损益类账户。

（2）账户用途：核算和监督企业除主营业务收入以外的其他销售或其他业务的收入，如材料销售等收入。

（3）账户结构：贷方登记企业取得的其他业务收入；借方登记转入"本年利润"账户的数额；期末结转后本账户无余额。

（4）明细设置：本账户按其他业务的种类设置明细账，进行明细分类核算。

（四）"其他业务成本"账户

（1）账户性质：损益类账户。

（2）账户用途：用于核算和监督企业除主营业务活动以外的其他经营活动所发生的成本。

（3）账户结构：借方登记发生的其他业务成本；贷方登记期末转入"本年利润"账户的数额；期末结转后本账户无余额。

（4）明细设置：本账户按其他业务的种类设置明细账，进行明细分类核算。

●小贴士

企业实现的原材料销售收入、包装物租金收入、固定资产租金收入、无形资产使用费收入等，通常通过"其他业务收入"账户核算，并通过"其他业务成本"账户核算为取得其他业务收入发生的相关成本。

知识点二：销售产品账务处理的示范操作

（一）销售产品的账务处理

1. 取得商品销售收入

借：银行存款　　　　　　　　　　　　　　　　　819000

　　贷：主营业务收入　　　　　　　　　　　　　　700000

　　　　应交税费——应交增值税（销项税额）　　　119000

2.结转已售商品成本

借：主营业务成本 600000

    贷：库存商品 600000

（二）销售材料的账务处理

1.取得原材料销售收入

借：银行存款 35100

    贷：其他业务收入 30000

        应交税费——应交增值税（销项税额） 5100

2.结转已售材料

借：其他业务成本 23000

    贷：原材料 23000

企业收入账务处理涉及的主要账户及记账方向如表5-9所示。

表5-9 企业收入账务处理涉及的主要账户及记账方向

记账方向 主要账户	借方	贷方	期末余额
主营业务收入	结转	增加	无余额
其他业务收入	结转	增加	无余额
主营业务成本	增加	结转	无余额
其他业务成本	增加	结转	无余额

●**任务演练**

企业应收及预付款项的账务处理

资料：1.应收账款的资料。

2010年11月6日，ABC公司采用托收承付结算方式向某公司销售一批商品，开具的增值税专用发票上记载的价款为200000元，增值税34000元，已办理托收手续。2011年12月6日，收到银行通知款项已收妥。

2.应收账款减值的资料。

（1）2010年12月31日，ABC公司对应收乙公司的账款进行减值测试。应收账款余额合计为100000元，ABC公司应收乙公司的资信情况确定按10%计提坏账准备。假定2010年12月31日"坏账准备"科目余额为0，则公司应计提的坏账准备为100000元（100000-0）。假设2011年6月，ABC公司对乙公司的应收账款实际发生坏账损失7000元。

（2）ABC公司2011年末应收账款余额为120000元，经减账准备测试，ABC

公司决定仍按 10% 计提坏账准备。则 ABC 公司应计提的坏账准备为 9000 元 [120000×10%-（10000-7000)]。

3. 预收账款的资料。

ABC 公司向某公司采购材料 5000 吨，单价 10 元/吨，所需支付的款项总额为 58500 元，预付 30000 元。2011 年 9 月 12 日，收到该公司材料，增值税发票上价款 50000 元，增值税额为 8500 元，ABC 公司按照合同规定向该公司以银行存款补付其余款额。假定不考虑其他税费。

知识点三："应收账款"账户、"坏账准备"账户、"预付账款"账户

（一）"应收账款"账户

（1）账户性质：资产类账户。

（2）账户用途：用于核算应收账款的增减变动及其结存情况。

（3）账户结构：借方登记应收账款的增加；贷方登记应收账款的收加及确认的坏账损失；期末余额一般在借方，反映企业尚未收回的应收账款；如果余额在贷方，则反映企业预收的款项。

（4）明细设置：本账户应按照不同的购货单位或接受劳务单位设置明细账，进行明细分类核算。

●小贴士

不单独设置"预收账款"科目的企业，预收账款也在"应收账款"科目核算。

（二）"坏账准备"账户

（1）账户性质：资产类账户。

（2）账户用途：核算应收款项坏账准备的计提、转销等情况。

（3）账户结构：贷方登记当期计提的坏账准备金额；借方登记实际发生的坏账损失金额和冲减的坏账准备金额；期末余额一般在贷方，反映企业已计提但尚未转销的坏账准备。

（4）明细设置：本账户一般不设明细账。

●小贴士

企业应当在资产负债表日对应收账款的账面价值进行检查，有客观证据表明该应收款项发生减值的，应当将该应收款的账面价值减记至预计未来现金流量现值，减记的金额确认减值损失，计提坏账准备。

（三）"预付账款"账户

（1）账户性质：资产类账户。

（2）账户用途：用于核算预付账款的增减变动结存情况。

（3）账户结构：借方登记企业根据购货合同规定向供应单位预付的款项；贷方登记企业收到所购物成本的金额。

（4）明细设置：本账户应按照供应单位设置明细账，进行明细分类核算。

●小贴士

预付账款不多的企业，可以不设置"预付账款"科目，直接通过"应付账款"科目核算。

知识点四："应收账款"、"坏账准备"、"预付账款"账务处理的示范操作

（一）应收账款的账务处理

1. 2010 年 11 月 6 日，应收账款的发生

借：应收账款——乙公司   234000

   贷：主营业务收入   200000

        应交税费——应交增值税（销项税额）   34000

2. 2010 年 12 月 6 日，应收账款的收回

借：银行存款   234000

   贷：应收账款——乙公司   234000

（二）应收款项减值的账务处理

1. 2010 年 12 月 31 日，ABC 公司首次计提坏账准备

借：资产减值损失   100000

   贷：坏账准备   100000

2. 2011 年 6 月，ABC 公司确认坏账损失

借：坏账准备   7000

   贷：应收账款——乙公司   7000

●小贴士

坏账准备计算公式：当前计提的坏账准备=当期应收余额×坏账准备计提率－（或+）"坏账准备"科目的贷方（借方）余额。

3. 2011 年末，ABC 公司计提坏账准备

借：资产减值损失   9000

   贷：坏账准备   9000

（三）预付账款的账务处理

1. 2011 年 9 月 12 日，预付 50% 货款

借：预付账款——乙公司   30000

 贷：银行存款   30000

2. 2011 年 9 月 30 日，收到材料，补付其余款项

借：原材料——××材料   50000

  应交税费——应交增值税（进项税额） 8500

  贷：预付账款——乙公司   58500

借：预付账款——乙公司   28500

 贷：银行存款   28500

企业应收及预付款项账务处理涉及的主要账户及记账方向如表 5-10 所示。

表 5-10 企业应收及预付款项账务处理涉及的主要账户及记账方向

主要账户　　　记账方向	借方	贷方	期末余额
应收账款	增加	减少	借方
坏账准备	转销	计提	贷方
预付账款	增加	减少	借方
预付账款	增加	减少	借方

任务实施

一、资讯

接受并明确工作任务，进行小组分工，每组 4 人，各自负责工作任务的阶段分解、需用物料的准备及相关知识原理的收集。

二、计划与决策

各组独立完成上述实务任务，第一节课完成账务处理及登账，第二节课进行组间批改、答案核对与结果展示。

三、实施处理

1. 资金筹集业务的账务处理。

2. 固定资产业务的账务处理。

3. 材料采购业务的账务处理。

4. 生产业务的账务处理。

5. 销售业务的账务处理。

6. 期间费用的账务处理。

7. 利润形成与分配业务的账务处理。

四、检查

各小组间进行账务处理的检查、批改，最后由老师进行纠正、讲解。

五、总结评价

老师针对各组完成情况进行评比、公布，并进行归纳总结，力求各组能完整完成相应的工作任务。

任务六　企业借款及期间费用的账务处理

● 引入任务

期间费用的账务处理

资料：某公司销售部和行政部 8 月共发生费用 250000 元。其中，销售人员薪酬 50000 元，销售部专用办公设备折旧费 60000 元；行政人员薪酬 80000 元，行政部专用办公设备折旧费 25000 元，报销行政人员差旅费 15000 元（假定报销人员未预借差旅费），发生业务招待费 20000 元（以银行存款支付）。

要求：1. 分析该经济业务事项需要设置的账户及其性质、用途和结构。

2. 写出该经济业务事项的会计分录。

● 小贴士

企业的费用包括主营业务成本、其他业务成本、营业税金及附加、销售费用、管理费用和财务费用等。主营业务成本、其他业务成本、营业税金及附加、财务费用的处理已在前面的任务中演练。此次演练任务主要是处理销售费用和管理费用。

◆ 相关专业知识

期间费用主要涉及的账户有"销售费用"和"管理费用"。企业借款涉及的账户有"短期借款"、"长期借款"、"应付利息"、"财务费用"。

知识点一：期间费用的主要账户

企业费用主要通过"销售费用"和"管理费用"账户核算。"销售费用"账户核算企业在销售商品过程中发生的包装费、保险费、展览费和广告费等，以及企业发生的为销售商品而专设的销售机构的职工薪酬、业务费、折旧费等；"管理费用"账户核算企业为组织和管理生产活动而发生的各种管理费用，包括企业在筹建期间发生的开办费、董事会和行政管理部门在企业的经营管理中发生的或者应由企业统一负担的公司经费等。

知识点二：期间费用账务处理的示范操作

借：销售费用   210000

  管理费用   140000000

  贷：应付职工薪酬   130000

    累计折旧   85000

    库存现金   15000

    银行存款   20000

企业产品费用账务处理涉及的主要账户及记账方向如表 5-11 所示。

表 5-11 企业产品费用账务处理涉及的主要账户及记账方向

主要账户　　　记账方向	借方	贷方	期末余额
销售费用	增加	结转到本年利润账户的金额	无余额
管理费用	增加	结转到本年利润账户的金额	无余额

●任务演练

企业借款的账务处理

资料： 1. 2010 年 1 月 1 日，ABC 公司向银行借入一笔经营用短期借款，共计800000 元，期限为 6 个月，年利率为 6%。根据与银行签署的贷款协议，该借款的本金到期后一次归还；利息分月计提，按季支付。

2. 2012 年 1 月 1 日，ABC 公司为集中购买一批材料向银行借入资金 3000000 元，借款期限为 3 年，年利率为 8%（到期一次还本付息，不计复利），所借款项已存入银行。

要求： 1. 分析该经济业务事项需要设置的账户及其性质、用途和结构。

2. 写出该经济业务事项的会计分录。

知识点三：企业借款的主要账户

（一）"短期借款"账户

（1）账户性质：负债类账户。

（2）账户用途：用于核算企业向银行或非银行金融机构借入的用于企业经营活动、

归还期在一年或超过一年的营业周期以内的各种借款的取得、归还情况。

（3）账户结构：贷方登记借入的各项短期借款的本金；借方登记归还的短期借款；期末余额在贷方，表示期末尚未归还的短期借款数额。

（4）明细设置：本账户应按照债权人名称设置明细账，结合借款种类进行明细分类核算。

（二）"长期借款"账户

（1）账户性质：负债类账户。

（2）账户用途：用于核算企业借入的归还期在一年或超过一年的营业周期以上的各种借款的取得、利息和偿还情况。

（3）账户结构：贷方登记企业取得的各种长期借款的本金；借方登记到期已归还的长期借款本金；期末余额在贷方，表示尚未归还的长期借款的本金。

（4）明细设置：本账户应按照债权人名称设置明细账，进行明细分类核算。

（三）"应付利息"账户

（1）账户性质：负债类账户。

（2）账户用途：用于核算企业按照合同约定应付的利息，包括吸收存款、分期付息到期还本的长期借款、企业债券等应支付的利息。

（3）账户结构：贷方登记应付未付的利息；借方登记实际支付利息；期末余额在贷方，反映企业应付未付的利息。

（4）明细设置：本账户应按照存款人或债权人设置明细账，进行明细分类核算。

（四）"账务费用"账户

（1）账户性质：损益类账户。

（2）账户用途：用于核算企业在生产经营过程中为筹集资金而发生的各项费用，包括企业生产经营期间发生的利息支出（减利息收入）、汇兑净损失（有的企业，如商品流通企业、保险企业单独进行核算，不包括在账务费用中）、金融机构手续费，以及筹资发生的其他账务费用，如债券印刷费、国外借款担保费等。

（3）账户结构：借方登记企业发生的账务费用；贷方登记发生的冲减账务费用的利息收入、汇兑收益；期末应将本账户的余额转入"本年利润"账户。

（4）明细设置：本账户应按照费用项目设置明细账，进行明细分类核算。

知识点四：企业借款账务处理的示范操作

（一）借入短期借款的账务处理

1. 2010年1月1日，借入短期借款

借：银行存款　　　　　　　　　　　　　　　　　　　800000
　贷：短期借款　　　　　　　　　　　　　　　　　　800000

2. 2010 年 1 月 31 日，计提利息

●小贴士

本月应计提的利息金额=800000×6%÷12=4000（元）

借：账务费用 4000

　　贷：应付利息 4000

2 月末计提利息费用的账务处理同上。

3. 2010 年 3 月 31 日，支付第一季度利息费用

借：应付利息 8000

　　账务费用 4000

　　　贷：银行存款 12000

4. 2010 年 4 月 30 日，计提利息

借：账务费用 4000

　　贷：应付利息 4000

5 月末计提利息费用的账务处理同上。

5. 2010 年 6 月 30 日，支付第二季度利息费用，同时归还本金

借：应付利息 8000

　　账务费用 4000

　　　贷：银行存款 12000

借：短期借款 800000

　　贷：银行存款 800000

（二）借入长期借款的账务处理

1. 2010 年 1 月 1 日，ABC 公司借入长期借款

借：银行存款 3000000

　　贷：长期借款——本金 3000000

2. 2010 年 1 月 31 日，ABC 公司计提长期借款利息

●小贴士

应计提的利息金额=3000000×8%÷12=20000（元）

借：账务费用 20000

　　贷：应付利息 20000

2010 年 2 月至 2012 年 11 月，各月计提利息账务处理同上。

借：长期借款——本金 3000000

　　应付利息 700000

账务费用 20000

贷：银行存款 3720000

●小贴士

企业借入长期借款，应按实际收到的金额，借记"银行存款"科目，贷记"长期借款——本金"科目；如存在差额，不应借记"长期借款——利息调整"科目。

企业借款账务处理涉及的主要账户及记账方向如表 5-12 所示。

表 5-12　企业借款账务处理涉及的主要账户及记账方向

主要账户＼记账方向	借方	贷方	期末余额
短期借款	到期偿还本金	借入短期借款	贷方
长期借款	到期偿还本金	借入长期借款	贷方
应付利息	实际支付利息	应付未付的利息	贷方
账务费用	利息、手续费支出等	利息收入、汇兑收益等	无余额

任务实施

一、资讯

接受并明确工作任务，进行小组分工，每组 4 人，各自负责工作任务的阶段分解、需用物料的准备及相关知识原理的收集。

二、计划与决策

各组独立完成上述实务任务，第一节课完成会计分录的默写及账务处理，第二节课进行组间批改、答案核对与结果展示。

三、实施处理

1. 企业借款及期间费用涉及账户的默写。

2. 企业借款业务的账务处理。

3. 期间费用的账务处理。

四、检查

各小组间进行账务处理的检查、批改，最后由老师进行纠正、讲解。

五、总结评价

老师针对各组完成情况进行评比、公布，并进行归纳总结，力求各组能完整完成相应的工作任务。

任务七 利润形成与分配业务的账务处理

●引入任务一

企业营业外收支的账务处理

资料：ABC 公司用银行存款支付税款滞纳金 34000 元。

要求：1. 分析该经济业务事项需要设置的账户及其性质、用途和结构。

2. 写出该经济业务事项的会计分录。

◆ **相关专业知识**

利润形成与分配业务主要涉及的账户有"营业外收入"、"营业外支出"、"本年利润"、"投资收益"、"所得税费用"、"利润分配"、"盈余公积"、"应付股利"。

知识点一："营业外收入"账户和"营业外支出"账户

（一）"营业外收入"账户

（1）账户性质：损益类账户。

（2）账户用途：用于核算企业发生的与日常生产经营活动无直接关系的各项收入。主要包括非流动资产处置利得、盘盈利得、政府补助、捐赠利得等。

（3）账户结构：贷方登记企业取得的各项营业外收入；借方登记期末转入"本年利润"账户的营业外收入；期末结转后本账户无余额。

（4）明细设置：本账户按收入项目设置明细账，进行明细分类核算。

（二）"营业外支出"账户

（1）账户性质：损益类账户。

（2）账户用途：用于核算企业发生的与日常生产经营活动无直接关系的各项支出。主要包括非流动资产处置损失、盘亏损失、罚款支出、公益性捐赠支出、非常损失等。

（3）账户结构：借方登记企业发生的各项营业外支出；贷方登记期末转入"本年利润"账户的营业外支出；期末结转后本账户无余额。

（4）明细设置：本账户按支出项目设置明细账，进行明细分类核算。

知识点二："营业外收入"和"营业外支出"账务处理的示范操作

借：营业外支出   34000

    贷：银行存款   34000

企业产品营业外收支账务处理涉及的主要账户及记账方向如表5-13所示。

表5-13 企业产品营业外收支账务处理涉及的主要账户及记账方向

记账方向＼主要账户	借方	贷方	期末余额
营业外收入	结转	增加	无余额
营业外支出	增加	结转	无余额

●引入任务二

企业利润的账务处理

资料：ABC公司2011年有关损益类账户的年末余额如表5-14所示。

表5-14 损益类账户的年末余额

单位：元

科目名称	结账前余额
主营业务收入	3000000（贷）
其他业务收入	350000（贷）
投资收益	300000（贷）
营业外收入	25000（贷）
主营业务成本	2300000（借）
其他业务成本	200000（借）
营业税金及附加	40000（借）
销售费用	250000（借）
管理费用	300000（借）
财务费用	50000（借）
营业外支出	100000（借）

要求：1.分析该经济业务事项需要设置的账户及其性质、用途和结构。

2.写出该经济业务事项的会计分录。

知识点三："本年利润账户"和"投资收益账户"

（一）"本年利润"账户

（1）账户性质：所有者权益账户。

（2）账户用途：用来核算企业实现的净利润（或发生的净亏损）。

（3）账户结构：贷方登记期末从各收入类账户转入的本期各项收入；借方登记期末从各支出类账户转入的本期各项费用。将收入与费用相抵后，如果收入大于费用即为贷方余额，表示本期实现的净利润；如果费用大于收入即为借方余额，表示本期实现的净亏损。年终结转后该账户无余额。

（4）本账户一般不设明细账户。

（二）"投资收益"账户

（1）账户性质：所有者权益账户。

（2）账户用途：用来核算企业对外投资所得的收益或发生的损失。

（3）账户结构：贷方登记企业对外投资所取得的收入；借方登记对外投资发生的损失；余额在贷方为投资净收益，余额在借方为投资净损失，期末转入"本年利润"账户后，本账户无余额。

（4）明细设置：本账户按投资收益种类设置明细账户，进行明细分类核算。

知识点四："本年利润"和"投资收益"账户处理的示范操作

（一）结转各项收入、利得的账户处理

借：主营业务收入	3000000
其他业务收入	350000
投资收益	300000
营业外收入	25000
贷：本年利润	3675000

（二）结转各项费用、损失的账务处理

借：本年利润	3240000
贷：主营业务成本	2300000
其他业务成本	200000
营业税金及附加	40000
销售费用	250000
管理费用	300000
财务费用	50000
营业外支出	100000

●小贴士

经结转后，"本年利润"账户的贷方发生额合计 3675000 元减去借方发生额合计3240000 元即为税前会计利润 435000 元。

企业利润账务处理涉及的主要账户及记账方向如表 5-15 所示。

表 5-15　企业利润账务处理涉及的主要账户及记账方向

主要账户 ＼ 记账方向	借方	贷方	期末余额
本年利润	期末结转来的费用	期末结转来的收入	贷方：净利润；借方：净亏损
投资收益	损失	收入	贷方：净收益；借方：净损失

●引入任务三

企业所得税的账务处理

资料：沿用本任务中引入任务一的资料，假定 ABC 公司适用的所得税税率为25%，ABC 公司不存在纳税调整事项。

要求：1. 分析该经济业务事项需要设置的账户及其性质、用途和结构。

2. 写出该经济业务事项的会计分录。

知识点五："所得税费用"账户

（1）账户性质：损益类账户。

（2）账户用途：用于核算企业按税法规定计算确定的应计当期损益的所得税费用。

（3）账户结构：借方登记企业发生的所得税费用；贷方登记期末转入"本年利润"账户的所得税费用；期末结转后本账户无余额。

（4）明细设置：本账户不设明细账户。

知识点六：所得税费用的账务处理

（一）计算应交所得税的账务处理

●小贴士

企业当期应交所得税的计算公式为：应交所得税＝应纳税所得额×所得税税率。

应交所得税＝435000×25%＝108750（元）

借：所得税费用   108750

  贷：应交税费——应交所得税   108750

（二）结转所得税费用的账务处理

借：本年利润   108750

  贷：所得税费用   108750

企业所得税账务处理涉及的主要账户及记账方向如表 5-16 所示。

表 5-16　企业所得税账务处理涉及的主要账户及记账方向

记账方向 主要账户	借方	贷方	期末余额
所得税费用	发生的所得税费用	期末结转	无余额

●引入任务四

企业利润分配的账务处理

资料：沿用本任务中引入任务二的资料，假定 ABC 公司按当年净利润的 10% 提取法定盈余公积，按当年净利润的 5% 提取任意盈余公积，并决定向投资者分配利润 200000 元。

要求：1. 分析该经济业务事项需要设置的账户及其性质、用途和结构。

2. 写出该经济业务事项的会计分录。

知识点七：利润分配的主要账户

（一）"利润分配"账户

（1）账户性质：所有者权益类账户。

（2）账户用途：用于核算企业利润的分配（或亏损的弥补）。

（3）账户结构：贷方登记从"本年利润"账户转入的全年实现的净利润；借方登记利润分配的去向；年末贷方余额表示企业历年结存的未分配利润，借方余额为未弥补亏损。

（4）明细设置：本账户按利润分配的去向设置明细账，进行明细分类核算。

●小贴士

利润分配是企业根据国家有关规定和企业章程、投资者协议等，对企业当年可供分配的利润所进行的分配。利润分配的顺序依次是：提取法定盈余公积；提取任意盈余公积；向投资者分配利润。

（二）"盈余公积"账户

（1）账户性质：所有者权益类账户。

（2）账户用途：用于核算企业从净利润中提取的盈余公积。

（3）账户结构：贷方登记盈余公积的提取数；借方登记用盈余公积弥补的亏损或转赠资本；余额在贷方，表示盈余公积的实际结存数。

（4）明细设置：本账户按盈余公积的种类设置明细账，进行明细分类核算。

（三）"应付股利"账户

（1）账户性质：负债类账户。

（2）账户用途：用于核算企业经董事会或股东大会，或类似机构决议确定分配的现金股利或利润。

（3）账户结构：贷方登记应支付的现金股利或利润；借方登记实际支付的现金股利或利润；余额在贷方，表示企业尚未支付的现金股利或利润。

（4）明细设置：本账户按投资者设置明细账，进行明细分类核算。

知识点八：利润分配账务处理的示范操作

（一）将"本年利润"账户年末余额转入"利润分配——未分配利润"科目的账务处理

借：本年利润　　　　　　　　　　　　　　　326250

　　贷：利润分配——未分配利润　　　　　　　　326250

（二）提取法定盈余公积、任意盈余公积、向投资者分配利润的账务处理

借：利润分配——未分配利润　　　　　　　　248937.50

　　贷：盈余公积——法定盈余公积　　　　　　　32625.00

　　　　　　　　——任意盈余公积　　　　　　　16312.50

　　　　应付股利　　　　　　　　　　　　　200000.00

（三）向投资者支付分配的利润时的账务处理

借：应付股利　　　　　　　　　　　　　　　200000

　　贷：库存现金　　　　　　　　　　　　　　200000

企业利润分配账务处理涉及的主要账户及记账方向如表5-17所示。

表5-17　企业利润分配账务处理涉及的主要账户及记账方向

记账方向 主要账户	借方	贷方	期末余额
利润分配	分配的去向	从"本年利润"转入	贷方：未分配利润或借方：未弥补亏损
盈余公积	弥补亏损或转赠资本	提取数	贷方
应付股利	实际支付数	应支付数	贷方

任务实施

一、资讯

接受并明确工作任务，进行小组分工，每组4人，各自负责工作任务的阶段分解、需用物料的准备及相关知识原理的收集。

二、计划与决策

各组独立完成上述实务任务，第一节课完成会计分录默写及账务处理，第二节课进行组间批改、答案核对与结果展示。

三、实施处理

1. 利润形成与分配会计分录默写。

2. 利润形成业务的账务处理。

3. 利润分配业务的账务处理。

四、检查

各小组间进行账务处理的检查、批改，最后由老师进行纠正、讲解。

五、总结评价

老师针对各组完成情况进行评比、公布，并进行归纳总结，力求各组能完整完成相应的工作任务。

项目六　会计凭证

情景设计

　　赵小龙是公司的采购员。有一次，赵小龙拿出差的单据找财务人员张小菲报销。张小菲很痛快地就把报销的现金给他，随后又编制了分录并记账。

　　公司财务主管关小雨事后审核时发现，赵小龙拿来报销的单据并不是正式发票，无法作为报销的依据，张小菲不应该将其作为原始凭证入账。同时，张小菲根据这张单据编制的记账凭证，并没有经过专门人员审核就入账处理，也不符合会计工作的要求。

　　因此，关小雨认为这笔业务发生的错误应该由张小菲负责，并限期让张小菲取回报销款或者能够入账报销的单据，如果无法取得，需要由张小菲将资金赔偿给公司。

学习目标

专业技能

1. 能够规范地填制和审核常用原始凭证。

2. 能够初步分析已取得的原始凭证所体现的经济业务或事项的内容。

3. 能根据审核无误的原始凭证运用借贷记账法熟练地编制记账凭证。

专业知识

1. 认知和理解会计凭证的含义和主要分类。

2. 识别会计凭证的所属类型。

3. 掌握各种会计凭证的编制和审核方法。

职业素养

养成严谨、规范、细致的会计职业习惯；具备客观公正、坚持准则、诚实守信的会计职业道德。

任务一　会计凭证介绍

●引入任务

寻找身边的会计凭证

　　资料：在日常生活中，会计凭证的种类繁多，形式多样。例如，在购买商品时商场所开具的发票；在交纳学杂费时学校所开具的行政事业单位发票；在外出时所取得的车票、船票、飞机票、的士票，甚至住宿发票等，以及学校给大家发放的许多会计凭证等。

　　要求：1. 举例说出日常生活中所接触过的会计凭证。

　　2. 分小组对找到的会计凭证进行基本归类。

　　3. 说一说每类会计凭证各有哪些不同。

◆ 相关专业知识

　　会计凭证是记录经济业务、明确经济责任的书面证明，是登记账簿的依据。会计凭证按填制程序与用途不同分为原始凭证和记账凭证两类。

知识点一：会计凭证的概念与作用

　　（一）会计凭证的概念

　　会计凭证是记录经济业务、明确经济责任的书面证明，是登记账簿的依据。因此，企业、行政事业单位在处理任何一项经济业务时，都必须及时取得或填制真实、准确的书面证明。

　　（二）会计凭证的作用

　　1. 记录经济业务，提供记账依据

　　每个会计主体在生产经营过程中，会发生大量的、各种各样的经济业务。每当发生经济业务时，必须正确、及时地填制相应的会计凭证。一般来说，经济业务在哪里发生，会计凭证就在哪里填制。随着经济业务的执行和完成，记载经济业务执行和完成情况的会计凭证就按规定的流转程序最终汇集到财务部门，成为记账的基本依据。

　　2. 明确经济责任，强化内部控制

　　任何一项经济业务活动，都要由经营人员填制凭证并由有关人员签字、盖章，以便于划清职责，加强责任感，从而促进各单位内部分工协作，同时互相牵制，强化内部控制。

3.监督经济活动，控制经济运行

会计凭证的审核，可以监督各项经济业务的真实性、合法性、合理性，检查经济业务是否真实发生；是否符合国家的有关法律、法规和会计制度；是否符合会计主体目标和财务计划。通过会计凭证的审核，能够及时发现问题，加以制止纠正，提高会计信息质量，改善经营管理，提高经济效益。

知识点二：会计凭证的种类

在实际经济活动中，会计凭证多种多样，会计凭证按填制程序与用途不同分为两类，即原始凭证和记账凭证。

（一）原始凭证

原始凭证是在经济业务事项发生或完成时取得或填制的，用以记录和证明经济业务的发生或完成情况、明确经济责任的文字凭据，是作为记账原始依据的一种会计凭证。原始凭证按取得的来源不同可以分为外来原始凭证（见图6-1）和自制原始凭证（见表6-1）两种。

S051101　　　广州 售
广州东　　T42次　北京西
Guangzhoudong ➡ Beijingxi
2011年12月24日22:20开12车06号下铺
¥274.00元新空调硬座特快卧

限乘当日当次车
在3日内到有效

01223654100083232300332101230162090890701012908708 06

图6-1　火车票

表6-1　借款单

2011年12月23日

部门	行政部	姓名	张三	借款用途	预借差旅费
借款金额	人民币（大写）叁仟元整		¥3000		
实际报销金额		节余金额		负责人审核意见	同意刘小明
		超值金额			
备注		结账日期		年　月　日	

账务主管：　　　会计：索云　　　出纳：万千　　　借款人签章：张三

（二）记账凭证

记账凭证是由会计人员对审核无误的原始凭证或汇总原始凭证，按其经济业务的内容加以归类整理，并据以确定会计分录后填制的会计凭证。它具有分类归纳原始凭证和据以登记会计账簿的作用。记账凭证可以分为专用记账凭证和通用记账凭证。而专用记账凭证又可分为收款凭证、付款凭证、转账凭证，如表6-2至表6-4所示。通用记账凭证如表6-5所示。

表6-2　收款凭证

借方科目：　　　　　　　　　　　年　月　日　　　　　　　　字第___号第___页

摘要	贷方科目		√	金额									
	总账科目	明细科目		亿	千	百	十	万	千	百	十	元	角	分
合计													

会计主管：　　　记账：　　　出纳：　　　复核：　　　制单：

附件　张

表6-3　付款凭证

贷方科目：　　　　　　　　　　　年　月　日　　　　　　　　字第__号第__页

摘要	借方科目		√	金额									
	总账科目	明细科目		亿	千	百	十	万	千	百	十	元	角	分
合计													

会计主管：　　　记账：　　　出纳：　　　复核：　　　制单：

附件　张

表 6-4 转账凭证

年 月 日   字第 __ 号第 __ 页

摘要	总账科目	明细科目	√	借方余额										√	贷方余额										
				亿	千	百	十	万	千	百	十	元	角	分		亿	千	百	十	万	千	百	十	元	角	分
合计																										

附件   张

会计主管: 记账: 出纳: 复核: 制单:

表 6-5 记账凭证

会字第_____号
记字第_____号

摘要	总账科目	明细科目	借方余额										√	贷方余额										√
			亿	千	百	十	万	千	百	十	元	角	分		亿	千	百	十	万	千	百	十	元	角	分	
合计																										

附件   张

会计主管: 记账: 出纳: 复核: 制单:

● 小贴士

在实际工作中,会计分录是通过填制记账凭证来体现的。

任务实施

一、资讯

接受并明确工作任务,进行小组分工,每组 4 人,各自负责工作任务的阶段分解、需用物料的准备及相关知识原理的收集。

二、计划与决策

各组独立完成上述实务任务,第一节课完成记账凭证的编制、审核,第二节课进行组间批改、答案核对与结果展示。

三、实施处理

1. 认识原始凭证。

2. 认识记账凭证。

四、检查

各小组间进行账务处理的检查、批改，最后由老师进行纠正、讲解。

五、总结评价

老师针对各组完成情况进行评比、公布，并进行归纳总结，力求各组能完整完成相应的工作任务。

任务二　原始凭证填制与审核

◆ 相关专业知识

任何一项经济业务的发生或完成都要取得相应的凭证，原始凭证就是在经济业务事项发生或完成时取得或填制的，用以记录和证明经济业务的发生或完成情况、明确经济责任，具有法律效力的文字凭据。原始凭证是反映经济业务的原始资料，是会计核算的起点，也是会计核算的基本环节。

知识点一：原始凭证的种类

●引入任务一

识别原始凭证的身份

资料：请对我们收集到的购货发票、公交车票、电话账单、餐饮发票、购销合同、购房计划等的银行对账单、收据等票据，进行仔细观察，讨论它们的相同与不同处，判断它们是否都是原始凭证。

要求：1. 简单总结原始凭证的概念。

2. 想想会计岗位所接触到的原始凭证的种类有哪些。

3. 观察一张原始凭证，归纳其基本内容。

●小贴士

凡是不能证明经济业务发生或完成情况的各项单据，如购货申请单，购销合同、计划，银行对账单等，不能作为原始凭证。

尽管原始凭证的种类和格式多种多样，但都有其共同的构成要素和基本内容。

（一）按取得原始凭证的来源不同可分为外来原始凭证和自制原始凭证两种

1. 外来原始凭证

外来原始凭证是指企业在同外单位或个人发生经济业务往来的过程中，当经济业务发生或完成时，从外单位或个人手中取得的原始凭证。如购物时收到的普通发票、增值税专用发票；企业送交款时，收到的收款收据；银行开出的收款、付款的结算凭证；各种车票、机票等，如表6-6所示。

表6-6 广东省高速公路车辆通行费票证

发票代码：261900810181

入口站：怀城	出口站广州	
车型： 1 客	金额：	10 元
收费员：0010000028	时间：	11-12-31 11:59

发票号：08007917

●小贴士

外来原始凭证一般由税务局等部门统一印刷，或经税务部门批准由经营单位印刷，在填制时加盖出具单位公章方可。

2. 自制原始凭证

自制原始凭证是指在经济业务发生或完成时，单位业务经办部门或个人填制的、仅供本单位内部使用的原始凭证。如购入材料验收入库时，由仓库保管人员按照规定手续填制收料单，如表6-7所示，出差人员填报的差旅费报销单，工资结算的工资单等。

表6-7 收料单

供货单位：红星公司　　　　2011 年 12 月 15 日　　　　凭证编号：1
发票号码：03145678　　　　　　　　　　　　　　　　收料仓库：1 号库

材料编号	材料名称及规格	计量单位	数量		金额	
			送验	实收	单位	金额
001	甲材料	千克	800.00	800.00	15.00	12000.00
002	乙材料	千克	2000.00	200.00	10.00	20000.00
003	丙材料	千克	500.00	500.00	55.00	27500.00
004			10500.00	10500.00		59500.00

仓库负责人：柳青　　材料会计：　　收料人：李广　　经办人：　　制单：王红

（二）按填制原始凭证的方法不同可分为一次原始凭证、累计原始凭证和汇总原始凭证三种

1. 一次原始凭证

一次原始凭证是指一次填制完成、只记录一笔经济业务的原始凭证，如表 6-8 所示。

●小贴士

外来原始凭证和大多数自制原始凭证都是一次凭证，如发货票、银行结算单、借款单和车票等。

表 6-8　广州日报社普通发票

发票联

广东税西字（08）商零四联　发票代码：161010622400

开票日期：2011-12-25　站别：电子城站　班组：　发票号码：00957314

订阅单位/人	名称	广州 ABC 有限公司						
	地址	广州市人民路 212 号						
内容	广州日报		数量	2	日报	起止期限 税号	2012-01-01 2012-12-31	
单价/元	17.5 元/月	金额	420.00 元	合计		人民币肆佰贰拾元整 206776012539		
征订名称	广州日报社				纳税人识别号发票专用章		610103435200773	
单位地址	广州市含光北路 156 号				电话		021-96128	

2. 累计原始凭证

累计原始凭证，即累计凭证，它是指在一张凭证上连续登记一定时期内发生的同类型经济业务的原始凭证，随时结出累计数和结余数，并按照费用限额进行费用控制，期末按实际发生额记账，如表 6-9 所示。

●小贴士

累计原始凭证比较有代表性的就是"限额领料单"，当然它也是自制原始凭证。

表6-9 限额领料单

仓库：生产车间　　　　　　　　　　　　2011 年 12 月　　　　　　　　　　领料单编号：1
用途：加工 A 产品　　　　　　　　　　　　　　　　　　　　　　　　　　发料仓库：1 号库

编号	材料名称	计量单位	规格	领用限额	实发		
					数量	实际（计划）单价	金额
001	甲材料	千克		3500	3000	15.00	45000.00
日期	领用			退料			限额结余
	数量	领料	发料	数量	退料人	收料人	
2 日	1500	张三	李四				2000
8 日	1000	张三	李四				1000
12 日	500	张三	李四				500
合计							500

生产计划部门负责人：李辉　　　　　供应部门负责人：董伟　　　　　仓库负责人：柳青

●小贴士

"限额领料单"不仅可以起到事先控制领料的作用，而且可以减少原始凭证的数量和简化填制凭证的手续。

3. 汇总原始凭证

汇总原始凭证，又称原始凭证汇总表，是指将一定时期内若干张同类经济业务的原始凭证，经过汇总编制完成的凭证，如发出材料汇总表（如表 6-10 所示）、工资结算汇总表、差旅费报销单等。

●小贴士

汇总原始凭证在大中型企业中使用得非常广泛，因为它可以简化核算手续，提高核算工作效率。但它只能将同类内容的经济业务汇总在一起、填列在一张汇总证上，不能将两类或两类以上的经济业务汇总在一起、填列在一张汇总原始凭证上。

表 6-10　发出材料汇总表

2011 年 12 月 20 日

会计项目（用途）	领料部门	甲材料	乙材料	合并
生产成本	A 产品生产车间	45000	6875	51875
	B 产品生产车间	15000	5625	20625
	小计	60000	12500	72500
制造费用	车间一般耗用	6000	1000	7000
管理费用	管理部门耗用	3000	1500	4500
合计		69000	15000	84000

会计管理：　　　　复核：　　　制表：王红

●**小贴士**

"发料凭证汇总表"是指由会计根据各部门到仓库领用材料时填制的领料单按旬汇总，每月编制一份。

（三）按原始凭证的格式不同可分为通用原始凭证和专用原始凭证两种

1. 通用原始凭证

通用原始凭证是指由有关部门统一印刷、在一定范围内使用的具有统一格式和使用方法的原始凭证，如车票、银行转账结算凭证。

●**小贴士**

通用原始凭证的适用范围，可以是全国，也可以是某一地区或某一行业，如全国统一的异地银行结算凭证、税务部门统一印刷的发票等。

2. 专用原始凭证

专用原始凭证是指由单位自行印制、仅在本单位内部使用的原始凭证，如前所述的差旅费报销单、收料单、固定资产折旧计算表等。

知识点二：原始凭证的基本内容

●**引入任务二**

为企业填制并审核原始凭证

资料：1. 广州 ABC 有限公司 2011 年 12 月发生的部分经济业务：

（1）12 月 15 日，从正日公司购进甲材料 8000 千克（15 元/千克）；购进乙材料 2000 千克（10 元/千克）；购进丙材料 500 千克（55 元/千克），增值税进项税 28475 元（发票号码：03319089）。上述材料均已验收入库，货款已通过银行支付。

（2）12 月 20 日，基本生产车间为生产 B 产品填制限额领料单，向仓库领用甲材料，领用限额 1500 千克，该月 2 日领用 500 千克，8 日领用 600 千克，12 日领用 300 千克。

（3）12 月 24 日，管理部门张山出差预借差旅费现金 3000 元。

（4）12 月 24 日，向庆安公司销售 A 产品 900 件（130 元/件），货款共计 117000 元，增值税销项税 19890 元，全部款项已存入银行。庆安公司信息（纳税人识别号：610103732368986；地址：广州市天河区 2 号；电话：029-85241518；开户行：中国工商银行天河支行 3700019002960088888）。

（5）12 月 31 日，收到对公司职工安武因违反规定的罚款计现金 500 元。

根据不同经济业务正确选择并填制原始凭证，如表 6-11 至表 6-15 所示。

表 6-11 借款单

借款日期： 年 月 日

单位或部门		借款事由	
申请借款金额	金额（大写）¥		
批准金额	金额（大写）		
领导批示		财务主管	借款人

6100051249　　　　　　表 6-12　广东省增值税专用发票　　　№01306416

开票日期： 年 月 日　　　　　发票联

购货单位	名称：					密码区		
	纳税人识别号：							
	地址、电话：							
	开户行及账号：							
货物或应税劳务名称	规格型号	单位	数量	单价	金额		税率	税额
合计								
价税合计（大写）	⊗					（小写）¥		
销货单位	名称：广州 ABC 有限公司					备注		
	纳税人识别号：61010273238988							
	地址、电话：广州市人民路 212 号　029-86524516							
	开户行及账号：中国工商银行朝阳支行 3700019002960021158							

收款人：　　　　　复核：　　　　　开票人：　　　　　销货单位：（章）

第一联 发票联 购货方记账凭证

115

表 6-13 收款收据

年　月　日　　　　　　　　　　　　　第　号

交款单位		收款方式	
人民币（大写）		¥	
收款事由			
年　月　日			

单位盖章：　　　财务主管：　　记账：　　　出纳：　　　审核：　　　经办：

表 6-14 限额领料单

仓库：　　　　　　　　　　年　　月　　　　　　领料单编号：
用途：　　　　　　　　　　　　　　　　　　　　发料仓库：

编号	材料名称	计量单位	规格	领用限额	实发		
					数量	实际（计划）单价	金额

日期	领用			退料			限额结余
	数量	领料	发料	数量	退料人	收料人	
合计							

生产计划部门负责人：李辉　　　　　供应部门负责人：董伟　　　　　仓库负责人：柳青

表 6-15 收料单

供货单位：　　　　　　　　　　年　月　日　　　　　　凭证编号：
发票号码：　　　　　　　　　　　　　　　　　　　　　收料仓库：　号仓

材料编号	材料名称及规格	计量单位	数量		金额	
			送验	实收	单价	金额

仓库负责人：　　　材料会计：　　　　收料人：　　　经办人：　　　制单：

2. 广州 ABC 有限公司 2011 年 12 月所取得和填制的部分原始凭证，如表 6-16 至表 6-19 所示。

表 6-16　广东省广州市商业零售普通发票

广东税西字（04）商零三联
2011 年 12 月 22 日

发票代码：161010422331
发票号码：03313075

发票联

购货单位（人）	名称	广州 ABC 有限公司		地址	广州市人民路 212 号　029-86584516							
品名规格		单位	数量	单价	金额							
					万	千	百	十	元	角	分	
中性笔		支	100	2.00			2	0	0	0	0	
复印纸		包	15	20.00			2	0	0	0	0	
合计人民币（大写）		肆佰元零角零分				¥	4	0	0	0	0	
销货单位	名称	广东军城有限公司		纳税人识别号	610103732358940							
	地址	广州市安长路 439 号		电话	029-865360336							

开票人：金晓妮　　　　销货单位（章）

表 6-17　费用报销单

报销日期：2011 年 12 月 25 日　　　　　　　　　　　　　　　　　　附件 1

费用项目	类型	金额	负责人（签章）	
办公用品		500.00	审查意见	同意
			610198732358940	王强印
			报销专用章	刘明
报销金额合计		500.00		
核实金额（大写）：伍佰元整				
借款数		应退数		应补金额

审核：索云　　　　　　　　　　　　　　　　出纳：万千

表 6—18　委托收款凭证　(付款通知)

委托日期：2011 年 12 月 25 日　　　　单位代码：034267　　　　委托号码：656472

付款人	全称	广州 ABC 有限公司	收款人	全称	广州市供电局
	账号	3700019002960021158		账号	3700019002960010009
	开户银行	中国工商银行广州朝阳支行		开户银行	中国工商银行广州南效支行

委托金额	人民币 (大写)	柒仟捌佰元整	千	百	十	万	千	百	十	元	角	分
										0	0	0

款项内容及合同号码	电费 00856472	委托收款凭据名称	发票	转讫	1

备注：复核记账	款项收妥日期：2011 年 12 月 25 日	付款人开户银行盖章 年 月 日

（中国工商银行广州市朝阳支行 2011 年 12 月 25 日 转讫）

此联作付款人开户银行给收款人的付款通知

表 6—19　广东增值税专用发票

6100051249　　　　　　　　　　　　　　　　　　　　　　　No 01306416

（广东省 国家税务总局监制 记账联）

开票日期：2011 年 12 月 27 日

购货单位	名称：广州大安有限公司　纳税人识别号：610103732368887　地址、电话：广州市南城区 3 号 029-8523579　开户行及账号：中国工商银行南城支行 37000190029600999999	密码区	>310+ -*2> 543**44 + / 加密版本 015+ 851- 8>*4302<58>452 6100051249362/48 - 70*01*334*2/< 32 01306416*5- 70564658- 1+>*//> 3

货物或应税劳务名称	规格型号	单价	数量	单价	金额	税率	税额
A 产品		件	1800	50	90000.00	17%	15300.00
合计					¥90000.00		¥15300.00

价税合计（大写）	⊗拾万零伍仟叁佰元整　（小写）¥105300.00

销货单位	名称：广州 ABC 有限公司　纳税人识别号：610102732358988　地址、电话：广州市人民路 212 号 029-86524516　开户行及账号：中国工商银行朝阳支行 3700019002960021158	广州 ABC 有限公司 税号 610102732358988 发票专用章

收款人：　　　复核：　　　开票人：徐丽　　　销货单位：（章）万千

第二联　记账联　销货方记账凭证

　　要求： 1. 审核已取得或填制的原始凭证，找出其错误之处。

2. 对不同错误的原始凭证进行处理。

　　原始凭证是会计核算的起点和基础，是记账的原始依据。因此，原始凭证必须真实、准确和完整地记录每项经纪业务，为以后的进一步核算提供原始的书面资料。在企业、行政事业单位经济活动中，各种各样的经济业务都会发生，记录经纪业务的原始凭证来自四面八方，原始单据的内容、格式也不尽相同。但是，任何一张原始凭证都必须同时具备一些相同的内容，这些内容被称为原始凭证的基本内容或基本要素。

●**做中学**

拿出一张原始凭证，如表 6-20 所示，看它具备几项内容。

表 6-20 广东省地质博物馆景点门票专用发票

开票日期：2011 年 12 月 31 日

开票单位（盖章）开票人：张明　　　　**发票联**

发票号码：00026547

付款单位	广州 ABC 有限公司	地址	广州市人民路 212 号						
项目		单位	数量	单价	金额				
					千	百	十	元	角	分
门票		张	5	90		4	5	0	0	0
合计人民币（大写）		⊗肆佰伍拾元零角零分			¥	4	5	0	0	0

第一联 报销凭证

（一）原始凭证的基本内容

（1）原始凭证的名称及编号，如发票：No.0026547。

（2）填制凭证的日期和经济业务发生日期，如 2011 年 12 月 31 日。

（3）填制凭证单位的名称及公章或专用章。

（4）经济业务的内容，如门票。

（5）经济业务的数量、计量单位、单价和金额。

（6）接受凭证单位的名称，如广州 ABC 有限公司。

（7）经办人员或责任人的签名或盖章。

（二）原始凭证应当符合的要求

1. 外来原始凭证

从外单位取得的原始凭证必须盖有填制单位的公章；对外开出的原始凭证，必须加盖本单位公章。从个人处取得的原始凭证，必须有填制人员的签名或者盖章。这里所说的"公章"，是指具有法律效力和特定用途，能够证明单位身份和性质的印鉴，包括业务公章、财务专用章、发票专用章和结算专用章等。

2. 自制原始凭证

自制原始凭证必须有经办单位的领导人或者由单位领导人指定的人员签名或者盖章。

3. 购买实物原始凭证

购买实物的原始凭证必须有验收证明，目的是明确经济责任，保证账物相符，防止盲目采购，避免物资短缺和流失。实物验收工作由经管实物的人员负责办理，会计人员通过有关的原始凭证进行监督检查。需要入库的实物，必须填写入库验收单，由实物保管人员验收后在入库单上如实填写实收数额，并加盖印章；不需要入库的实物，除经办人员在凭证上签章外，必须交给实物保管人员或者使用人员进行验收后在凭证上签章。总之，必须由购买人以外的第三者查证核实后，会计人员才能据以入账。

4. 支付款项原始凭证

支付款项的原始凭证必须有收款单位和收款人的收款证明，不能仅以支付款项的有关凭证如银行汇款凭证代替。其目的是防止舞弊行为的发生。

5. 销货退回原始凭证

发生销货退回的，除填制退货发票外，还必须有退货验收证明；退款时，必须取得对方的收据或者汇款银行的凭证，不得以退货发票代替收据。在实际工作中，有些单位发生销售退回，收到的退货没有验收证明，造成退货流失；在办理退款时，开出红字发票，并以红字发票副本作为单位付款的原始凭证，既不经对方单位盖章收讫，也不附对方单位收到退款的收据。这种做法容易产生舞弊行为，漏洞很大。因此，发生销货退回及退还款项时，必须填制退货发票并附有退货验收证明和对方的收款收据。如果有特殊情况，可先用银行的有关凭证作为临时收据，待收到收款单位的收款证明后，再将其附在原付款凭证之后，作为正式原始凭证。

6. 职工公出借款原始凭证

职工公出借款凭证必须附在记账凭证之后，收回借款时，应当另开收据或者退还借款副本，不得退还原借款收据。因为借款和还回借款是互有联系的两项经济业务，在借款和还回借款发生时，必须分别在会计账目上独立反映出来，因此，不得将原借款收据退还借款人，否则，将会使会计资料失去完整性。

7. 批准文件原始凭证

上级有关部门批准的经济业务应当将批准文件作为原始凭证附件。如果批准文件需要单独归档的，应当在凭证上注明文件的批准机关名称、日期和文号，以便确认经济业务的审批情况和查询。

知识点三：原始凭证的填制要求

（一）原始凭证填制的基本要求

1. 记录要真实

原始凭证所填列的经济业务内容和数字必须真实、合法，符合实际情况。

2. 内容要完整

原始凭证中的项目必须逐项填写齐全，不得遗漏和省略。

3. 书写要清楚、规范

原始凭证的书写必须文字简洁，字迹清楚，易于辨认，不得使用未经国务院公布的简化汉字，大小写金额必须相符且填写规范。大写金额用汉字壹、贰、叁、肆、伍、陆、柒、捌、玖、拾、佰、仟、万、亿、元、角、分、零、整等，一律用正楷或行书书写。大写金额前未印有"人民币"字样的，应加写"人民币"三个字，并且在"人民币"字样和大写金额之间不得留有空白。大写金额到元为止的，后面要写"整"或"正"字；到角的，可以不写"整"或"正"字；有分的，不写"整"或"正"字。如小写金额为"¥1008.00"，大写金额应写成"壹仟零捌元整"。小写金额用阿拉伯数字逐个书写，不得连写，在金额前要填写人民币符号"¥"，并且在人民币符号与阿拉伯数字间不得留有空白。金额数字一律填写到角、分，无角、分的，写成"00"或"—"；有角无分的，分位写"0"，不得用符号"—"。

4. 手续要完备

原始凭证取得的手续要完备，必须用签名和盖章来明确责任。

5. 编号要连续

如果原始凭证已预先印定编号，在写错作废时，应加盖"作废"戳记，妥善保管，不得撕毁。

6. 正确修改

原始凭证不得随意涂改、刮擦、挖补。如果原始凭证有错误，必须由出具单位重开或更正，更正处要加盖出具单位印章。如果是原始凭证金额有错误，必须由出具单位重开，不得在原始凭证上更正。

7. 填制及时

原始凭证在经济业务发生后要及时填写，并按规定程序送交会计机构。

> ● **小贴士**
>
> 原始凭证要求用水笔（蓝色或黑色）或专用笔填写，对于一式多联的原始凭证必须用复写纸套写。

(二) 自制原始凭证的填制要求

1. 一次凭证的填制

一次凭证的填制手续是在经济业务发生或完成时由经办人员填制的，一般只反映一项经纪业务，或者同时反映若干同类性质的经济业务。下面用"收料单"和"领料单"的填制方法来说明一次凭证的填制要求。

（1）"收料单"是企业购进材料验收入库时，由仓库保管人员根据购入材料的实际验收情况填制的一次性原始凭证。企业外购材料，都应履行入库手续，由仓库保管人员根据供应单位开具的发票账单，严格审核，对运达入库的材料认真计量，并按实际数量认真填制"收料单"。收料单一式三联：一联留仓库，据以登记材料物资明细账和材料卡片；一联与发票账单同转会计部门报账；一联交采购人员存查。

（2）"领料单"的填制手续是在经济业务发生或完成时由经办人员填制的，一般只反映一项经济业务，或者同时反映若干同类性质的经济业务。企业、车间或部门从仓库中领用各种材料，都应履行出库手续，由领料经办人根据需要材料的情况填写领料单，并经该单位主管领导批准后到仓库领用材料。仓库保管人员根据领料单，审核其用途，认真计量发放材料，并在领料单上签章。"领料单"一式三联：一联留领料部门备查；一联留仓库，据以登记材料物资明细账和材料卡片；一联转会计部门或月末经汇总后转会计部门据以进行总分类核算。

2. 累计凭证的填制

累计凭证是在一定时期不断重复地反映同类经济业务的完成情况的凭证，它是由经办人于每次经济业务完成后在其上面重复填制而成的，下面用"限额领料单"的填制方法来说明累计凭证的填制方法。

"限额领料单"是多次使用的累计领发料凭证。在有效期间内（一般为一个月），只要领用数量不超过限额就可以连续使用。"限额领料单"由生产部门根据下达的生产任务和材料消耗定额按每种材料用途分别开出，一料一单，一式两联，一联交仓库据以发料，一联交领料部门据以领料。领料单位领料时，在该单内注明请领数量，经负责人签章批准后，持往仓库领料。仓库发料时，根据材料的品名、规格在限额内发料，同时将实发数量及限额余额填写在限额领料单内，领发料双方在单内签章。月末在此单内结出实发数量和金额转交会计部门，据以计算材料费用，并做材料减少的核算。使用限额领料单领料，全月不能超过生产计划部门下达的全月领用限额量。由于增加生产量而需追加限额时，应经生产计划部门批准，办理追加限额的手续。由于浪费或其他原因超限额用料需追加限额时，应由用料部门向生产计划部门提出申请，经批准后追加限额。

> **● 小贴士**
>
> 在用另一种材料代替限额领料单内所列材料时，应另填一次"领料单"，同时相应地减少限额余额。

3. 汇总原始凭证的填制

汇总原始凭证是指在会计的实际工作日，为了简化记账凭证的填制工作，将一定时期若干份记录同类经济业务的原始凭证汇总编制一张汇总凭证，用以集中反映某项经济业务的完成情况。汇总原始凭证是有关责任者根据经济管理的需要定期编制的。下面用"发出材料凭证汇总表"的填制方法来说明汇总原始凭证的填制要求。

"发出材料凭证汇总表"由材料会计根据各部门到仓库领用材料时填制的领料单按旬汇总，每月编制一份，送交会计部门做账务处理。

> **● 小贴士**
>
> 汇总原始凭证只能将同类内容的经济业务汇总在一起、填列在一张汇总凭证上，不能将两类或两类以上的经济业务汇总在一起，填列在一张汇总原始凭证上。

（三）外来原始凭证的填制要求

外来原始凭证是在企业同外单位发生经济业务时，由外单位的经办人员填制的，因此，会计人员在记录经济业务时，应注意外来原始凭证的填制内容是否完整有效。外来原始凭证一般由税务局等部门统一印制，或者经税务局批准由经营单位印制，在填制时加盖出具凭证单位公章方有效。

●小贴士

对于一式多联的原始凭证必须用复写纸套写。

知识点四：原始凭证的审核

（一）原始凭证的判断标准

要成为原始凭证，除具备基本要素外，最主要的一点是看其是否能够证明经济业务的发生或完成。若能证明，则是原始凭证；若不能证明，则不是原始凭证，如对账单、银行存款余额调节表、经济合同等。

（二）原始凭证的审核内容

原始凭证必须经过会计主管人员或指定人员进行认真严格的逐项审查核实后，方能作为编制记账凭证登记账簿的依据。审核原始凭证从以下六个方面进行：

1. 真实性

审核原始凭证的日期、业务内容、数据等是否真实。审核外来原始凭证是否盖有填制单位的公章；审核自制原始凭证是否有相关人员的签名或盖章。审核通用原始凭证是不是假冒的。

2. 合法性

审核原始凭证的经济业务是否符合国家有关政策、法规、制度的规定，是否有违法行为。

3. 合理性

审核原始凭证的经济业务是否符合会计主体经济活动的需要、是否符合有关的计划和预算等。

4. 完整性

审核原始凭证的内容是否齐全，是否漏记、是否清晰、是否工整、是否有签章、是否有凭证联次短缺等。

5. 正确性

审核原始凭证各项金额的计算及填写是否正确，是否有阿拉伯数字连写、是否大小写不一致、是否有刮擦、涂改或挖补的痕迹等。

6. 及时性

审核原始凭证的填制日期，尤其是支票、银行汇票、银行本票等时效性较强的原始凭证，更应仔细验证签发日期。

●小贴士

内容更改的原始凭证即为无效凭证。

（三）原始凭证审核后的处理

原始凭证的审核，是一项严肃而细致的工作，会计人员必须坚持制度，履行会计人员的职责，一旦发现问题要按规定及时进行处理。

1. 完全符合要求的原始凭证

对于完全符合要求的原始凭证，应及时据以编制记账凭证入账。

2. 不合法和伪造的原始凭证

对不合法和伪造的原始凭证，会计机构和会计人员有权不予受理，并向单位责任人报告。

3. 不完整、不准确的原始凭证

对于记载不完整、不准确的原始凭证，应予以退回，并按要求补充、更正后再做处理。

4. 重要项目有错误的原始凭证

对于重要项目（如数量、单价、金额）有错误的原始凭证，只能退回出具单位，重新填制，不能更正。

5. 次要项目有错误的原始凭证

对次要项目（如名称、日期等）有错误的原始凭证，可由开具人直接更正，并在更正处签章，明确责任。

想一想

你知道原始凭证遗失怎么处理吗？

任务实施

一、资讯

接受并明确工作任务，进行小组分工，每组4人，各自负责工作任务的阶段分解、需用物料的准备及相关知识原理的收集。

二、计划与决策

各组独立完成上述实务任务，第一节课完成记账凭证的编制、审核，第二节课进行组间批改、答案核对与结果展示。

三、实施处理

1. 明确原始凭证填制要求及填制内容。

2. 各小组组员对原始凭证进行填制，交由组长进行审核及后期处理。

四、检查

各小组间进行账务处理的检查、批改，最后由老师进行纠正、讲解。

五、总结评价

老师针对各组完成情况进行评比、公布，并进行归纳总结，力求各组能完整完成相应的工作任务。

任务三　记账凭证的填制、审核、保管

●引入任务

为企业填制记账凭证

资料：沿用项目二任务二中的广州 ABC 有限公司 11 月的经济业务事项。

要求：1. 根据每一笔经济业务所确定的会计分录，正确选择并填制收款凭证、付款凭证和转账凭证。

2. 归纳不同经济业务选择并填制收款凭证、付款凭证和转账凭证的简便技巧。

◆　相关专业知识

记账凭证就是会计人员根据审核无误的原始凭证，按照经济业务的内容加以归类，并据以确定会计分录后所填制的直接做登账的会计凭证。

知识点一：记账凭证的种类

●小贴士

原始凭证和记账凭证之间存在密切的联系，记账凭证填制好后，将它所涉及的原始凭证附在其背面，作为附件，然后据以登记账簿。

记账凭证可以按经济业务内容和填制方法的不同进行分类。

（一）记账凭证按经济业务内容分类，可以分为专用记账凭证和通用记账凭证

1. 专用记账凭证

专用记账凭证是专门用来记录某一项经济业务的记账凭证。专用记账凭证按其所记录的经济业务内容与现金和银行存款的收付有无关系，又分为收款凭证、付款凭证、转账凭证。其中，收款凭证用于记录库存现金和银行存款增加的收款业务，如表6-21所示；付款凭证用于记录库存现金和银行存款减少的付款业务，如表6-22所示；转账凭证用于记录不涉及库存现金和银行存款的业务，如表6-23所示。

● 小贴士

专用凭证一般适用于经济业务复杂、规模大、收付款业务比较多的单位。

表6-21 收款凭证

借方科目：　　　　　　　　　年　月　日　　　　　　　字第 ___ 号第 ___ 页

摘要	贷方科目		√	金额									
	总账科目	明细科目		亿	千	十	万	千	百	十	元	角	分
合计													

会计主管：　　　　　记账：　　　　　出纳：　　　　　复核：　　　　　制单：

附件　张

表6-22 付款凭证

贷方科目：　　　　　　　　　年　月　日　　　　　　　字第 ___ 号第 ___ 页

摘要	借方科目		√	金额									
	总账科目	明细科目		亿	千	十	万	千	百	十	元	角	分
合计													

会计主管：　　　　　记账：　　　　　出纳：　　　　　复核：　　　　　制单：

附件　张

表 6-23　转账凭证

年　　月　　日　　　　　　　　　　字第 ___ 号第 ___ 页

摘要	总账科目	明细科目	√	借方金额											√	贷方金额									
				亿	千	十	万	千	百	十	元	角	分		亿	千	十	万	千	百	十	元	角	分
合计																								

会计主管：　　　　记账：　　　　出纳：　　　　复核：　　　　制单：

附件

张

> **●小贴士**
>
> 　　企业在采用专用凭证时，对于涉及现金和银行存款之间相互划转的经济业务，为了避免重复记账，通常只编制付款凭证，不编制收款凭证。例如，从银行提取现金或将现金送存银行，会计分录的借贷方同时出现库存现金和银行存款。

2. 通用记账凭证

　　通用记账凭证是指不分经济业务类型，对全部经济业务都采用统一格式的记账凭证。通用记账凭证与专用记账凭证中的转账凭证格式相同，如表 6-24 所示。

> **●小贴士**
>
> 　　通用记账凭证一般适用于经济业务较简单、规模较小、收付款业务比较少的单位。

表 6-24　记账凭证

会字第 ___ 号第 ___ 页

摘要	借方	子目	借方										√	贷方										√
			亿	千	十	万	千	百	十	元	角	分		亿	千	十	万	千	百	十	元	角	分	
合计																								

会计主管：　　　　记账：　　　　出纳：　　　　复核：　　　　制单：

附件

张

（二）记账凭证按其填制方式分类，可以分为复式记账凭证和单式记账凭证

1. 复式记账凭证

复式记账凭证又叫多科目凭证，是指将每一笔经济业务所涉及的全部会计科目及其发生额均填制在同一张凭证中的记账凭证。使用这种凭证时每笔经济业务一般仅需编制一张记账凭证。复式记账凭证可以集中反映账户的对应关系，方便企业了解经济业务的全貌和资金的来龙去脉；便于查账，同时可以减少记账凭证的数量，减少填制记账凭证的工作量。

●小贴士

前述的收款凭证、付款凭证、转账凭证和通用凭证都是复式记账凭证。在实际工作中大多数单位都是采用复式记账凭证。

2. 单式记账凭证

单式记账凭证又叫单科目凭证，是指每一张凭证只填列经济业务所涉及的一个会计科目及其金额的记账凭证。每张记账凭证只填列一个会计科目，其对方科目只供参考，不据以记账，即把某一项经济业务的会计分录，按其所涉及的会计科目，分散填制成两张或两张以上的记账凭证。单式凭证便于汇总计算每一个会计科目的发生额，便于分工记账；但是填制记账凭证的工作量较大。

●小贴士

单式记账凭证一般适用于业务量较大、会计部门内部分工较细的单位。

知识点二：记账凭证的基本内容

●做中学

拿一张记账凭证，见表6-24，观察其具备几项内容？

尽管记账凭证的种类比较多，格式各异，但其主要作用在于对原始凭证进行分类、整理，按照复式记账的要求，运用会计科目，编制会计分录，据以登记账簿。因此记账凭证必须具备下列基本内容：

（1）记账凭证的名称；

（2）填制记账凭证的日期；

（3）记账凭证的编号；

（4）经济业务的内容摘要；

（5）经济业务所涉及的会计科目及其记账方向；

（6）经济业务的金额；

（7）记账标记；

（8）所附原始凭证张数；

（9）会计主管、记账、审核、制单等有关人员签章。

● 小贴士

收款凭证和付款凭证还应当由出纳人员签名或盖章。

知识点三：记账凭证的填制要求

● 小贴士

记账凭证可以根据每一张原始凭证填制，也可以根据同类原始凭证汇总填制或根据原始凭证汇总表填制。

（一）记账凭证填制的基本要求

记账凭证是登记账簿的直接依据，它的填制是否正确直接关系着账簿记录的质量。因此，填制记账凭证要按照有关规定书写清楚、规范进行，其基本要求如下：

1. 日期

由于货币资金的处理要及时，所以收付款凭证的日期也应是货币资金收付的日期。转账凭证的日期原则上应按接收到原始凭证的日期填写，也可按填制记账凭证的日期填写。

2. 会计科目

会计人员必须根据经济业务事项的内容采用会计制度规定的会计科目，正确编制会计分录，会计科目不能任意用科目的编号或简称来代替。

收款凭证左上方的"借方科目"栏填写"库存现金"或"银行存款"，凭证内的"贷方科目"栏填写与其对应的会计分录中的贷方科目；付款凭证左上方的"贷方科目"栏填写"库存现金"或"银行存款"，凭证内的"借方科目"栏填写与其对应的会计分录中的借方科目；转账凭证按照借贷顺序填入"总账科目"和"明细科目"栏。

3. 编号

填制记账凭证时，应当对记账凭证进行连续编号，以便分清会计业务处理的先后顺序，便于记账凭证与会计账簿核对，同时确保凭证记录完整无缺。

采用通用记账凭证，将全部记账凭证统一编号，即按填制凭证的时间顺序编号，每月从1号凭证开始，至月末最后一张凭证结束。

采用专用记账凭证，如果货币资金收付比较均衡的，按收款凭证、付款凭证和转账凭证三类分别编号。例如，收字1号、付字1号、转字1号等。如果货币资金收付比较繁多的，按现金收款凭证、现金付款凭证、银行存款收款凭证、银行存款付款凭证和转账凭证五类分别编号。例如，现收 1 号、现付 1 号、银收 1 号、银付 1 号、转字 1 号等。

> ●小贴士
>
> 　　一笔经济业务需要填制两张以上记账凭证的，可以采用分数编号法编号。例如，一项转账业务，凭证的顺序号为第 5 号，需要填制 2 张凭证，这两张记账凭证的编号应为：转字 5-1/2、转字 5-2/2。

4. 内容摘要

摘要应与原始凭证内容一致，应能正确反映经济业务的主要内容，表达简短精练，相当于经济业务的中心思想。

5. 附件

记账凭证所附的原始凭证必须完整无缺，并在记账凭证上注明所附原始凭证的自然张数。记账凭证可以根据每一张原始凭证填制，或者根据若干张同类原始凭证汇总填制，也可以根据原始凭证汇总表填制，但不得将不同内容和类别的原始凭证汇总填制在一张记账凭证上。

> ●小贴士
>
> 　　除结账和更正错账的记账凭证可以不附原始凭证外，其他记账凭证必须附有原始凭证。
>
> 　　如果一张原始凭证涉及几张记账凭证，可以把原始凭证附在一张主要的记账凭证后面，并在其他未附原始凭证的记账凭证摘要栏内注明附有该原始凭证的记账凭证的编号，如"附件××张，见第××号记账凭证"，或者附上该原始凭证的复印件。

6. 金额

记账凭证填好会计科目后，将对应的发生额填入右边的金额栏，前面不加"¥"，但合计栏中的合计金额前要加"¥"。如果合计金额栏前无空位，则不加"¥"。

7. 空行注销

记账凭证在填制完经济业务事项后，如有空行，应当自金额栏最后一笔金额数字下的空行处至合计数上的空行处划线注销，严密会计核算手续。

8. 纠正错误的记账凭证

如果在填制记账凭证时发生错误，应当重新填制。

9. 签章

制单、复核、出纳、记账、会计主管等各类人员在完成各自的职责后均应签章，以明确经济责任。

> **●小贴士**
>
> 当会计人员根据审核无误的记账凭证登记账簿后，应在记账凭证"√"处的下方会计科目对应处打"√"，标明该会计科目已登账。

（二）填制收款凭证的基本要求

收款凭证是用来记录货币资金收款业务的凭证，它是会计人员根据审核无误的原始凭证填制的。在借贷记账法下，在收款凭证左上方所填列的借方科目，应是"库存现金"或"银行存款"科目；在凭证内所反映的贷方科目，应填列"库存现金"或"银行存款"相对应的科目；日期填写的是编制本凭证的日期；右上角填写编制收款凭证的顺序号；"摘要"填写对所记录的经济业务的简要说明；"记账"是指该凭证已登记账簿的标记，防止经济业务事项重记或漏记；"金额"是指该项经济业务事项的发生额；该凭证右边的"附件　张"是指本记账凭证所附原始凭证的张数；最后分别由有关人员签章，以明确经济责任。

（三）填制付款凭证的基本要求

付款凭证的编制方法与收款凭证基本相同，只有左上角由"借方科目"换为"贷方科目"，凭证中间的"贷方科目"换为"借方科目"。

（四）转账凭证的填制要求

转账凭证是用于记录与货币资金收付无关的转账业务的凭证，如原材料的领用、成本的结转等，它是由会计人员根据审核无误的转账原始凭证填制的。在借贷记账法下，将经济业务所涉及的会计科目全部填列在凭证内，借方科目在前，贷方科目在后，将各会计科目所记应借应贷的金额填列在"借方科目"或"贷方科目"栏内。借、贷方金额合计数必须相等。制单人应在填制凭证后签名盖章，并在凭证的右侧填写所附原始凭证的张数。

此外，在同一项经济业务中，如果既有现金或银行存款的收付业务，又有转账业务，应相应地填制收、付款凭证和转账凭证。如李强出差回来，报销差旅费500元，出差前已预借700元，剩余款交回现金。对于这项经济业务应根据收款收据的记账联填制库存现金收款凭证，同时根据差旅费报销单填制转账凭证。

> **●小贴士**
>
> 在实际工作中，规模较小、业务较少的单位也可以不根据经济业务的内容分别填制收付转凭证，而统一使用单一格式的记账凭证，格式同转账凭证。

（五）填制记账凭证的示范操作

根据项目二中已编制完成的会计分录顺序，选择并填制相对应的记账凭证，如表6–25至表6–33所示。

表 6–25　收款凭证

借方科目：银行存款　　　　　　　　2011 年 12 月 1 日　　　　　　　收付字第 01 号第 1 页

摘要	贷方科目		√	金额									
	总账科目	明细科目		亿	千	百	十	万	千	百	十	元	角	分
收到追加投资款	实收资本	粤东公司			1	0	0	0	0	0	0	0	0	0
合计					￥	1	0	0	0	0	0	0	0	0

会计主管：　　　记账：　　　出纳：　　　　　复核：　　　　　制单：周阳

附件壹张

表 6–26　收款凭证

借方科目：银行存款　　　　　　　　2011 年 12 月 1 日　　　　　　　银收字第 02 号第 2 页

摘要	贷方科目		√	金额									
	总账科目	明细科目		亿	千	百	十	万	千	百	十	元	角	分
从银行取得短期借款	短期借款					1	5	0	0	0	0	0	0	0
合计						￥	1	5	0	0	0	0	0	0

会计主管：　　　记账：　　　出纳：　　　　　复核：　　　　　制单：周阳

附件壹张

表 6–27 付款凭证

贷方科目：银行存款　　　　　　　　2011 年 12 月 10 日　　　　　　　　银付字第 01 号第 1 页

摘要	借方科目		√	金额									
	总账科目	明细科目		亿	千	百	十	万	千	百	十	元	角	分
购入设备	固定资产							1	8	0	0	0	0	0
	应交税费	应交增值税（进项税）						3	0	6	0	0	0
合计					￥	2	1	0	6	0	0	0

会计主管：　　　记账：　　　出纳：　　　复核：　　　制单：周阳　　　附件叁张

表 6–28 付款凭证

贷方科目：银行存款　　　　　　　　2011 年 12 月 15 日　　　　　　　　银付字第 02 号第 1 页

摘要	借方科目		√	金额									
	总账科目	明细科目		亿	千	百	十	万	千	百	十	元	角	分
购入原材料	原材料	甲材料						1	2	0	0	0	0	0
		乙材料						2	0	0	0	0	0	0
	应交税费	应交增值税（进项税）						2	3	8	0	0	0	0
合计					￥	1	6	3	8	0	0	0

会计主管：　　　记账：　　　出纳：　　　复核：　　　制单：周阳　　　附件叁张

表 6–29 转账凭证

2011 年 12 月 27 日　　　　　　　　转字第 01 号第 1 页

摘要	总账科目	明细科目	√	借方金额											√	贷方金额									
				亿	千	百	十	万	千	百	十	元	角	分		亿	千	百	十	万	千	百	十	元	角	分
购入原材料	原材料	甲材料						7	5	0	0	0	0												
		乙材料					2	0	0	0	0	0	0												
	应交税费	应交增值税（进项税）						4	6	7	5	0	0												
	应付账款	正日公司																	3	2	1	7	5	0	0
合计				￥	3	2	1	7	5	0	0			￥	3	2	1	7	5	0	0

会计主管：　　　记账：　　　出纳：　　　复核：　　　制单：周阳　　　附件贰张

表 6-30　付款凭证

贷方科目：银行存款　　　　　　2011 年 12 月 19 日　　　　　　银付字第 03 号第 1 页

摘要	借方科目		√	金额										
	总账科目	明细科目		亿	千	百	十	万	千	百	十	元	角	分
偿还前欠货款	应付账款	正日公司						3	2	1	7	5	0	0
合计							¥	3	2	1	7	5	0	0

会计主管：　　记账：　　出纳：　　复核：　　制单：周阳

附件叁张

表 6-31　转账凭证

2011 年 12 月 20 日　　　　　　转字第 02 号第 1 页

摘要	总账科目	明细科目	√	借方金额											√	贷方金额										
				亿	千	百	十	万	千	百	十	元	角	分		亿	千	百	十	万	千	百	十	元	角	分
领用原材料	生产成本	A 产品					4	0	0	0	0	0	0													
		B 产品					3	0	0	0	0	0	0													
	制造费用	耗用材料					1	5	0	0	0	0	0													
	管理费用	耗用材料						5	0	0	0	0	0													
	原材料	甲材料																7	5	0	0	0	0	0	
		乙材料																1	5	0	0	0	0	0	
合计							¥	9	0	0	0	0	0	0					¥	9	0	0	0	0	0	0

会计主管：　　记账：　　出纳：　　复核：　　制单：周阳

附件壹张

表 6-32　转账凭证

2011 年 12 月 21 日　　　　　　转字第 03 号第 1 页

摘要	总账科目	明细科目	√	借方金额											√	贷方金额										
				亿	千	百	十	万	千	百	十	元	角	分		亿	千	百	十	万	千	百	十	元	角	分
计算本月工资	生产成本	A 产品					2	4	0	0	0	0	0													
		B 产品					2	5	0	0	0	0	0													
	制造费用	工资					1	3	0	0	0	0	0													
	管理费用	工资					1	8	0	0	0	0	0													
	应付职工薪酬	工资																8	0	0	0	0	0	0	
合计							¥	8	0	0	0	0	0	0					¥	8	0	0	0	0	0	0

会计主管：　　记账：　　出纳：　　复核：　　制单：周阳

附件壹张

表 6-33 付款凭证

贷方科目：银行存款　　　　　　　　2011 年 12 月 22 日　　　　　　　银付字第 _04_ 号第 _1_ 页

摘要	借方科目		√	金额									
	总账科目	明细科目		亿	千	百	十	万	千	百	十	元	角	分
提现备用	库存现金								5	0	0	0	0	0
合计								¥	5	0	0	0	0	0

附件壹张

会计主管：　　　　记账：　　　　出纳：　　　　复核：　　　　制单：周阳

●**小贴士**

　　其余记账凭证的填制方法与本任务示范操作中所展示的记账凭证相同，故不再重复，由学生独立完成。

知识点四：记账凭证的审核

记账凭证是登记账簿的依据，为了保证账簿登记的正确性，记账凭证填制完毕后必须进行严格的审核，审核主要内容如下。

（一）内容是否真实

审核记账凭证是否附有原始凭证，原始凭证是否齐全，内容是否合法，记账凭证所记录的经济业务与所附原始凭证所反映的经济业务是否相符。

（二）项目是否齐全

审核记账凭证各项目的填写是否齐全，如日期、凭证编号、摘要、会计科目、金额，原始凭证的张数及相关人员签章等。

（三）科目是否正确

审核记账凭证科目是否正确，如应借、应贷科目是否正确，账户对应关系是否清晰，所使用的会计科目及其核算内容是否符合会计制度的规定。

（四）金额是否正确

审核记账凭证所记录的金额与原始凭证的有关金额是否一致，计算是否正确，借贷双方书写的金额是否平衡，明细科目金额之和与相应总账科目的金额是否相等。

（五）书写是否正确

审核记账凭证中文字是否工整，数字是否清晰，是否按规定使用蓝黑墨水或碳素墨水，是否按规定进行更正。

在审核过程中，如果发现差错，应查明原因，按规定办法及时处理和更正。只有经过审核无误的记账凭证，才能据以登记账簿。

需要说明的是，对会计凭证进行审核，是保证会计信息质量、发挥会计监督的重要手段。要做好会计凭证的审核工作、正确发挥会计监督作用，会计人员既要熟悉和掌握国家政策、法律、规章制度和计划、预算的有关规定，又要熟悉和了解经办单位的经营情况。

知识点五：记账凭证审核后的处理

（一）审核无误的记账凭证，可以据以登记账簿

（二）审核有误的记账凭证，根据不同情况进行处理

（1）审核有误的记账凭证若尚未登账则要重新编制。

（2）审核有误的记账凭证若已经登记入账，如果在当年内发现会计科目填写错误，可以用红字填写一张与原内容相同的记账凭证，在摘要栏内注明"注销某月某日某号凭证"字样，同时再用蓝字重新填制一张正确的记账凭证，注明"更正某月某日某号凭证"字样。

（3）审核有误的记账凭证若已经登记入账，如果会计科目没有错误，只是金额错误，也可以仅用正确数字与错误数字之间的差额另编一张调整的记账凭证，调增金额用蓝字，调减金额用红字。

（4）审核有误的记账凭证，若是以前年度有错误的，应当用蓝字填制一张更正的记账凭证。

任务实施

一、资讯

接受并明确工作任务，进行小组分工，每组4人，各自负责工作任务的阶段分解、需用物料的准备及相关知识原理的收集。

二、计划与决策

各组独立完成上述实务任务，第一节课完成记账凭证的编制、审核，第二节课进行组间批改、答案核对与结果展示。

三、实施处理

明确记账凭证填制要求及填制内容。各小组组员对记账凭证进行填制，交由组长审核并后期处理。

四、检查

各小组间进行账务处理的检查、批改，最后由老师进行纠正、讲解。

五、总结评价

老师针对各组完成情况进行评比、公布，并进行归纳总结，力求各组能完整完成相应的工作任务。

项目七　会计账簿

情景设计

　　张小菲是公司的出纳，公司现金日记账和银行存款日记账的登记工作由她负责。公司财务主管关小雨在检查工作时发现，张小菲对这两本账簿的登记存在很大问题。

　　首先，现金日记账和银行存款日记账应随时登记相应账簿并每天结出余额，但张小菲因为工作较忙，每2~3天才将这几天积累的所有相关业务统一登记一次账簿。

　　其次，张小菲因为工作不熟练，记账时经常发生错误。关小雨审查时发现，账簿中有大量用修改液涂改的地方，并没有按照财务制度规定的账簿更正方法进行更正。

学习目标

专业技能

1. 学会期初建账。

2. 能根据收、付款凭证正确登记现金日记账和银行存款日记账。

3. 能根据收、付、转凭证正确登记总账及所属明细账。

4. 能发现账簿中的错误记录，并能按正确的方法进行更正。

5. 学会在期末进行对账和结账。

专业知识

1. 明确会计账簿的作用和种类。

2. 掌握账簿的建立、格式和登记规则。

3. 掌握对账的要求和方法。

4. 掌握错账更正的方法。

5. 掌握结账的要求和方法。

职业素养

培养耐心细致、踏实肯干的工作作风，克服急于求成、浮躁的心态。

任务一　会计账簿认识

●**引入任务**

初识会计账簿

资料：本项目任务三中广州 ABC 有限公司已登记的会计账簿。

要求：1. 说出账簿的基本组成。

2. 说出账簿与账户的关系。

◆ **相关专业知识**

会计账簿是编制会计报表的基础，是连接会计凭证与会计报表的中间环节，是进行会计分析的重要依据。

知识点一：会计账簿的概念与作用

填制与审核会计凭证可以将每天发生的经济业务如实、正确地记录，明确经济责任。但会计凭证数量繁多、信息分散、缺乏系统性，不便于会计信息的整理与报告。为了全面、系统、连续地记录和监督单位的经济活动和财务收支情况，应设置会计账簿。会计账簿是指由一定格式的账页组成的，以经过审核的会计凭证为依据，全面、系统、连续地记录各项经济业务事项的簿籍。各单位应当按照国家统一的会计制度的规定和会计业务的需要设置会计账簿。

设置和登记账簿是会计核算的专门方法之一，是编制会计报表的基础，是连接会计凭证与会计报表的中间环节，是进行会计分析的重要依据。

知识点二：会计账簿的基本内容

●**做中学**

会计账簿都包含什么内容？你能说出它们的名称及作用吗？

尽管不同种类和格式的账簿所包含的具体内容不尽相同，但通常应具备以下基本内容。

（一）封面

账簿的封面主要标明账簿的名称，如总分类账、现金日记账、银行存款日记账等。

（二）扉页

账簿的扉页主要列明科目索引、账簿启用和经管人员一览表等。其内容包括：单位名称、账簿名称、起止页数、册次；启用日期和截止日期；经管账簿单位会计机构负责人（会计主管人员）、经管人员、移交人和移交日期、接管人和接管日期；账户目录等。

（三）账页

账簿的账页是用来记录经济业务事项的载体，是账簿的核心部分，包括账户的名称、登记账簿的日期栏、记账凭证的种类和号数栏、摘要栏、金额栏、总页次和分户页次等基本内容。

知识点三：会计账簿与账户的关系

账簿与账户的关系是形式和内容的关系。账簿是由若干账页组成的一个整体，账簿中的每一账页就是账户的具体存在形式和载体，没有账簿，账户就无法存在；账簿序时、分类地记录经济业务，是在各个具体的账户中完成的。因此，账簿只是一个外在形式，账户才是它的实质内容。

知识点四：会计账簿的种类

会计账簿可以按其用途、账页格式和外形物证等不同标准进行分类。

（一）按用途的不同，可分为序时账簿、分类账簿和备查账簿

1. 序时账簿

序时账簿又称日记账，是按照经济业务发生或完成的先后顺序逐日逐笔进行登记的会计账簿。序时账簿可以用来核算和监督某一类型经济业务或全部经济业务的发生和完成情况。

序时账簿按记录内容不同可分为普通日记账和特种日记账。普通日记账是用来登记每天全部经济业务发生情况的账簿，特种日记账是用来登记某一类比较重要的、重复大量经济业务的发生情况的账簿，比如库存现金日记账、银行存款日记账、销货日记账和购货日记账。在实际工作中，一般很少采用普通日记账，应用较为广泛的是特种日记账。在我国大多数单位一般只设库存现金日记账和银行存款日记账。

2. 分类账簿

分类账簿是对全部经济业务事项按照会计要素的具体类别而设置的分类账户进行登记的会计账簿，是编制会计报表的主要依据。

分类账簿按照其反映指标的详细程度分为总分类账簿和明细分类账簿。总分类账簿是按照总分类账户分类登记经济业务事项的，简称总账。它是根据总账科目（一级

科目）开设的，分类登录有关资产、负债、所有者权益、收入、费用和利润等各项会计要素的会计信息。明细分类账簿是按照明细分类账户分类登记经济业务事项的，简称明细账。它是总账科目所属的二级或明细科目开设的，是对总账的补充和具体说明，并受总账的控制和统驭。

想一想

分类账簿与序时账簿有什么不同？

分类账簿和序时账簿的作用不同。序时账簿能提供连续系统的信息，反映企业资金运动的全貌；分类账簿则是按照经营决策需要设置的账户，归集并汇总各类信息，反映资金运动的各种状态、形式及其结构。在记账组织中，分类账簿占有特别重要的地位，因为只有通过分类账簿，才能把数据按账户形成不同信息，满足编制会计报表的需要。

小型经济单位，业务简单、总分类账户不多，为简化工作，可以把序时账簿与分类账簿结合起来，设置联合账簿。

3. 备查账簿

备查账簿简称备查簿，是对某些在序时账簿和分类账簿等主要账簿中都不予登记或登记不够详细的经济业务事项进行补充登录时所使用的账簿，例如，租入固定资产登记簿、应收应付票据登记簿、受托加工材料登记簿等，备查账簿并不是每个单位都应设置，只需按各个单位的实际需要来设置和登记。

备查账簿与序时账簿、分类账簿有两点不同：

（1）登记时可能不需要依据记账凭证，甚至不需要依据一般意义上的原始凭证。

（2）账簿的格式和登记方法不同，备查账簿的主要栏目不记录金额，它更注重用文字来描述某项经济业务的发生情况。

（二）按账页格式的不同，账簿可以分为两栏式、三栏式、多栏式和数量金额式四种

1. 两栏式账簿

两栏式账簿只有借方和贷方两个基本金额栏目。普通日记账和转账日记账一般采用两栏式账簿。

2. 三栏式账簿

三栏式账簿设有借方、贷方和余额三个基本金额栏目。三栏式账簿分为设对方科目和不设对方科目两种，两者的区别是摘要栏和借方科目之间是否有一栏"对方科目"。各种日记账、总分类账以及资本、债权、债务明细账都可采用三栏式账簿。

3. 多栏式账簿

多栏式账簿是在账簿的两个基本栏目借方和贷方中按需要分设若干专栏的账簿。

该账簿专栏设置在借方还是贷方或是同时设置专栏以及专栏的数量等，均应根据需要确定。收入、费用和成本明细账一般采用这种格式的账簿，例如管理费用、生产成本、制造费用明细账等。

4. 数量金额式账簿

数量金额式账簿的借方、贷方和余额三个栏目内，都分设数量、单价和金额三小栏，借以反映财产物资的实物数量和价值量。如原材料、库存商品、产成品等存贷明细账一般都采用数量金额式账簿。

（三）账簿按外形特征不同可分为订本账、活页账和卡片账三种

1. 订本账

订本账启用之前就已将账页装订在一起，并对账页进行了连续编号。订本账的优点是能避免账页散失和防止抽换账页，其缺点是不能准确为各账户预留账页，不便于记账人员分工记账。这种账簿一般适用于总分类账、现金日记账、银行存款日记账。

2. 活页账

活页账在账簿登记完毕之前并不固定装订在一起，而是装在活页账夹中。其优点是单位可以根据实际需要增添账页或抽去不需要的账页，不浪费账页，使用灵活，便于同时分工记账。其缺点是如果管理不善，可能会造成账页散失或被抽换。各种明细分类账一般可采用活页账形式。

3. 卡片账

卡片账是将账户所需要格式印刷在硬卡上。在我国，一般只对固定资产明细账采用卡片账形式。少数企业在材料核算中也使用材料卡片。

任务实施

一、资讯

接受并明确工作任务，进行小组分工，每组4人，各自负责工作任务的阶段分解、需用物料的准备及相关知识的收集。

二、计划与决策

各组独立完成上述实务任务，第一节课完成对会计账簿的认识，第二节课进行组间结果展示。

三、实施处理

1. 明确会计账簿的组成。

2. 明确会计账簿与账户的关系。

3. 明确会计账簿的种类。

四、检查

各小组间进行账务处理的检查、批改，最后由老师进行纠正、讲解。

五、总结评价

老师针对各组完成情况进行评比、公布，并进行归纳总结，力求各组能完整完成相应的工作任务。

任务二 会计账簿启用与登记

●引入任务

为企业建立会计账簿

资料：1.广州 ABC 有限公司为增值税一般纳税人，会计人员主要有财务主管精算，会计徐丽，出纳万千。

2.广州 ABC 有限公司 2011 年 12 月 1 日总分类账和所属明细分类账的期初余额如表 7-1 至表 7-3 所示。

表 7-1 总账和明细账的期初余额

单位：元

总账账户	明细账户	借方余额	贷方余额
库存现金		1300.00	
银行存款		122934.00	
应收账款	——大都公司	103000.00	
原材料	——甲材料	76300.00	
	——乙材料	56025.00	
	——丙材料	20275.00	
库存商品	——A 产品	23000.43	
	——B 产品	15040.30	
固定资产		830000.00	
累计折旧			10735.00
应付账款	——正日公司		69700.00
	——华兴公司		45300.00
应交税费	——应交增值税		32000.00
	——应交城市维护建设税		2909.09
	——应交教育费附加		203.64
实收资本	——粤东公司		500000.00
	——南都公司		500000.00
合计		1247874.73	1 247 874.73

143

表 7-2　原材料明细账户期初余额

名称	数量（千克）	单位成本（元）	金额（元）
甲材料	5086.67	15	76300.00
乙材料	5602.50	10	56025.00
丙材料	2027.50	10	20275.00
合计	12716.67		152600.00

表 7-3　库存商品明细账户期初余额

名称	数量（千克）	单位成本（元）	金额（元）
A 产品	160.00	143.75	23000.43
B 产品	240.00	62.67	15040.30
合计	400.00		38040.73

要求： 1. 根据所给资料填写总分类账账簿启用表。

2. 根据所给资料填写现金日记账、银行存款日记账、总分类账、明细账各账户期初余额。

3. 根据所给资料填写总账账簿目录。

◆ **相关专业知识**

启用会计账簿时，应当在账簿封面上写明单位名称和账簿名称，并在账簿扉页上填列"账簿启用登记表"。活页账、卡片账应在装订成册时填列。其内容包括启用日期、账簿起止页数（活页账可于装订时填写）、账簿册数、记账人员和会计机构负责人、会计主管人员姓名，并加盖有关人员的签章和单位公章。记账人员或者会计机构负责人、会计主管人员调动工作时，应当注明交接日期、接办人员或者监交人员的姓名，并由交接双方记账人员签名或者盖章；会计机构负责人、会计主管人员调动工作时，应当注明交接日期、接办人员或者监交人员姓名，并由交接双方签名或者盖章。

知识点一：会计账簿的启用

启用订本式账簿应当从第一页开始到最后一页按顺序编定页数，不得跳页、缺号。使用活页式账簿应当按账户顺序编号，并需定期装订成册；装订后再按实际使用的账页顺序编定页码，另加目录，记明每个账户的名称和页次。

在年度开始启用新账簿时，应把上年度的年末余额记入新账的第一行，并在摘要栏中注明"上年度转"或"年初余额"字样。"账簿启用登记表"及"账簿目录表"的一般格式如表 7-4 和表 7-5 所示。

表 7-4 账簿启用表

账簿启用表										
单位名称									单位盖章	
账簿名称										
账簿编号	年总册第册									
账簿页数	本账簿共计页第页									
启用日期	年月日至年月日									
经管人员	负责人			主办会计			记账			
	职别	姓名	盖章	职别	姓名	盖章	职别	姓名	盖章	
交接记录	职别	姓名	接管				移交			
			年	月	日	盖章	年	月	日	盖章	印花税票粘贴处

表 7-5 账簿目录表

目录表								
科目	编号	起讫页数	科目	编号	起讫页数	科目	编号	起讫页数

知识点二：会计账簿的登记要求

为了保证账簿记录的正确性，必须根据审核无误的会计凭证登记会计账簿，并符合有关法律、行政法规和国家统一的会计准则制度的规定，主要有：

（一）准确、完整

登记会计账簿时，应当将会计凭证日期、编号、业务内容摘要、金额和其他有关资料逐项记入账内，做到数字准确、摘要清楚、登记及时、字迹工整，一方面要记入有关的总账，另一方面要记入该账所属的明细账。

账簿记录中的日期，应该填写记账凭证上的日期；以自制原始凭证（如发料单、领料单等）作为记账依据的，账簿记录中的日期应按自制凭证上的日期填列。

（二）注明记账符号

会计账簿登记完毕后，要在记账凭证上签名或者盖章，并注明已经登账的符号（如注明"√"），表示已经记账完毕。

（三）书写留空

会计账簿中书写的文字和数字上面要留有适当的空格，不得写满格，一般应占格距的 1/2。

（四）正常记账时使用蓝黑墨水记账

登记会计账簿必须使用蓝黑墨水或碳素墨水书写，不得使用圆珠笔（银行的复写账簿除外）或者铅笔书写。

（五）特殊情况下使用红墨水记账

在下列情况下，可以用红色墨水记账：

（1）按照红色冲账的记账凭证，冲销错误记录；

（2）在不设借贷等栏的多栏式账页中，登记减少数；

（3）在多栏式账户的余额前，如未印明余额方向的，在余额栏内登记负数余额；

（4）根据国家统一的会计制度的规定可以用红字登记的其他会计记录。

（六）按账页顺序连续登记

各种会计账簿应按页次顺序连续登记，不得隔页、跳行。如发生隔页、跳行现象，应在空页、空行处划线注销，或者注明"此页空白"或"此行空白"字样，并由记账人员签名或盖章。

（七）结出余额

凡需要结出余额的账户，结出余额后，应当注明"借"或"贷"字样，以示余额的方向；对于没有余额的账户应在"借或贷"栏内写"平"字，并在"余额"栏用"0"表示。现金日记账和银行存款日记账必须逐日结出余额。

（八）过次承前

每一账页登记完毕结转下页时，应当结出本页合计数及余额，写在本页最后一行下页第一行相关栏内，并在摘要栏内注明"过次页"和"承前页"字样；也可以将本页合计数及金额只写在下页第一行相关栏内，并在摘要栏内注明"承前页"字样，以保持账簿记录的连续性，便于对账和结账。

需要结计本月发生额的账户，结计"过次页"的本页合计数应当为自本月初起到本页末止的发生额合计；需要结计本年累计发生额的账户，结计"过次页"的本页合计数应当为自年初起至本页末止的累计。既不需要结计本月发生额也不需要结计本年累计发生额的账户，可以只将每页末的余额结转次页。

知识点三：会计账簿设置的方法

（一）账簿设置的原则

各企业的账簿设置，要在符合国家统一会计制度规定的前提下，根据本企业经济业务的特点和管理的需要，遵照以下原则进行：

（1）账簿的设置要组织严密，能够全面、分类和序时地反映和监督经济业务活动情况，便于提供全面、系统的核算资料。

（2）要科学划分账簿的核算范围及层次，账簿之间既要互相联系，能清晰反映账簿间的对应关系，又要防止相互重叠，避免重复记账。

（3）账页格式要符合所记录的经济业务的内容要求，力求简明实用，既要防止过于烦琐，又要避免过于简单，以致不能满足日常管理和编制报表的资料需求。

（二）账簿设置的方法

根据企业经济业务的特点和管理需求，企业一般应购买并设置以下账簿。

（1）总分类账。

按一级会计科目设置，反映各会计要素具体项目总括情况，一般采用订本式三栏账页。

（2）日记账。

为了加强对货币资金的监督和控制，企业应设置现金日记账、银行存款日记账各一本，一般采用订本式账簿、三栏式账页格式，如果企业现金收付业务较多，可分别设置现金收入日记账和现金支出日记账。

（3）明细分类账。

分类反映各会计要素具体项目详细情况，各单位可根据实际需要在总分类账下设置各自所属的多个明细账。明细账可采用订本式、活页式账页，格式应根据计算对象的不同要求而定。

一般来说，对于既要反映数量又要反映金额的存货类明细账，如材料采购、原材料、库存商品、周转材料等所属明细账应采用数量金额式账页；对生产成本、制造费用、销售费用、管理费用和财务费用等账簿所属的明细账应采用多栏式账页；对固定资产、在建工程和应交增值税等明细账应采用专用账页。除上述之外所有明细账都可采用三栏式明细账。

（4）备查账簿。

一种辅助账簿，用以对正式账簿中不便记录或记录不全的业务事项进行补充登记或说明，其采用的登记方法比较灵活，没有专门规定。

知识点四：建账流程指导

建账流程指导图如图 7-1 所示。

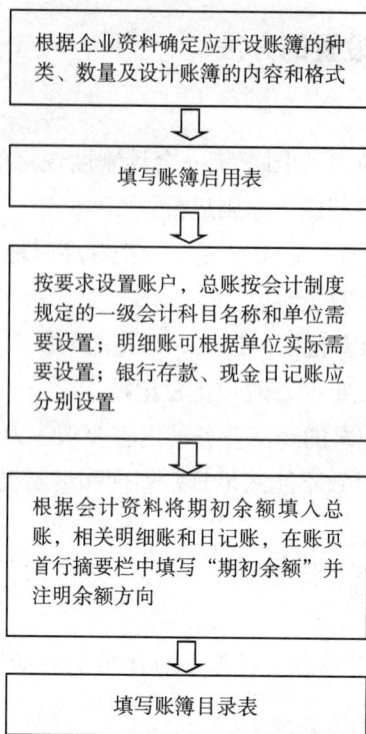

图 7-1　企业建账流程

知识点五：建立会计账簿的示范操作

根据表 7-6 至表 7-8 所给资料，确定广州 ABC 有限公司应设总分类账、现金日记账、银行存款日记账和各类明细分类账（包括应收账款、原材料、库存商品、应付账款、应交税费、实收资本等）。

其中，总分类账、现金日记账和银行存款日记账可选三栏式订本账。

应收账款、应付账款和实收资本等明细账可选用三栏式活页账。

原材料、库存商品等明细账可采用数量金额式活页账，应交增值税可采用专用格式账页。

（一）广州 ABC 有限公司总账簿启用表填写（见表 7-6）

表 7-6 账簿启用表

账簿启用表									
单位名称	广州 ABC 有限公司							单位盖章	
账簿名称	总分类账								
账簿编号	2011 年总 1 册第 1 册								
账簿页数	本账簿共计 100 页								
启用日期	2011 年 1 月 1 日到 2011 年 12 月 31 日								
经管人员	负责人			主办会计			记账		
	职别	姓名	盖章	职别	姓名	盖章	职别	姓名	盖章
	财务主管	精算	精算	会计	徐丽	徐丽	出纳	万千	万千
交接记录	职别		姓名		接管		移交		印花税票粘贴处
				年	月	日	盖章	年	月	日	盖章	
												印花税票

●小贴士

表 7-6 中右下角"印花税票粘贴处"框是贴印花税票的地方，一般会计账簿每本应粘贴 5 元面值的印花税票，并在印花税票中间划几条平行线表示注销，注销标记应与骑缝处相交。若企业使用缴款书缴纳印花税，应在账簿扉页的"印花税票粘贴处"框内注明"印花税已缴"以及缴款份额。

（二）根据表 7-1 至表 7-3 登记日记账、总账和明细账时各账户期初余额的填写

1. 现金日记账期初余额登记（见表 7-7）

表 7-7 现金日记账

2011 年		凭证		对方科目	摘要	借方										贷方										余额										核对
月	日	种类	号数			亿	千	百	十	万	千	百	十	元	角	分	亿	千	百	十	万	千	百	十	元	角	分	亿	千	百	十	万	千	百	十	元	角	分	
12	1				期初余额																										1	3	0	0	0	0	

2. 银行存款日记账期初余额登记（见表7-8）

表7-8 银行存款日记账

2011年		凭证		对方科目	摘要	借方											贷方											余额											核对
月	日	种类	号数			亿	千	百	十	万	千	百	十	元	角	分	亿	千	百	十	万	千	百	十	元	角	分	亿	千	百	十	万	千	百	十	元	角	分	
12	1				期初余额																									1	2	2	9	3	4	0	0	

3. 明细分类账期初余额登记（见表7-9至表7-19）

●小贴士

设置明细分类账时，可以先按会计科目表顺序设置出有期初余额的明细账户，对于期初无余额的明细账户，可暂不设，待日常账务中用到时再设置，并按顺序插入账簿中同属于一个总分类账户的明细账户中，一个总分类账户下的明细账户应当按会计科目表顺序集中连续排列。

表7-9 应收账款明细分类账

一级科目 应收账款
子目或户名 大都公司

2011年		凭证		摘要	借方											核对	贷方											核对	借或贷	余额											核对
月	日	种类	号数		亿	千	百	十	万	千	百	十	元	角	分		亿	千	百	十	万	千	百	十	元	角	分			亿	千	百	十	万	千	百	十	元	角	分	
12	1			期初余额																									借		1	0	3	0	0	0	0	0		

表7-10 原材料明细分类账

最高储量：
最低储量：
编号： 规格： 单位：千克 品名：甲材料

2011年		凭证		摘要	收入													发出													借或贷	结存													核对
月	日	种类	号数		数量	单价	亿	千	百	十	万	千	百	十	元	角	分	数量	单价	亿	千	百	十	万	千	百	十	元	角	分		数量	单价	亿	千	百	十	万	千	百	十	元	角	分	
12	1			期初余额																											借	5086.67	15.00				7	6	3	0	0	0	0	0	

表 7-11 原材料明细分类账

最高储量：
最低储量：
编号： 规格： 单位：千克 品名：乙材料

2011年		凭证		摘要	收入		金额											发出		金额											借或贷	结存		金额											核对
月	日	种类	号数		数量	单价	亿	千	百	十	万	千	百	十	元	角	分	数量	单价	亿	千	百	十	万	千	百	十	元	角	分		数量	单价	亿	千	百	十	万	千	百	十	元	角	分	
12	1			期初余额																											借	5602.50	10.00					5	6	0	2	5	0	0	

表 7-12 原材料明细分类账

最高储量：
最低储量：
编号： 规格： 单位：千克 品名：丙材料

2011年		凭证		摘要	收入		金额											发出		金额											借或贷	结存		金额											核对
月	日	种类	号数		数量	单价	亿	千	百	十	万	千	百	十	元	角	分	数量	单价	亿	千	百	十	万	千	百	十	元	角	分		数量	单价	亿	千	百	十	万	千	百	十	元	角	分	
12	1			期初余额																											借	2027.50	10.00					2	0	2	7	5	0	0	

表 7-13 库存商品明细分类账

总第 页
分第 页

编号： 规格： 单位：件 品名：A产品

2011年		凭证		摘要	收入		金额											发出		金额											借或贷	结存		金额											核对
月	日	种类	号数		数量	单价	亿	千	百	十	万	千	百	十	元	角	分	数量	单价	亿	千	百	十	万	千	百	十	元	角	分		数量	单价	亿	千	百	十	万	千	百	十	元	角	分	
12	1			期初余额																											借	160	143.75					2	3	0	0	0	4	3	

表7-14　库存商品明细分类账

总第　页
分第　页

编号：　　　规格：　　　单位：件　　　品名：B产品

2011年		凭证		摘要	收入													发出														借或贷	结存													核对
月	日	种类	号数		数量	单价	金额											数量	单价	金额													数量	单价	金额												
							亿	千	百	十	万	千	百	十	元	角	分			亿	千	百	十	万	千	百	十	元	角	分					亿	千	百	十	万	千	百	十	元	角	分	
12	1			期初余额																												借	240	62.67		1	5	0	4	0	3	0	

表7-15　应付账款明细分类账

一级科目　应付账款
子目或户名　华兴公司

2011年		凭证		摘要	借方											核对	贷方											核对	借或贷	余额											核对
月	日	种类	号数		亿	千	百	十	万	千	百	十	元	角	分		亿	千	百	十	万	千	百	十	元	角	分			亿	千	百	十	万	千	百	十	元	角	分	
12	1			期初余额																									贷			4	5	3	0	0	0	0	

表 7-16 应交税费（增值税）明细分类账

月	日	种类	号数	摘要	进项税额 合计												已交税额 合计												进项税额 合计												销项税额												进项税额转出												借或贷	合计												核对
					亿	千	百	十	万	千	百	十	元	角	分	亿	千	百	十	万	千	百	十	元	角	分	亿	千	百	十	万	千	百	十	元	角	分	亿	千	百	十	万	千	百	十	元	角	分	亿	千	百	十	万	千	百	十	元	角	分		亿	千	百	十	万	千	百	十	元	角	分	
12	1			期初余额																																																									贷				3	2	0	0	0	0	0	0	

表 7-17 应交税费明细分类账 一级科目 应交税费
子目或户名 应交城市维护建设税

2011年		凭证		摘要	借方											核对	贷方											核对	借或贷	余额											核对
月	日	种类	号数		亿	千	百	十	万	千	百	十	元	角	分		亿	千	百	十	万	千	百	十	元	角	分			亿	千	百	十	万	千	百	十	元	角	分	
12	1			期初余额																									贷						2	9	0	9	0	9	

表 7-18 应交税费明细分类账 一级科目 应交税费
子目或户名 应交教育费附加

2011年		凭证		摘要	借方											核对	贷方											核对	借或贷	余额											核对
月	日	种类	号数		亿	千	百	十	万	千	百	十	元	角	分		亿	千	百	十	万	千	百	十	元	角	分			亿	千	百	十	万	千	百	十	元	角	分	
12	1			期初余额																									贷							2	0	3	6	4	

表 7-19 实收资本明细分类账 一级科目 实收资本
子目或户名 粤东公司

2011年		凭证		摘要	借方											核对	贷方											核对	借或贷	余额											核对
月	日	种类	号数		亿	千	百	十	万	千	百	十	元	角	分		亿	千	百	十	万	千	百	十	元	角	分			亿	千	百	十	万	千	百	十	元	角	分	
12	1			期初余额																									贷			5	0	0	0	0	0	0	0	

4. 总账期初余额登记见表 7-20 至表 7-29（以有余额的账户示例）

●小贴士

设置总分类账，只要是本企业会计核算涉及的总分类账户，不论期初是否有余额，都需在总账中设置出相应账户，然后按会计科目顺序排列并预留账页。

表 7-20 总分类账

会计科目：库存现金

2011年		凭证		摘要	借方									核	贷方									核	借	余额									核
月	日	种类	号数		亿	千	百	十	万	千	百	十	元	角	分	对	亿	千	百	十	万	千	百	十	元	角	分	对	或贷	亿	千	百	十	万	千	百	十	元	角	分	对
12	1			期初余额																									借				1	3	0	0	0	0		

表 7-21 总分类账

会计科目：银行存款

2011年		凭证		摘要	借方									核	贷方									核	借	余额									核
月	日	种类	号数		亿	千	百	十	万	千	百	十	元	角	分	对	亿	千	百	十	万	千	百	十	元	角	分	对	或贷	亿	千	百	十	万	千	百	十	元	角	分	对
12	1			期初余额																									借			1	2	2	9	3	4	0	0		

表 7-22 总分类账

会计科目：应收账款

2011年		凭证		摘要	借方									核	贷方									核	借	余额									核
月	日	种类	号数		亿	千	百	十	万	千	百	十	元	角	分	对	亿	千	百	十	万	千	百	十	元	角	分	对	或贷	亿	千	百	十	万	千	百	十	元	角	分	对
12	1			期初余额																									借			1	0	3	0	0	0	0	0		

表 7-23 总分类账

会计科目：原材料

2011年		凭证		摘要	借方									核	贷方									核	借	余额									核
月	日	种类	号数		亿	千	百	十	万	千	百	十	元	角	分	对	亿	千	百	十	万	千	百	十	元	角	分	对	或贷	亿	千	百	十	万	千	百	十	元	角	分	对
12	1			期初余额																									借			1	5	2	6	0	0	0	0		

表 7-24 总分类账

会计科目：库存商品

2011年		凭证		摘要	借方									核	贷方									核	借	余额									核
月	日	种类	号数		亿	千	百	十	万	千	百	十	元	角	分	对	亿	千	百	十	万	千	百	十	元	角	分	对	或贷	亿	千	百	十	万	千	百	十	元	角	分	对
12	1			期初余额																									贷				3	8	0	4	0	7	3		

表 7-25　总分类账

会计科目：固定资产

2011年		凭证		摘要	借方											核对	贷方											核对	借或贷	余额											核对
月	日	种类	号数		亿	千	百	十	万	千	百	十	元	角	分		亿	千	百	十	万	千	百	十	元	角	分			亿	千	百	十	万	千	百	十	元	角	分	
12	1			期初余额																									借			8	3	0	0	0	0	0	0	

表 7-26　总分类账

会计科目：累计折旧

2011年		凭证		摘要	借方											核对	贷方											核对	借或贷	余额											核对
月	日	种类	号数		亿	千	百	十	万	千	百	十	元	角	分		亿	千	百	十	万	千	百	十	元	角	分			亿	千	百	十	万	千	百	十	元	角	分	
12	1			期初余额																									贷				1	0	7	3	5	0	0	

表 7-27　总分类账

会计科目：应付账款

2011年		凭证		摘要	借方											核对	贷方											核对	借或贷	余额											核对
月	日	种类	号数		亿	千	百	十	万	千	百	十	元	角	分		亿	千	百	十	万	千	百	十	元	角	分			亿	千	百	十	万	千	百	十	元	角	分	
12	1			期初余额																									贷				1	1	5	0	0	0	0	0	

表 7-28　总分类账

会计科目：应交税费

2011年		凭证		摘要	借方											核对	贷方											核对	借或贷	余额											核对
月	日	种类	号数		亿	千	百	十	万	千	百	十	元	角	分		亿	千	百	十	万	千	百	十	元	角	分			亿	千	百	十	万	千	百	十	元	角	分	
12	1			期初余额																									贷					3	5	1	1	2	7	3	

表 7-29　总分类账

会计科目：实收资本

2011年		凭证		摘要	借方											核对	贷方											核对	借或贷	余额											核对
月	日	种类	号数		亿	千	百	十	万	千	百	十	元	角	分		亿	千	百	十	万	千	百	十	元	角	分			亿	千	百	十	万	千	百	十	元	角	分	
12	1			期初余额																									贷			1	0	0	0	0	0	0	0	0	

5. 总分类账目录表（见表7-30）

表7-30 总分类账目录表

总分类账目录表					
编号	科目	起讫页数	编号	科目	起讫页数
1001	库存现金	1~2	4103	本年利润	31~32
1002	银行存款	3~4	4104	利润分配	33~34
1122	应收账款	5~6	5001	生产成本	35~36
1221	其他应收款	7~8	5101	制造费用	37~38
1403	原材料	9~10	6001	主营业务收入	39~40
1405	库存商品	11~12	6051	其他业务收入	41~42
1601	固定资产	13~14	6301	营业外收入	43~44
1602	累计折旧	15~16	6401	主营业务成本	45~46
2001	短期借款	17~18	6402	其他业务成本	47~48
2202	应付账款	19~20	6403	营业税金及附加	49~50
2205	预收账款	21~22	6601	销售费用	51~52
2211	应付职工薪酬	23~24	6602	管理费用	53~54
2221	应交税费	25~26	6603	财务费用	55~56
2231	应付利息	27~28	6711	营业外支出	57~58
4001	实收资本	29~30	6801	所得税费用	59~60

任务实施

一、资讯

接受并明确工作任务，进行小组分工，每组4人，各自负责工作任务的阶段分解、需用物料的准备及相关知识的搜集。

二、计划与决策

各组独立完成上述实务任务，第一节课完成会计账簿的登记，第二节课进行组间批改、答案核对与结果展示。

三、实施处理

1. 填写总分类账账簿启用表。

2. 填写现金日记账、银行存款日记账、总分类账、明细账各账户期初余额。

3. 填写总账账簿目录。

四、检查

各小组间进行账簿登记的检查、批改，最后由老师进行纠正、讲解。

五、总结评价

老师针对各组完成情况进行评比、公布，并进行归纳总结，力求各组能完整完成相应的工作任务。

任务三　会计账簿登记示范

●引入任务

为企业登记现金日记账和银行存款日记账

资料：本项目任务一中广州 ABC 有限公司已建好的日记账和项目四任务二中已编制完成的记账凭证。

要求：1. 根据所涉及库存现金的收、付款凭证逐笔登记已建好的银行存款日记账，并结出余额。

2. 根据所涉及银行存款的收、付款凭证逐笔登记已建好的银行存款日记账，并结出余额。

◆ 相关专业知识

会计账簿登记主要包含日记账登记、总分类账登记以及明细分类账登记，是后续财务报表编制的基础。

知识点一：日记账的格式与登记方法

日记账是按照经济业务发生或完成时间的先后顺序逐笔进行登记的账簿。会计核算中常用的日记账是特种日记账。

（一）库存现金日记账的格式与登记方法

1. 现金日记账的格式

现金日记账是核算和监督库存现金每天的收入、支出和结存情况的账簿，其格式有三栏式和多栏式两种。无论采用三栏式还是多栏式现金日记账，都必须使用订本账。三栏式现金日记账格式如表 7-31 所示。

表 7-31 现金日记账

第 页

2011年		凭证		对方科目	摘要	借方										贷方										余额										核对
月	日	种类	号数			亿	千	百	十	万	千	百	十	元	角	分	亿	千	百	十	万	千	百	十	元	角	分	亿	千	百	十	万	千	百	十	元	角	分	

多栏式日记账是在三栏式的基础上发展起来的。这种日记账的借方（收入）和贷方（支出）金额栏都按对方科目设置若干专栏，在月末结账时，可以结出各种收入来源专栏和支出用途专栏的合计数，便于对现金收支的合理性进行分析。实际工作中，一般常把收入业务和支出业务分设"现金收入日记账"和"现金支出日记账"，其格式如表 7-32 和表 7-33 所示。

表 7-32 库存现金收入日记账

年		凭证		摘要	收入（对方合计）														支出合计											结余											核对
					银行存款	主营业务收入	……	收入合计																																	
月	日	种类	号数					亿	千	百	十	万	千	百	十	元	角	分	亿	千	百	十	万	千	百	十	元	角	分	亿	千	百	十	万	千	百	十	元	角	分	

表 7-33 库存现金支出日记账

2011年		凭证		摘要	支出（对方科目）												
					银行存款	其他应收款	管理费用	制造费用	……	支出合计							
月	日	种类	号数							亿	千	百	十	万	千	百	十	元	角	分

2. 现金日记账的登记方法

现金日记账出纳人员根据与现金收付有关的记账凭证按时间顺序逐日逐笔进行登记，并根据"上日余额+本日收入－本日支出=本日余额"的公式，逐日结出库存现金余额，与库存现金实存数核算，以检查每日库存现金收付是否有误。对于从银行提取现金的业务，由于规定只填制银行付款凭证，不填制现金收款凭证，所以从银行提取现金的收入数，应根据银行存款付款凭证登记。

现金日记账（三栏式日记本账）具体登记方法如下：

（1）日期栏。登记记账凭证的日期，应与库存现金实际收付日期一致。

（2）凭证栏。登记入账的收付凭证的种类和编号。

（3）摘要栏。登记入账的经济业务的内容。文字要简练，并且能说明问题。

（4）对方科目栏。登记库存现金收入的来源科目或支出的用途科目。其作用在于了解经济业务事项的来龙去脉。

（5）收入（借方）、支出（贷方）栏。登记库存现金实际收付的金额。每日终了，应分别计算库存现金收入和支出的合计数并结出余额，同时将余额与出纳员的库存现金核对，即通常说的"日清"，如账实不符应查明原因，并记录备案。月终同样计算出现金收、付和结存的合计数，通常称为"月结"。

借、贷方分设的多栏式现金日记账的记法是：先根据有关现金收入业务的记账凭证登记现金收入日记账，根据有关库存支出业务的记账凭证登记现金支出日记账，每日营业终了，再将现金支出日记账结计的支出合计数转入现金收入日记账的"支出合计"栏中，并结出日余额。

（二）银行存款日记账的格式与登记方法

银行存款日记账是用来核对和监督银行存款每日的收入、支出和结余情况的账簿。银行存款日记账应根据企业在银行开立的账户和币种分别设置，每个银行账户设置一本日记账。银行存款日记账的格式和登记方法与现金日记账基本相同，不同点在于"银行存款日记账"多一项"支票"栏，必须将发生经济业务的现金支票和转账支票的号码进行准确填写。出纳人员应根据与银行存款收付业务有关的记账凭证，按时间顺序逐日、逐笔进行登记。

● 小贴士

对于从银行提取现金的业务和将现金存入银行的业务，规定只填制付款凭证，不制收款凭证，所以从银行提取现金的收入数应根据银行付款凭证登记。

（三）登记日记账的示范操作

登记日记账的示范操作如表 7-34、表 7-35 所示。

表 7-34　现金日记账　　　　　　　　第 1 页

2011年		凭证		对方科目	摘要	借方											贷方											余额											核对
月	日	种类	号数			亿	千	百	十	万	千	百	十	元	角	分	亿	千	百	十	万	千	百	十	元	角	分	亿	千	百	十	万	千	百	十	元	角	分	
12	1				期初余额																												1	3	0	0	0	0	
	22	银付	004	银行存款	提取备用金						5	0	0	0	0	0																	6	3	0	0	0	0	
	23	现付	001	管理费用	管理部门购买办公用品																		3	0	0	0	0						6	0	0	0	0	0	
	23	现付	001	制造费用	生产车间购买办公用品																		2	0	0	0	0						5	8	0	0	0	0	
	24	现付	002	其他应收款	张三预借差旅费																	3	0	0	0	0	0						2	8	0	0	0	0	
	25	现付	003	管理费用	支付下半年报刊费																		6	9	0	0	0						2	1	1	0	0	0	
	31	现付	001	营业外收入	收取职工安武罚款							5	0	0	0	0																	2	6	1	0	0	0	
					本月合计						5	5	0	0	0	0						4	1	9	0	0	0						2	6	1	0	0	0	

第 1 页

表 7-35（a）　银行存款日记账

开户行
账号

2011年		凭证		支票		摘要	借方											贷方											余额											核对
月	日	种类	号数	类别	号数		亿	千	百	十	万	千	百	十	元	角	分	亿	千	百	十	万	千	百	十	元	角	分	亿	千	百	十	万	千	百	十	元	角	分	
12	1					期初余额																										1	2	2	9	3	4	0	0	
	1	银收	001			收到粤东公司追加投资款			1	0	0	0	0	0	0	0	0														1	1	2	2	9	3	4	0	0	
	1	银收	002			取得短期借款				1	5	0	0	0	0	0	0														1	2	7	2	9	3	4	0	0	
	10	银付	001			购买固定资产																2	1	0	6	0	0	0				1	2	5	1	8	7	4	0	0	
	15	银付	002			购买原材料															1	6	3	8	0	0	0	0				1	0	8	8	0	7	4	0	0	
	19	银付	003			偿还正日公司前欠款																3	2	1	7	5	0	0				1	0	5	5	8	9	9	0	0	
	22	银付	004			提取备用金																	5	0	0	0	0	0				1	0	5	0	8	9	9	0	0	
	23	银付	005			发放职工工资																8	0	0	0	0	0	0					9	7	0	8	9	9	0	0	
	24	银付	006			支付修理费																	3	5	0	0	0	0					9	6	7	3	9	9	0	0	
	25	银付	007			支付本月电费																	7	8	0	0	0	0					9	5	9	5	9	9	0	0	
						过次页			1	1	5	0	0	0	0	0	0				3	1	3	3	3	5	0	0				9	5	9	5	9	9	0	0	

表 7-35（b） **银行存款日记账**

开户行	
账号	

2011年 月	日	凭证 种类	号数	支票 类别	号数	摘要	借方	贷方	余额	核对
12						承前页			95959900	
	27	银收	001			销售A产品	13689000		109648900	
	28	银收	002			销售余丙材料	631800		110280700	
	28	银收	003			收到大都公司前欠款	8775000		119055700	
	28	银收	004			预收前进公司购B产品款	3000000		122055700	
	28	银付	008			支付广告费		300000	121755700	
	31	银付	009			向希望小学捐款		800000	120955700	
						本月合计	13809 5800	3243 3500	120955700	

●**小贴士**

实际工作中，现金日记账和银行存款日记账由出纳员进行登记。

知识点二：总分类账的格式与登记方法

●**任务演练**

为企业登记总分类账和明细分类账

资料：项目二任务二中广州 ABC 有限公司已经编制完成的记账凭证和本项目任务一中总分类账及明细分类账。

要求：根据记账凭证为广州 ABC 有限公司平行登记总账及所属明细账。

（一）总分类账的格式

总分类账是按照总分类账户分类登记以提供总括会计信息的账簿。总分类账常用的格式为三栏式，设置借方、贷方和余额三个基本金额栏目。

总分类账可以全面、系统、综合地反映企业所有的经济活动情况和财务收支情况，可以为编制会计报表提供所需的资料。因此，所有企业都必须设置总分类账。总分类账必须采用订本式账簿。总账中的账页一般按总账科目（一级科目）设置总分类账户。

总分类账的账页格式有三栏式和多栏式两种。大多数总分类账一般采用借方、贷方、余额三栏式的订本账。实际工作中，可以根据需要，在总分类账的借、贷两栏内，增设对方科目栏。多栏式总分类账是把所有的总账账户合设在一张账页上，这种格式的总分类账，兼有序时账和分类账的作用，实际上是序时账与分类账相结合的联合账簿，即日记总账。三栏式总分类账格式如表7-36所示。

表7-36　**总分类账**　　　　　　　　　　　　　　　第　页

一级科目_____

2011年		凭证		摘要	借方										核对	贷方										核对	借或贷	余额										核对
月	日	种类	号数		亿	千	百	十	万	千	百	十	元	角	分		亿	千	百	十	万	千	百	十	元	角	分			亿	千	百	十	万	千	百	十	元	角	分	

（二）总分类账的登记方法

总分类账登记的依据和方法，主要取决于所采用的账务处理程序。它可以直接根据记账凭证逐笔登记，也可以通过一定的汇总方式把各种记账凭证汇总编制成科目汇总表或汇总记账凭证，再据以登记。月度终了，在全部经济业务登记入账后，结出各账户的本期发生额和期末余额，在与明细账余额核对相符后，作为编制会计报表的主要依据。

知识点三：明细分类账的格式与登记方法

（一）明细分类账的格式

明细分类账是根据二级账户或明细账户开设账页，分类、连续地登记经济业务以提供明细核算资料的账簿。它所提供的有关经济活动的详细核算资料，是对总分类账所提供的总括核算资料的补充，也是编制会计报表的依据之一。各单位根据实际需要设置明细分类账，其格式有三栏式、多栏式、数量金额和横线登记式等多种。

1. 三栏式明细分类账

三栏式明细分类账是设有借方、贷方和余额三个栏目，用以分类核算各项经济业务，以提供详细核算资料的账簿。其格式与三栏式总账格式相同，适用于只进行金额核算的资本、债权、债务明细账，如"应收账款"、"应付账款"等科目的明细分类核算。三栏式明细分类账的格式如表7-37所示。

表7-37　**明细分类账**

一级科目_____
子目或户名_____

2011年		凭证		摘要	借方										核对	贷方										核对	借或贷	余额										核对
月	日	种类	号数		亿	千	百	十	万	千	百	十	元	角	分		亿	千	百	十	万	千	百	十	元	角	分			亿	千	百	十	万	千	百	十	元	角	分	

表 7-38　明细账

年		凭证		摘要	借方	贷方	借或贷	余额	(借方) 余额分析			
月	日	种类	号数		十万千百十元角分	十万千百十元角分		十万千百十元角分	十万千百十元角分	十万千百十元角分	十万千百十元角分	十万千百十元角分

表 7-39　明细账

年		凭证		摘要	借方	贷方	借或贷	余额	(贷方) 余额分析		
月	日	种类	号数		亿千百十万千百十元角分	亿千百十万千百十元角分		亿千百十万千百十元角分	亿千百十万千百十元角分	亿千百十万千百十元角分	亿千百十万千百十元角分

2. 多栏式明细分类账

多栏式明细分类账是将属于同一个总账科目的各个明细科目合并在一张账页上进行登记，适用于收入、成本、费用类科目的明细核算，例如"生产成本"、"管理费用"、"营业外收入"、"利润分配"等科目的明细分类核算。多栏式成本、费用明细分类账的格式如表7-38所示。多栏式收入明细分类账的格式如表7-39所示。

3. 数量金额式明细分类账

数量金额式明细分类账的借方（收入）、贷方（发出）和余额（结存）都分别设有数量、单位和金额三个专栏，适用于既要进行金额核算又要进行数量核算的存货明细账，如"原材料"、"库存商品"等科目的明细分类核算。数量金额式明细分类账的格式如表7-40所示。

表7-40　明细分类账

总第　页
分第　页

年		凭证		摘要	借方														贷方														借或贷	余额														核对
月	日	种类	号数		数量	单价	金额 亿	千	百	十	万	千	百	十	元	角	分	数量	单价	金额 亿	千	百	十	万	千	百	十	元	角	分		数量	单价	金额 亿	千	百	十	万	千	百	十	元	角	分	

数量金额式明细分类账提供了企业有关财产物资的数量和金额的详细资料，能加强财物的实物管理和使用监督，可以保证这些财产物资的安全、完整。

（二）明细分类账的登记方法

不同类型经济业务的明细分类账，可以根据管理需要，依据记账凭证、原始凭证汇总表或记账凭证汇总表逐日逐笔或定期汇总登记。固定资产、债权、债务等明细账应逐日逐笔登记；库存商品、原资料、产成品收发明细账及收入、费用明细账可以逐笔登记，也可以定期汇总登记。

对于只设借方的多栏式明细账，平时在借方登记"制造费用"、"管理费用"、"主营业务成本"等账户的发生额，在贷方登记月末将借方发生额一次转出的数额，所以平时如果发生贷方发生额，应该用红色在多栏式账页的借方登记栏中表示冲减。

明细分类账一般应于会计期末结算出当期发生额及期末余额。

知识点四：总分类账户与明细分类账户的平行登记

（一）总分类账户与明细分类账户的关系

总分类账户是所属明细分类账户的综合，对所属明细分类账户起统驭作用。明细分类账户是有关总分类账户的补充，对有关分类账户起着详细说明的作用。总分类账户和明细分类账户，登记的原始凭证依据相同，核算内容相同，两者结合起来既总括又详细地反映同一事物。因此，总分类账户和明细分类账户必须平行登记。所谓平行登记是指对所发生的每一笔经济业务都要以相同的会计凭证为依据，一方面记入有关总分类账户，另一方面要记入该总分账户所属的明细分类账户。

（二）总分类账户与明细分类账户平行登记的要点

总分类账户与明细分类账户平行登记的要点如下：

（1）同依据登记（依据相同）。即对发生的每一笔经济业务，都要根据相同的会计凭证一方面在相关的总分类账户中进行总括登记；另一方面在该总分类账户所属的明细分类账户中进行详细登记（没有明细分类账户的除外）。

（2）同方向登记（方向相同）。即将经济业务记入某一总分类账户及其所属的明细分类账户时，必须记在相同方向，即总分类账户记借方，其所属明细账户也记借方；相反，总分类账户记贷方，其所属明细账户也记贷方。

（3）同期间登记（期间相同）。即对发生的每一笔经济业务，要在同一会计期间根据会计凭证一方面在有关的总分类账户中进行总括登记；另一方面记入该总分类账户所属的明细分类账户（没有明细分类账户的除外）。

（4）同等额登记（金额相同）。即记入总分类账户的金额与记入其所属明细分类账户的金额之和必须相等。

例如，某单位向 A 单位销售商品 8000 元，向 B 单位销售商品 5000 元，款项尚未收到。有关总分类账和明细账的平行登记如图 7-2 所示。

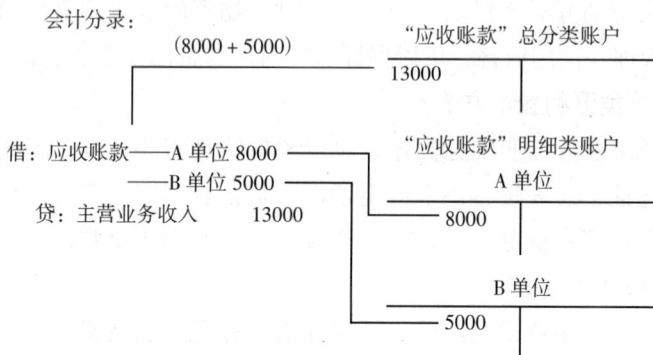

图7-2　平行登记的示例

●小贴士

总分类账户和所属明细分类账户平行登记所产生的数量关系可用下式表示：

总分类账户期初借方（或贷方）余额＝所属明细分类账户期初借方（或贷方）余额

总分类账户本期借方（或贷方）发生额＝所属明细分类账户本期借方（或贷方）发生额

总分类账户期末借方（或贷方）余额＝所属明细分类账户期末借方（或贷方）余额

（三）总账与明细账平行登记的示范操作

总账与明细账平行登记的示范操作（见表7-41至表7-42）。

表7-41　总分类账

第1页　　一级科目　应收账款

2011年		凭证		摘要	借方										核对	贷方										核对	借或贷	余额										核对
月	日	种类	号数		亿	千	百	十	万	千	百	十	元	角	分	亿	千	百	十	万	千	百	十	元	角	分		亿	千	百	十	万	千	百	十	元	角	分
12	1			期初余额																							借			1	0	3	0	0	0	0	0	
	27	转		应收大都公司贷款				1	0	5	3	0	0	0	0															2	0	8	3	0	0	0	0	
	28	银收		收到大都公司前欠贷款																8	7	7	5	0	0	0				1	2	0	5	5	0	0	0	
				本月合计				1	0	5	3	0	0	0	0						8	7	7	5	0	0	0				1	2	0	5	5	0	0	0	

表7-42　应收账款明细分类账

一级科目　应收账款　　子目或户名　大都公司

2011年		凭证		摘要	借方										核对	贷方										核对	借或贷	余额										核对
月	日	种类	号数		亿	千	百	十	万	千	百	十	元	角	分	亿	千	百	十	万	千	百	十	元	角	分		亿	千	百	十	万	千	百	十	元	角	分
12	1			期初余额																							借			1	0	3	0	0	0	0	0	
								1	0	5	3	0	0	0	0															2	0	8	3	0	0	0	0	
																				8	7	7	5	0	0	0				1	2	0	5	5	0	0	0	
				本月合计				1	0	5	3	0	0	0	0						8	7	7	5	0	0	0				1	2	0	5	5	0	0	0	

应收账款总分类账余额等于应收账款各明细账余额之和，应收账款总分类账户本期发生额等于应收账款各明细分类账户本期发生额之和，其平衡关系如表7-43所示。

表7-43　平衡关系表

账户名称	月初余额		本期发生额		月末余额	
	借方	贷方	借方	贷方	借方	贷方
应收账款——大都公司明细账	103000.00		105300.00	87750.00	120550.00	
应收账款总账	53000.00		105300.00	87750.00	120550.00	

表7-44　总分类账

一级科目　其他应收款

2011年		凭证		摘要	借方										核对	贷方										核对	借或贷	余额										核对
月	日	种类	号数		亿	千	百	十	万	千	百	十	元	角	分	亿	千	百	十	万	千	百	十	元	角	分		亿	千	百	十	万	千	百	十	元	角	分
12	24	现付	002	张三预借差旅费						3	0	0	0	0	0																	3	0	0	0	0	0	
				本月合计						3	0	0	0	0	0																							

表 7-45 　其他应收款明细分类账　　　　一级科目 其他应收款
子目或户名 张三

2011年		凭证		摘要	借方											核对	贷方											核对	借或贷	余额											核对
月	日	种类	号数		亿	千	百	十	万	千	百	十	元	角	分		亿	千	百	十	万	千	百	十	元	角	分			亿	千	百	十	万	千	百	十	元	角	分	
12	24	现付	002	张三预借差旅费						3	0	0	0	0	0																				3	0	0	0	0	0	
				本月合计						3	0	0	0	0	0																				3	0	0	0	0	0	

表 7-46 　总分类账　　　　一级科目 原材料

2011年		凭证		摘要	借方											核对	贷方											核对	借或贷	余额											核对
月	日	种类	号数		亿	千	百	十	万	千	百	十	元	角	分		亿	千	百	十	万	千	百	十	元	角	分			亿	千	百	十	万	千	百	十	元	角	分	
12	1			期初余额																									借				1	5	2	6	0	0	0	0	
	15	银付	002	购进原材料				1	1	0	0	0	0	0	0													借				2	6	2	6	0	0	0	0	
	17	转	001	购进原材料					2	7	5	0	0	0	0													借				2	9	0	1	0	0	0	0	
	20	转	002	生产领用原材料																		9	0	0	0	0	0	0	借				2	0	0	1	0	0	0	0	
	31	转	009	销售余丙材料																			3	0	0	0	0	0	借				1	9	7	1	0	0	0	0	
				本月合计					1	3	7	5	0	0	0	0							9	3	0	0	0	0	0	借				1	9	7	1	0	0	0	0	

表 7-47　原材料明细分类账

品名：甲材料　　单位：千克

最高储量：
最低储量：
编号：　　规格：

| 2011年 | | 凭证 | | 摘要 | 借方 | | | 核对 | 贷方 | | | 核对 | 借或贷 | 余额 | | | 核对 |
月	日	种类	号数		数量	单价	金额		数量	单价	金额			数量	单价	金额	
12	1			期初余额									借	5086.67	15	76300.00	
	15	银付	002	购进原材料	8000	15	120000.00						借	13086.67	15	196300.00	
	17	银付	003	购进原材料	500	15	7500.00						借	13586.67	15	203800.00	
	20	转	002	生产领用					5000	15	75000.00		借	8586.67	15	128800.00	
				本月合计	8500	15	127500.00		5000	15	75000.00		借	8586.67	15	128800.00	

表 7-48　原材料明细分类账

最高储量：　　　　　规格：　　　　　单位：千克　　　　　品名：乙材料
最低储量：
编号：

2011年 月	日	凭证 种类	号数	摘要	借方 数量	单价	借方金额 亿	千	百	十	万	千	百	十	元	角	分	核对	贷方 数量	单价	贷方金额 亿	千	百	十	万	千	百	十	元	角	分	核对	借或贷	余额 数量	单价	余额金额 亿	千	百	十	万	千	百	十	元	角	分	核对
12	1			期初余额	2000	10																											借	5602.50	10					5	6	0	2	5	0	0	
	15	银付	002	购进原材料	2000	10					2	0	0	0	0	0	0															借	7602.50	10					7	6	0	2	5	0	0	
	17	转	001	购进原材料	2000	10					2	0	0	0	0	0	0															借	9602.50	10					9	6	0	2	5	0	0	
	20	转	002	生产领用															1500	10					1	5	0	0	0	0	0	借	8102.50	10					8	1	0	2	5	0	0	
				本月合计	4000	10					4	0	0	0	0	0	0		1500	10					1	5	0	0	0	0	0	借	8102.50	10					8	1	0	2	5	0	0	

表 7-49　原材料明细分类账

最高储量：
最低储量：
编号：　　　　　规格：　　　　　单位：千克　　　　　品名：丙材料

2011年		凭证		摘要	借方			核对	贷方			核对	借或贷	余额			核对
月	日	种类	号数		数量	单价	金额(亿千百十万千百十元角分)		数量	单价	金额(亿千百十万千百十元角分)			数量	单价	金额(亿千百十万千百十元角分)	
12	1			期初余额									借	2027.50	10	202750.00	
	31	转	009	出售丙材料					300		30000.00		借	427.28	10	172750.00	
				本期合计					300		30000.00		借	427.28	10	172750.00	

原材料总分类账余额等于原材料各明细账余额之和，原材料总分类账户本期发生额等于原材料各明细分类账户本期发生额之和，平衡关系如表 7-50 所示。

表 7-50　平衡关系表

账户名称	月初余额		本期发生额		月末余额	
	借方	贷方	借方	贷方	借方	贷方
原材料甲明细账	76300.00		127500.00	7500.00	128800.00	
原材料乙明细账	56025.00		40000.00	15000.00	81025.00	
原材料丙明细账	20275.00			3000.00	17275.00	
原材料总账	152600.00		137500.00	93000.00	197100.00	

表 7-51　总分类账　　　　　　　　　　一级科目　库存商品

2011年		凭证		摘要	借方										核对	贷方										核对	借或贷	余额										核对
月	日	种类	号数		亿	千	百	十	万	千	百	十	元	角	分		亿	千	百	十	万	千	百	十	元	角	分			亿	千	百	十	万	千	百	十	元	角	分	
12	1			期初余额																									借				3	8	0	4	0	7	3	
	31	转	007	完工产品入库			1	5	8	9	0	0	0	0															借				1	9	6	9	4	0	7	3	
		转	008	结转已售产品成本															1	4	3	0	1	0	0	0		借					5	3	9	3	0	7	3	
				本月合计			1	5	8	9	0	0	0	0					1	4	3	0	1	0	0	0		借					5	3	9	3	0	7	3	

表 7-52 库存商品明细分类账

总第 页
分第 页

编号：　规格：　单位：　品名：A产品

2011年 月	日	凭证 种类	号数	摘要	借方 数量	借方 单价	借方 金额	贷方 数量	贷方 单价	贷方 金额	借或贷	核对	余额 数量	余额 单价	余额 金额	核对
12	1			期初合计							借				23 000.43	
	31	转	007	完工产品入库			93 275.00				借				116 275.43	
	31	转	008	销售产品结转成本						83 948.00	借		2		32 327.43	
				本月合计			93 275.00			83 948.00	借				32 327.43	

表 7-53　库存商品明细分类账

编号：　　　　　　　　规格：　　　　　　　　单位：　　　　　　　　品名：B产品　　　　　　　　总第　　页　分第　　页

2011年 月	日	凭证 种类	号数	摘要	借方 数量	单价	借方金额 亿	千	百	十	万	千	百	十	元	角	分	贷方 数量	单价	贷方金额 亿	千	百	十	万	千	百	十	元	角	分	借或贷	余额 数量	单价	余额金额 亿	千	百	十	万	千	百	十	元	角	分	核对
12	1			期初合计																											借							1	5	0	4	0	3	0	
	31	转	007	完工产品入库							6	5	6	2	5	0	0														借							8	0	6	8	5	3	0	
	31	转	008	销售产品结转成本																				5	9	0	6	2	0	0	借							2	1	6	0	3	3	0	
				本月合计							6	5	6	2	5	0	0							5	9	0	6	2	0	0	借							2	1	6	0	3	3	0	

表 7-54　平衡关系表

账户名称	月初余额		本期发生额		月末余额	
	借方	贷方	借方	贷方	借方	贷方
库存商品 A 明细账	23000.43		93275.00	83948.00	32327.43	
库存商品 B 明细账	15040.30		65625.00	59062.00	21603.30	
库存商品总账	38040.73		158900.00	143010.00	53930.73	

表 7-55　总分类账

第　页

一级科目 应付账款

2011年		凭证		摘要	借方											核对	贷方											核对	借或贷	余额											核对
月	日	种类	号数		亿	千	百	十	万	千	百	十	元	角	分		亿	千	百	十	万	千	百	十	元	角	分			亿	千	百	十	万	千	百	十	元	角	分	
12	1			期初余额																									贷			1	1	5	0	0	0	0	0	
	17	转	001	应付正日公司货款																	3	2	1	7	5	0	0		贷			1	4	7	1	7	5	0	0	
	19	银付	003	支付前欠正日公司货款					3	2	1	7	5	0	0													贷			1	1	5	0	0	0	0	0	
				本月合计					3	2	1	7	5	0	0						3	2	1	7	5	0	0		贷			1	1	5	0	0	0	0	0	

表 7-56　应付账款明细分类账

一级科目 应付账款
子目或户名 正日公司

2011年		凭证		摘要	借方											核对	贷方											核对	借或贷	余额											核对
月	日	种类	号数		亿	千	百	十	万	千	百	十	元	角	分		亿	千	百	十	万	千	百	十	元	角	分			亿	千	百	十	万	千	百	十	元	角	分	
12	1			期初余额																									贷					6	9	7	0	0	0	0	
	17	转	001	应付正日公司																	3	2	1	7	5	0	0		贷			1	0	1	8	7	5	0	0	
	19	银付	003	支付前欠正日公司货款					3	2	1	7	5	0	0													贷					6	9	7	0	0	0	0	
				本月合计					3	2	1	7	5	0	0						3	2	1	7	5	0	0		贷					6	9	7	0	0	0	0	

表 7-57　应付账款明细分类账

一级科目 应付账款
子目或户名 华兴公司

2011年		凭证		摘要	借方											核对	贷方											核对	借或贷	余额											核对
月	日	种类	号数		亿	千	百	十	万	千	百	十	元	角	分		亿	千	百	十	万	千	百	十	元	角	分			亿	千	百	十	万	千	百	十	元	角	分	
12	1			期初余额																									贷					4	5	3	0	0	0	0	
				本月合计																									贷					4	5	3	0	0	0	0	

应付账款总分类账余额等于应付账款各明细账余额之和，应付账款总分类账户本期发生额等于应付账款各明细分类账户本期发生额之和，平衡关系如表 7-58 所示。

表 7-58 平衡关系表

账户名称	月初余额		本期发生额		月末余额	
	借方	贷方	借方	贷方	借方	贷方
应付账款正日公司明细账		69700.00	32175.00	32175.00		69700.00
应付账款华兴公司明细账		45300.00				45300.00
应付账款总账		115000.00	32175.00	32175.00		115000.00

表 7-59 总分类账

第 页

一级科目 应交税费

2011年 月	日	凭证 种类	号数	摘要	借方	核对	贷方	核对	借或贷	金额	核对
12	1			初期余额					贷	3 5 1 1 2 7 3	
	10	银付	001	购固定资产应交增值税	3 0 6 0 0 0				贷	3 2 0 5 2 7 3	
	15	银付	002	购原材料应交增值税	2 3 8 0 0 0				贷	8 2 5 2 7 3	
	17	转	001	购原材料应交增值税	4 6 7 5 0 0				贷	3 5 7 7 7 3	
	27	银收	003	销售产品应交增值税			1 9 8 9 0 0 0		贷	2 3 4 6 7 7 3	
	27	转	004	销售产品应交增值税			1 5 3 0 0 0 0		贷	3 8 7 6 7 7 3	
	28	银收	004	销售剩余材料应交增值税			9 1 8 0 0		贷	3 9 6 8 5 7 3	
	31	转	010	计提当月应交城建税			1 1 1 8 6		贷	3 9 7 9 7 5 9	
	31	转	010	计提当月应交教育费附加			4 7 9 4		贷	3 9 8 4 5 5 3	
	31	转	014	计提本年应交所得税			2 6 4 9 4 3		贷	4 2 4 9 4 9 6	
				本月合计	3 1 5 3 5 0 0		3 8 9 1 7 2 3		贷	4 2 4 9 4 9 6	

表 7-60　应交税费明细分类账

一级科目 应交税费
子目或户名 应交城建税

2011年 月	日	凭证 种类	号数	摘要	借方 亿千百十万千百十元角分	核对	贷方 亿千百十万千百十元角分	核对	借或贷	余额 亿千百十万千百十元角分	核对
12	1			期初余额					贷	2 9 0 9 0 9	
	31	转	010	计提当月应交城建税			1 1 1 8 6		贷	3 0 2 0 9 5	
				本月合计			1 1 1 8 6		贷	3 0 2 0 9 5	

表 7-61　应交税费明细分类账

一级科目 应交税费
子目或户名 教育费附加

2011年 月	日	凭证 种类	号数	摘要	借方 亿千百十万千百十元角分	核对	贷方 亿千百十万千百十元角分	核对	借或贷	余额 亿千百十万千百十元角分	核对
12	1			期初余额					贷	2 0 3 6 4	
	31	转	010	计提当月应交教育费附加			4 7 9 4		贷	2 5 1 5 8	
				本月合计			4 7 9 4		贷	2 5 1 5 8	

表 7-62 应交税费（应交增值税）明细账

2000年		凭证		摘要	借方			贷方			借或贷	余额	核对
月	日	种类	号数		合计	进项税额	已交税额	合计	销项税额	进项税额转出			
12	1			初期余额							贷	3200000	
	10	银付	001	购买固定资产应交增值税	306000	306000					贷	2894000	
	15	银付	002	购买原材料应交增值税	2380000	2380000					贷	514000	
	17	转	001	购买原材料应交增值税	467500	467500					贷	46500	
	27	银收	003	销售A产品应交增值税				1989000	1989000		贷	2035500	
	27	转	004	销售B产品应交增值税				1530000	1530000		贷	3565500	
	28	银收	004	销售B产品应交增值税				91800	91800		贷	3657300	
				本月合计	3153500	3153500		3610800			贷	3657300	

表 7-63　应交税费明细分类账

一级科目 应交税费
子目或户名 应交所得税

2011年 月	日	凭证 种类	号数	摘要	借方 亿	千	百	十	万	千	百	十	元	角	分	核对	贷方 亿	千	百	十	万	千	百	十	元	角	分	核对	借或贷	余额 亿	千	百	十	万	千	百	十	元	角	分	核对
12	31	转	014	计提应交所得税																		2	6	4	9	4	3		贷						2	6	4	9	4	3	
				本月合计																		2	6	4	9	4	3		贷						2	6	4	9	4	3	

　　应交税费总分类账余额等于应交税费各明细账余额之和，应交税费总分类账户本期发生额等于应交税费各明细分类账户本期发生额之和，平衡关系如表 7-64 所示。

表 7-64　平衡关系表

账户名称	月初余额 借方	月初余额 贷方	本期发生额 借方	本期发生额 贷方	月末余额 借方	月末余额 贷方
应交增值税明细账		32000.00	31535.00	36108.00		36573.00
应交城建税明细账		2909.09		111.86		3020.95
应交教育费附加明细账		203.64		47.94		251.58
应交所得税明细账				2649.43		2649.43
应交税费总账		35112.73	31535.00	38917.23		42494.96

表 7-65　总分类账

一级科目实收资本

2011年 月	日	凭证 种类	号数	摘要	借方 亿	千	百	十	万	千	百	十	元	角	分	核对	贷方 亿	千	百	十	万	千	百	十	元	角	分	核对	借或贷	余额 亿	千	百	十	万	千	百	十	元	角	分	核对
12	1			期初余额																									贷		1	0	0	0	0	0	0	0	0	
	1	银收	001	收到光华公司追加投资款														1	0	0	0	0	0	0	0	0	0		贷		2	0	0	0	0	0	0	0	0	0	
				本月合计														1	0	0	0	0	0	0	0	0	0		贷		2	0	0	0	0	0	0	0	0	0	

表 7-66　实收资本明细分类账

一级科目实收资本
子目或户名粤东公司

2011年 月	日	凭证 种类	号数	摘要	借方 亿	千	百	十	万	千	百	十	元	角	分	核对	贷方 亿	千	百	十	万	千	百	十	元	角	分	核对	借或贷	余额 亿	千	百	十	万	千	百	十	元	角	分	核对
12	1			期初余额																									贷			5	0	0	0	0	0	0	0	0	
	1	银付	001	收到粤东公司追加投资款						1	0	0	0	0	0	0	0	0	0										贷		1	5	0	0	0	0	0	0	0	0	
				本月合计						1	0	0	0	0	0	0	0	0	0										贷		1	5	0	0	0	0	0	0	0	0	

表 7-67 实收资本明细分类账 一级科目 实收资本 子目或户名 南都公司

月	日	种类	号数	摘要	借方 亿	千	百	十	万	千	百	十	元	角	分	核对	贷方 亿	千	百	十	万	千	百	十	元	角	分	核对	借或贷	余额 亿	千	百	十	万	千	百	十	元	角	分	核对
12	1			期初余额																									贷		5	0	0	0	0	0	0	0			
				本月合计																									贷		5	0	0	0	0	0	0	0			

表 7-68 总分类账 第 页 一级科目 生产成本

月	日	种类	号数	摘要	借方 亿	千	百	十	万	千	百	十	元	角	分	核对	贷方 亿	千	百	十	万	千	百	十	元	角	分	核对	借或贷	余额 亿	千	百	十	万	千	百	十	元	角	分	核对
12	20	转	002	生产领用原材料			7	0	0	0	0	0	0																			7	0	0	0	0	0	0			
	21	转	003	分配工资			4	9	0	0	0	0	0																	1	1	9	0	0	0	0	0			
	31	转	006	分配制造费用			4	6	2	0	0	0	0																	1	6	5	2	0	0	0	0			
	31	转	007	结转完工产品成本															1	6	5	2	0	0	0	0												0			
				本月合计			1	6	5	2	0	0	0	0					1	6	5	2	0	0	0	0												0			

表 7-69 生产成本明细分类账 一级科目 生产成本 子目或户名 A产品

月	日	种类	号数	摘要	借方 亿	千	百	十	万	千	百	十	元	角	分	核对	贷方 亿	千	百	十	万	千	百	十	元	角	分	核对	借或贷	余额 亿	千	百	十	万	千	百	十	元	角	分	核对
12	20	转	002	领用原材料			4	0	0	0	0	0	0																借			4	0	0	0	0	0	0			
	21	转	003	计提工资			2	4	0	0	0	0	0																借			6	4	0	0	0	0	0			
	31	转	006	分配制造费用			2	6	2	0	0	0	0																借			9	0	2	0	0	0	0			
	31	转	007	结转完工产品成本															9	0	2	0	0	0	0				平									0			
				本月合计			9	0	2	0	0	0	0					9	0	2	0	0	0	0				平									0			

表 7-70 生产成本明细分类账 一级科目 生产成本 子目或户名 B产品

月	日	种类	号数	摘要	借方 亿	千	百	十	万	千	百	十	元	角	分	核对	贷方 亿	千	百	十	万	千	百	十	元	角	分	核对	借或贷	余额 亿	千	百	十	万	千	百	十	元	角	分	核对
12	20	转	002	领用原材料			3	0	0	0	0	0	0																			3	0	0	0	0	0	0			
	21	转	003	计提工资			2	5	0	0	0	0	0																			5	5	0	0	0	0	0			
	31	转	006	分配制造费用			2	0	0	0	0	0	0																			7	5	0	0	0	0	0			
	31	转	007	结转完工产品成本															7	5	0	0	0	0	0												0			
				本月合计			7	5	0	0	0	0	0					7	5	0	0	0	0	0												0			

生产成本总分类账余额等于生产成本各明细账余额之和，生产成本总分类账户本期发生额等于生产成本各明细分类账户本期发生额之和，平衡关系如表 7-71 所示。

表 7-71 平衡关系表

账户名称	月初余额		本期发生额		月末余额	
	借方	贷方	借方	贷方	借方	贷方
A产品生产成本明细账	0.00	0.00	90200.00	90200.00	0.00	0.00
B产品生产成本明细账	0.00	0.00	75000.00	75000.00	0.00	0.00
生产成本总账	0.00	0.00	165200.00	165200.00	0.00	0.00

第　页

表 7-72 总分类账

一级科目 制造费用

2011年 月	日	凭证 种类	号数	摘要	借方 亿	千	百	十	万	千	百	十	元	角	分	核对	贷方 亿	千	百	十	万	千	百	十	元	角	分	核对	借或贷	余额 亿	千	百	十	万	千	百	十	元	角	分	核对
12	20	转	002	生产车间领用原材料				1	5	0	0	0	0	0																			1	5	0	0	0	0	0		
	21	转	003	分配工资				1	3	0	0	0	0	0																			2	8	0	0	0	0	0		
	23	银付	001	车间领用办公用品					2	0	0	0	0																				2	8	2	0	0	0	0		
	24	银付	006	支付生产车间修理费					2	0	0	0	0	0																			3	0	2	0	0	0	0		
	25	银付	007	生产车间分配电费					6	3	0	0	0	0																			3	6	5	0	0	0	0		
	31	转	005	计提车间折旧					9	7	0	0	0	0																			4	6	2	0	0	0	0		
	31	转	006	结转制造费用																	4	6	2	0	0	0	0											0		
				本月合计				4	6	2	0	0	0	0							4	6	2	0	0	0	0											0		

表 7-73　制造费用明细分类账

凭证 种类	凭证 号数	摘要	借方	贷方	借或贷	余额	余额分析 工资	余额分析 物料消耗	余额分析 修理费	余额分析 折旧费	余额分析 办公费	余额分析 电费
转	002	生产车间领用原材料	1500000		借	1500000		1500000				
转	003	分配工资	1300000		借	1300000	1300000					
现付	001	购买办公用品	200000		借	200000					200000	
银付	006	支付修理费	200000		借	200000			200000			
银付	007	支付电费	630000		借	630000						630000
转	005	计提折旧	970000		借	970000				970000		
转	006	分配制造费用		4620000			1300000	700000	200000	970000	200000	650000

制造费用总分类账余额等于制造费用各明细账户余额之和，制造费用总分类账户本期发生额等于制造费用各明细分类账户本期发生额之和，平衡关系如表 7-74 所示。

表 7-74 平衡关系表

账户名称	月初余额		本期发生额		月末余额	
	借方	贷方	借方	贷方	借方	贷方
制造费用工资明细账	0.00	0.00	13000.00	13000.00	0.00	0.00
制造费用物料消耗明细账	0.00	0.00	15000.00	15000.00	0.00	0.00
制造费用修理费明细账	0.00	0.00	2000.00	2000.00	0.00	0.00
制造费用折旧费明细账	0.00	0.00	9700.00	9700.00	0.00	0.00
制造费用办公费明细账	0.00	0.00	200.00	200.00	0.00	0.00
制造费用电费明细账	0.00	0.00	6300.00	6300.00	0.00	0.00
制造费用总分类账	0.00	0.00	46200.00	46200.00	0.00	0.00

第 页
一级科目销售费用

表 7-75 总分类账

2011年		凭证		摘要	借方										核对	贷方										核对	借或贷	余额										核对
月	日	种类	号数		亿	千	百	十	万	千	百	十	元	角	分		亿	千	百	十	万	千	百	十	元	角	分			亿	千	百	十	万	千	百	十	元	角	分	
12	28	银付	008	支付广告费				3	0	0	0	0	0																			3	0	0	0	0	0			
	31	转	013	结转销售费用																3	0	0	0	0	0													0			
				本月合计				3	0	0	0	0	0							3	0	0	0	0	0													0			

表 7-76　销售费用明细分类账

2011年		凭证		摘要	借方	贷方	借或贷	余额	余额分析		
月	日	种类	号数		百十万千百十元角分	百十万千百十元角分		百十万千百十元角分	工资	广告费	修理费
12	28	银付	008	支付广告费	3 0 0 0 0			3 0 0 0 0 0		3 0 0 0 0 0	
	31	转	013	结转销售费用		3 0 0 0 0 0		0		3 0 0 0 0 0	
				本月合计	3 0 0 0 0 0	3 0 0 0 0 0		0			

表 7-77　总分类账

一级科目　管理费用　　　　　　　　　　　　第　页

2011年		凭证		摘要	借方	核对	贷方	核对	借或贷	余额	核对
月	日	种类	号数		亿千百十万千百十元角分		亿千百十万千百十元角分			亿千百十万千百十元角分	
12	31			本月汇总表	2 8 7 9 0 0 0		2 8 7 9 0 0 0			0	
				本月合计	2 8 7 9 0 0 0		2 8 7 9 0 0 0			0	

表 7-78 管理费用明细分类账

第 页
连续第 页

2011年 月	日	凭证 种类	号数	摘要	借方	贷方	借或贷	余额	办公费	水电费	报刊费	修理费	折旧费	职工薪酬	物料消耗
12	20	转	002	行政部门	500000		借	500000							500000
	21	转	003	计提行政部门工资	1800000		借	2300000						1800000	
	23	现付	001	厂部领用办公用品	30000		借	2330000	30000						
	24	银付	006	支付厂部修理费	150000		借	2480000				150000			
	25	银付	007	支付厂部电费	150000		借	2630000		150000					
	26	银付	003	支付报刊费	69000		借	2699000			69000				
	31	转	006	计提折旧	180000		借	2879000					180000		
	31	转	013	管理费用转入本年利润		2879000	平	0	30000	150000	69000	150000	180000	1800000	500000

185

管理费用总分类账余额等于管理费用各明细账户余额之和，管理费用总分类账户本期发生额等于管理费用各明细分类账户本期发生额之和，平衡关系如表7-79所示。

表7-79 平衡关系表

账户名称	月初余额		本期发生额		月末余额	
	借方	贷方	借方	贷方	借方	贷方
管理费用办公费明细账	0.00	0.00	300.00	300.00	0.00	0.00
管理费用水电费明细账	0.00	0.00	1500.00	1500.00	0.00	0.00
管理费用报刊费明细账	0.00	0.00	690.00	690.00	0.00	0.00
管理费用修理费明细账	0.00	0.00	1500.00	1500.00	0.00	0.00
管理费用折旧费明细账	0.00	0.00	1800.00	1800.00	0.00	0.00
管理费用职工薪酬明细账	0.00	0.00	18000.00	18000.00	0.00	0.00
管理费用物料消耗明细账	0.00	0.00	5000.00	5000.00	0.00	0.00
管理费用总账	0.00	0.00	28790.00	28790.00	0.00	0.00

任务实施

一、资讯

接受并明确工作任务，进行小组分工，每组4人，各自负责工作任务的阶段分解、需用物料的准备及相关知识的收集。

二、计划与决策

各组独立完成上述实务任务，第一节课完成会计账簿登记，第二节课进行组间批改、答案核对与结果展示。

三、实施处理

1. 日记账登记。分别完成库存现金日记账、银行存款日记账的登记。

2. 完成总分类账的登记。

3. 完成明细分类账的登记。

四、检查

各小组间进行会计账簿登记的检查、批改，最后由老师进行纠正、讲解。

五、总结评价

老师针对各组完成情况进行评比、公布，并进行归纳总结，力求各组能完整完成相应的工作任务。

任务四　对账与结账

●引入任务

为企业对账

资料：本项目任务三中广州 ABC 有限公司已编制完成的账簿凭证和本项目任务二中已登记完成的会计账簿。

要求： 1. 将账证进行核对。

2. 将账账进行核对。

3. 根据总账编制"试算平衡表"。

4. 将账实进行核对。

◆ **相关专业知识**

为了保证账簿所提供的会计资料正确、真实、完整，会计人员在登记账簿时，一定要有高度的责任心，记完账后，还应定期做好对账工作，做到账证相符、账账相符、账实相符。

知识点一：期末对账

（一）账证相符

账证核对是指核对会计账簿记录与原始凭证、记账凭证的时间、凭证字号、内容、金额是否一致，记账方向是否相符。账簿是根据经过审核之后的会计凭证登记的，但实际工作中仍然可能发生账证不符的情况，因此，记完账后，要将账簿记录与会计凭证进行核对，做到账证相符。

（二）账账核对

账账核对是指核对不同会计账簿之间的账簿记账是否相符。各个会计账簿是一个有机整体，既有分工，又有衔接，总的目的就是全面、系统、综合地反映企事业单位的经济活动与财务收支情况。各种账簿之间的这种衔接、依存关系就是人们常说的钩稽关系。由于这种关系的存在，就可以通过相互核对发现记账工作是否有误。一旦发现错误，应立即更正，做到账账相符。

账簿之间的核对主要包括以下内容：

1. 总分类账簿有关账户的余额核对

通过"资产=负债+所有者权益"这一会计等式和"有借必有贷、借贷必相等"的记账规则，总分类账簿各账户的期初余额、本期发生额和期末余额之间存在对应的平衡关系，各账户的期末借方余额合计和贷方合计之间也存在平衡关系。通过这种等式和平衡关系，可以检查总账记录是否正确、完整。

2. 总分类账簿与明细分类账簿核对

总分类账的借、贷本期发生额和期末余额与所属明细分类账的借、贷本期发生额和期末余额之和应核对相符。

3. 总分类账簿与序时账簿核对

应检查库存现金总额账和银行存款账的期末余额与现金日记账和银行存款日记账的期末余额是否相符。

4. 明细分类账之间的核对

会计部门财产物资明细分类账期末余额与财产物资保管和使用部门的有关财产物资明细分类账期末余额应核对相符。例如，会计部门有关库存商品的明细账与保管部门库存商品的明细账应定期核对，以检查其余额是否相符。

（三）账实核对

账实核对是指各项财产物资、债权债务等账面余额与实有数额之间的核对。造成账实不符的原因是多方面的，如财产物资保管过程中发生的自然损耗；财产收发过程中由于计量或检验不准，造成多收或少收的差错；由于管理不善、制度不严造成的损坏、丢失、被盗；在账簿记录中发生的重记、漏记、错记；由于有关凭证未到，形成未达账项，造成结算双方账实不符；以及发生意外灾害等。因此需要通过定期的差错清查来弥补漏洞，保证会计信息真实、可靠，提高企业管理水平。

账实核对的内容主要如下：

1. 现金日记账账面余额与库存现金数额是否相符

现金日记账账面余额应与现金实际库存数逐日核对相符。不准以借条抵充库存现金或挪用库存现金，应做到日清月结。

2. 银行存款日记账账面余额与银行对账单的余额是否相符

银行存款日记账与银行对账单一般应至少一个月核对一次。

3. 各项财产物资明细账账面余额与财产物资实有数额是否相符

各项财产物资（原材料、库存商品等存货及固定资产等）明细账账面余额与财产物资的实有数定期核对相符。

4. 有关债权债务明细账账面余额与对方单位的记录是否相符

各种应收、应付明细账的期末余额与债务、债权单位的账目核对相符；与上下级单位、财政和税务部门的拨缴款项也应定期核对无误。

● **小贴士**

实际工作中，分类账户间的核对采用"试算平衡表"来完成。

(四) 期末对账的操作展示

1. 账证核对

会计账簿记录与原始凭证、记账凭证的时间、凭证字号、内容、金额一致，记账方向相同。

2. 账账相对

(1) 总分类账簿余额的核对。

通过编制试算平衡表（如表7-80所示）来确认总账记录的正确、完整。

(2) 总分类账簿与所属明细分类账簿的核对。

通过编制总分类账与明细分类账发生额及余额对照表（见表7-81）来核对总分类账簿与其所属各明细分类账簿之间是否相符。

表 7-80 2010 年 12 月试算平衡表

编制单位：广州 ABC 有限公司   2011 年 12 月 31 日   单位：元

会计分录	期初余额（2011 年 12 月 1 日）		本期发生额（2011 年 12 月）		期末余额（2011 年 12 月 31 日）	
	借方	贷方	借方	贷方	借方	贷方
库存现金	1300.00		5500.00	3920.00	2880.00	
银行存款	100035.00		860958.00	343810.00	617183.00	
应收账款	53000.00		105300.00	87000.00	70550.00	
其他应收款			3000.00		3000.00	
原材料	76300.00		195000.00	88000.00	183300.00	
库存商品	23000.00		158900.00	143010.00	38890.00	
生产成本			158900.00	158900.00	0.00	
制造费用			38400.00	38400.00	0.00	
固定资产	330000.00		8000.00		338000.00	
累计折旧		10735.00		11500.00		22235.00
短期借款				100000.00		100000.00
应付账款		69700.00	32175.00	32175.00		69700.00
预收账款				30000.00		30000.00
应付职工薪酬			79000.00	79000.00		0.00
应交税费		3200.00	34510.00	42884.73		11574.73
应付利息				442.50		442.50
实收资本		500000.00		500000.00		1000000.00
本年利润			212900.00	212900.00		0.00
利润分配				19850.77		19850.77
主营业务收入			207000.00	207000.00		0.00

会计分录	期初余额（2011年12月1日）		本期发生额（2011年12月）		期末余额（2011年12月31日）	
	借方	贷方	借方	贷方	借方	贷方
其他业务收入			5400.00	5400.00		0.00
营业外收入			500.00	500.00		0.00
主营业务成本			143010.00	143010.00		0.00
其他业务成本			4000.00	4000.00		0.00
营业税金及附加			159.80	159.80		0.00
销售费用			3000.00	3000.00		0.00
管理费用			27820.00	27820.00		0.00
财务费用			422.50	442.50		0.00
营业外支出			8000.00	8000.00		0.00
所得税费用			6616.93	6616.93		0.00
合计	583635.00	583635.00	2298492.23	2298492.23	1253803.00	1253803.00
试算平衡						

表 7-81 总分类账与明细分类账的发生额与余额对照表

账户	月初余额		本期发生额		月末余额	
	借方	贷方	借方	贷方	借方	贷方
应收账款泰都公司			105300.00	87750.00	17550.00	
应收账款总账	53000.00		150300.00	87750.00	70550.00	
原材料甲	56025.00		127500.00	69000.00	114525.00	
原材料乙	20275.00		40000.00	15000.00	45275.00	
原材料丙	0.00		27500.00	4000.00	23500.00	
原材料总账	76300.00		195000.00	88000.00	183010.00	
库存商品 A	15040.00		93275.00	83948.00	24367.00	
库存商品 B	7960.00		65625.00	59062.00	14523.00	
库存商品总账	23000.00		158900.00	143010.00	38890.00	
A 产品生产成本			93275.00	93275.00	0.00	
B 产品生产成本			65625.00	65625.00	0.00	
生产成本总账	0.00		158900.00	158900.00	0.00	
应付账款红星公司明细		54300.00	32175.00	32175.00		54300.00
应付账款华兴公司明细		15400.00				15400.00
应付账款总账		69700.00	32175.00	32175.00		69700.00
应付增值税		2909.09	34510.00	36108.00		4507.09
应付城建税		203.64		111.86		315.50
应付教育费附加		87.27		47.94		135.21
应交所得税				6616.93		6616.93
应交税费总账		3200.00	34510.00	42884.73		11574.73
制造费用工资明细账	0.00	0.00	13000.00	13000.00	0.00	0.00
制造费用物资消耗明细账	0.00	0.00	7000.00	7000.00	0.00	0.00

账户	月初余额		本期发生额		月末余额	
	借方	贷方	借方	贷方	借方	贷方
制造费用修理费明细账	0.00	0.00	2000.00	2000.0	0.00	0.00
制造费用折旧费明细账	0.00	0.00	9700.00	9700.00	0.00	0.00
制造费用办公费明细账	0.00	0.00	200.00	200.00	0.00	0.00
制造费用电费明细账	0.00	0.00	6500.00	6500.00	0.00	0.00
制造费用总账	0.00	0.00	38400.00	38400.00	0.00	0.00
管理费用办公费			300.00	300.00		
管理费用水电费			1300.00	1300.00		
管理费用报刊费			420.00	420.00		
管理费用修理费			1500.00	1500.00		
管理费用折旧费			1800.00	1800.00		
管理费用职工薪酬			18000.00	18000.00		
管理费用物料消耗			4500.00	4500.00		
管理费用总账	0.00		27820.00	27820.00		0.00

（3）总分类账簿与序时账簿的核对。

通过总分类账簿中"库存现金"、"银行存款"账户与"现金日记账"、"银行存款日记账"来核对是否相符。

（4）明细分类账簿之间的核对。

通过会计部门有关财产物资明细账，与财产物资保管、使用部门的明细账核对是否相符。

3. 账实核对

（1）现金日记账账面余额与库存现金实有数额的核对。

通过盘点库存现金确认库存现金实有数并编制库存现金盘点报告表（见表7-82），来核对现金日记账账面余额与库存现金实有数额之间是否相符。

表7-82 库存现金盘点报告表

单位盘点人：　　　　　名称：广州 ABC 有限公司

币别	实存金额	账存金额	对比结果		备注
			盘盈	盘亏	
人民币	2880.00	2880.00			账实相符

盘点人：精算　　　　出纳：万千

（2）银行存款日记账账面余额与银行对账单余额的核对。

通过将用户对账单的余额与单位银行存款日记账账面余额相互核对，确认相符。

（3）各项财产物资明细账账面数与实存数的核对。

通过盘点各项财产物资实存数并编制账存实存对比表（见表7-83），来核对各项财产物资明细账账面数与实存数之间是否相符。

表 7-83　账存实存对比表

2011 年 12 月 31 日

品名	计量单位	单价	账存数		实际盘点数		差异				备注
							盘盈		盘亏		
			数量	金额	数量	金额	数量	金额	数量	金额	
甲材料	千克	15.00	7635.00	114545.00	7635.00	114545.00					相符

主管：精算　　会计：徐丽　　制表：万千

（4）有关债权债务明细账账面余额与对方单位账面记录的核对。

通过电话与函证等方式来核对本单位债权债务明细账账面余额与对方单位账面记录之间是否相符。

●小贴士

账实核对这部分内容将在项目九的财产清查中介绍。

知识点二：期末结账

●任务演练

为企业结账

资料：本项目任务三中广州 ABC 有限公司 2011 年 12 月已登记完成的会计账簿。

要求：在 12 月 31 日账证、账账和账实核对相符后完成日记账、明细账和总账的结账工作。

结账就是会计期末（如月末、季末或年末）将本期内所有发生的经济业务事项全部登记入账后，计算出本期发生额和期末余额。结账工作是编制会计报表的先决条件，为了了解某一会计期间经济活动情况，考核经营成果，在每一会计期间终了时，必须进行结账。结账的内容通常包括两个方面：一是结清各种损益类账户，并据以计算确定本期利润；二是结清各资产、负债和所有者权益账户，分别结出本期发生额合计和余额。

（一）结账程序

（1）将本期发生的经济业务全部登记入账，并保证其正确性。不得为了赶编会计报表而提前结账，或把本期发生的经济业务延至下期登账，也不得先编会计报表后结账。

（2）根据权责发生制的要求，调整有关账项，合理确定本期应计的收入和应计费用。

（3）将损益类科目转入"本年利润"科目，结平所有损益类科目。

（4）结算出资产、负债和所有者权益科目的本期发生额和余额，并结转下期。

（二）结账的种类

根据结账时期的不同，结账可分为月结、季结、年结三种。

1. 月结

办理月结，可以在各账户本月最后一笔记录下面划一道红线，在"摘要"栏写明"×月份发生额和余额"或"本月合计"字样，在红线下结算出本月发生额及余额（如无余额，应在"余额"栏内的"元"位写上"平"字或"-0-"符号，然后在下面划一条通栏单红线，以便与下月发生额划分清楚。对于本月未发生经济业务的账户，可以不进行月结，以节省手续。

2. 季结

办理季结，应在"本月发生额和余额"的下一行将三个月的借、贷方本期发生额加算合计数，并结出季度余额，写在月结数下一行内，在摘要栏内写明"第×季度发生额和余额"字样（也可以简写为"第×季度合计"），然后在季结下面也划一道通栏单红线，完成季结工作。

3. 年结

办理年结，应将本年度四个季度的借、贷方发生额加计成发生额合计数，记入第四季度季结的下一行内，在摘要栏内写明"年度发生额和余额"或"本年合计"，最后，计算借贷两方总计数，再在计数下划两道红线，如不进行季结，年结就是在12月的月结之后，结出本年发生额和余额，再划通栏双红线，表示年度封账，本年度记账工作全部结束。

（三）结账的方法

1. 不需按月结计本期发生额的账户的结账方法

如各项应收、应付款明细账和各项财产物资明细账等，每次结账以后，都要随时结出余额，每月最后一笔余额即为月末余额。也就是说，月末余额就是本月最后一笔经济业务记录的同一行内余额。月末结账时，只需要在最后一笔经济业务记录之下通栏划单红线，不需要再结计一次余额。应付账款明细分类账示例如表7-84所示。

表 7-84　应付账款明细分类账

总页号	分页号

一级科目 应付账款
子目或户名 正日公司

2011年		凭证		摘要	借方										核对	贷方										核对	借或贷	余额										核对
月	日	种类	号数		亿	千	百	十	万	千	百	十	元	角	分		亿	千	百	十	万	千	百	十	元	角	分		亿	千	百	十	万	千	百	十	元	角	分	
12	1			期初余额																								贷				5	4	3	0	0	0	0	
	17	转		购进原材料应付款															3	2	1	7	5	0	0		贷				8	6	4	7	5	0	0	
	19	银付		支付前欠原材料款				3	2	1	7	5	0	0														贷				5	4	3	0	0	0	0	

2. 库存现金、银行存款日记账和需要按月结计发生额账、费用明细账的结账方法

此类账户每月结账时，要在最后一笔经济业务记录下面通栏划单红线，结出本月发生额和余额，在摘要栏内注明"本月合计"字样，并在下面通栏划单红线，如表7-85所示。

表 7-85　现金日记账　　　　　　　第1页

2011年		凭证		对方科目	摘要	借方										贷方										余额										核对
月	日	种类	号数			亿	千	百	十	万	千	百	十	元	角	分	亿	千	百	十	万	千	百	十	元	角	分	亿	千	百	十	万	千	百	十	元	角	分	
12	1				期初余额																											1	3	0	0	0	0	
	22	银付		银行存款	提取备用金				5	0	0	0	0																		6	3	0	0	0	0	
	23	银付	003	管理费用	管理部门购买办公用品																3	0	0	0	0						6	0	0	0	0	0	
	31	银收	004	营业外收入	收取职工安武罚款				5	0	0	0	0																		2	8	8	0	0	0	
					本月合计				5	5	0	0	0	0								3	9	2	0	0	0					2	8	8	0	0	0	

3. 需要结计本年累计发生额的某些明细账户的结账方法

此类账户每月结账时，应在"本月合计"行下结出自年初起至本月末止的累计发生额，登记在月份发生额下面，在摘要栏注明"本年累计"字样，并在下面通栏划单红线。12月末的"本年累计"就是全年累计发生额，全年累计发生额下通栏划双红线，如表7-86所示。

表 7-86　主营业务收入明细分类账

第　页

一级科目　主营业务收入

2011年		凭证		摘要	借方											核对	贷方											核对	借或贷	余额											核对
月	日	种类	号数		亿	千	百	十	万	千	百	十	元	角	分		亿	千	百	十	万	千	百	十	元	角	分			亿	千	百	十	万	千	百	十	元	角	分	
5	5	银收	001	销售A产品																2	2	7	0	0	0	0	0		贷				2	2	7	0	0	0	0	0	
	27	转	001	销售B产品																	3	0	0	0	0	0	0		贷					3	0	0	0	0	0	0	
	31	转	002	将本月收入转入本年利润				2	5	7	0	0	0	0	0													平									0			
	31			本月合计				2	5	7	0	0	0	0	0						2	5	7	0	0	0	0	0	平									0			
	31			本年合计				4	5	0	8	0	0	0	0					4	5	0	8	0	0	0	0	平									0			
...				......																																				
12	27	银收		销售A产品																1	1	7	0	0	0	0	0	平				1	1	7	0	0	0	0	0	
	27	转		销售B产品																	9	0	0	0	0	0	0	贷				2	0	7	0	0	0	0	0	
	31	转		将本月收入转入本年利润				2	0	7	0	0	0	0	0													平									0			
				本月合计				2	0	7	0	0	0	0	0						2	0	7	0	0	0	0	0	平									0			
				本年合计				9	8	0	7	0	0	0	0					9	8	0	7	0	0	0	0	平									0			

4. 总账账户的结账方法

总账账户平时只需结出月末余额。年终结账时，为了总括地反映全年各项资金运动情况的全貌，核对账目时，要将所有总账账户结出额和年末余额，在摘要栏内注明"本年合计"字样，并在合计数下通栏划双红线，如表 7-87 所示。

表 7-87　总分类账

第 1 页

一级科目　预收账款

2011年		凭证		摘要	借方											核对	贷方											核对	借或贷	余额											核对
月	日	种类	号数		亿	千	百	十	万	千	百	十	元	角	分		亿	千	百	十	万	千	百	十	元	角	分			亿	千	百	十	万	千	百	十	元	角	分	
5	1			期初余额																														2	0	0	0	0	0	0	
5	5	转	007	发出货物					2	0	0	0	0	0	0																						0			
...				......																																				
12	28	银收	006	预收前进公司货款																	3	0	0	0	0	0	0						3	0	0	0	0	0	0	
				本年合计					6	0	0	0	0	0	0						9	0	0	0	0	0	0							3	0	0	0	0	0	0	

5. 年度终了账户有余额的结转方法

年度终了结账时有余额的账户，要将其余额结转下去，并在摘要栏注明"结转下年"字样；在下一会计年度新建有关会计账户的第一行余额栏内填写上年结转的余额，并在摘要栏注明"上年结转"字样。即将有余额的账户的余额直接记入新账余额栏内，不需要编制记账凭证，也不必将余额再记入本年账户的借方或贷方，如表 7-88 所示。

表7-88　现金日记账

第1页

2011年 月	日	凭证 种类	号数	对方科目	摘要	借方	贷方	余额	核对
12	1				期初余额			1 3 0 0 0 0	
	22	银付		银行存款	提取备用金	5 0 0 0 0 0		6 3 0 0 0 0	
	23	银付	003	管理费用	管理部门购买办公用品		3 0 0 0 0	6 0 0 0 0 0	
	...				......				
	31	银收	004	营业外收入	收取职工安武罚款	5 0 0 0 0		2 8 8 0 0 0	
					本月合计	5 5 0 0 0 0	3 9 2 0 0 0	2 8 8 0 0 0	
					本年合计	5 5 0 0 0 0	3 9 2 0 0 0	2 8 8 0 0 0	
					结转下年			2 8 8 0 0 0	

●做中学

从班费的管理入手，按借贷记账法进行练习记账，并定期公布。假设班级是一个企业，生活委员担任出纳，会计课代表记账，班长任会计主管，班主任为总经理。日常业务的处理如下：

主营业务收入：全班同学交的班费；

主营业务成本：全班开展集体活动必要的支出；

其他业务收入：班级开展的其他经营活动，如卖废品、卖矿泉水等；

其他业务成本：开展其他业务收入时所付出的成本；

营业外收入：学校的奖励。

对未列举的其他一些业务，大家可根据本班的实际情况进行处理。

任务实施

一、资讯

接受并明确工作任务，进行小组分工，每组4人，各自负责工作任务的阶段分解、需用物料的准备及相关知识的收集。

二、计划与决策

各组独立完成上述实务任务，第一节课完成账务处理、登账、对账、结账，第二节课进行组间批改、答案核对与结果展示。

三、实施处理

1. 对账

通过编制试算平衡表对本月各部门进行期末账证核对、账账核对、账实核对。

2. 结账

将本期内所有发生的经济业务事项全部登记入账后，计算出本期发生额和期末余额。

四、检查

各小组间进行账务处理的检查、批改，最后由老师进行纠正、讲解。

五、总结评价

老师针对各组完成情况进行评比、公布，并进行归纳总结，力求各组能完整完成相应的工作任务。

任务五 错账查找与更正的方法

●引入任务

为企业查错账

资料：广州 ABC 有限公司 2011 年 12 月的错账。

要求：1. 说一说记账凭证无误，只是登账时出现错误该如何处理。

2. 说一说因记账凭证有误，造成的账簿登记错误该如何处理。

◆ 相关专业知识

如果账簿记录发生错误，必须按照规定的方法予以更正，不准涂改、挖补、刮擦或用药水消除字迹，不准重新抄写。错误更正方法通常有划线更正法、红字更正法和补充登记法。

知识点一：划线更正法

划线更正法又称红线更正法。在结账前发现账簿记录有文字或数字错误，而记账凭证没有错误，可以采用划线更正法。更正时，可在错误的文字或数字上划一条红线，在红线的上方填写正确的文字或数字，并由记账及相关人员在更正处盖章。错误的数字，应全部划红线更正，不得只更正其中的错误数字。对于文字错误，可只划去错误的部分。

例如，某账簿记录中，将 3684.00 元误记为 6384.00 元。

错误的更正方法：只划去其中的"63"，改为"36"；正确的更正方法：应当把"6384.00"划去，并在上方写上"3684.00"。

知识点二：红字更正法

红字更正法是指用红字冲销原有错误的账户记录或凭证记录，以更正或调整账簿记录的一种方法。通常有两种情况：

第一，记账后在当年内发现记账凭证所记的会计科目错误，从而引起记账错误的，可以采用红字更正法。更正时应用红字填写一张与原记账凭证完全相同的记账凭证，以示注销原记账凭证，即在摘要注明"冲销某日第×号记账凭证的错账"，然后用蓝色填写一张正确的记账凭证，在摘要栏内写明"补记某日账"，并据以记账。

例如：企业以银行存款 3000 元购买 A 固定资产，已投入使用，假定不考虑增值税因素。在填制记账凭证时，误做贷记"库存现金"科目，并已据以登记入账。会计分录如下：

借：固定资产
　　贷：库存现金

更正时，先用红字填制一张与原内容相同的记账凭证，以冲销原错误记录。会计分录如下（以下分录中，方框内数字表示红字，下同）：

借：固定资产 　　　　　　　　　　　　　　　　　　3000
　　贷：库存现金 　　　　　　　　　　　　　　　　　3000

然后，再用蓝字（或黑字）填制一张正确的记账凭证。会计分录如下：

借：固定资产 　　　　　　　　　　　　　　　　　　3000
　　贷：银行存款 　　　　　　　　　　　　　　　　　3000

最后，根据上述红字记账凭证和准确的记账凭证登记相关账簿。

第二，记账后在当年内发现记账凭证所记的会计科目无误而所记金额大于应记金额，从而引起记账错误的，可以采用红字更正法。更正时应按多记的金额用红字编制一张与原记账凭证应借、应贷科目完全相同的记账凭证，在摘要栏内写明"冲销某年某月某日第×号记账凭证多记金额"，以冲销多记的金额，并据以记账。

例如，某企业接受投资者现金投资 30000 元，已存入银行。误做下列记账凭证，并已登记入账。会计分录如下：

借：银行存款 　　　　　　　　　　　　　　　　　　50000
　　贷：实收资本 　　　　　　　　　　　　　　　　　50000

发现错误后，更正时应将多记的金额用红字做与上述科目相同会计分录。会计分录如下：

借：银行存款 　　　　　　　　　　　　　　　　　　20000
　　贷：实收资本 　　　　　　　　　　　　　　　　　20000

然后，根据这张更正错误的记账凭证登记账簿。

知识点三：补充登记法

补充登记法是在记账后发现记账凭证填写的会计科目无误，只是所记金额小于应记金额时采用的一种更正方法。更正时应按少记的金额用蓝字编制一张与原记账凭证应借、应贷科目完全相同的记账凭证，在摘要栏内写明"补记某月某日第×号记账凭证少记金额"，以补充少记的金额，并据以记账。

例如，收到某购货单位上月购货款 190000 元，已存入银行。在填制记账凭证时，误将其金额写为 170000 元，并已登记入账。

借：银行存款　　　　　　　　　　　　　　　170000

　　贷：应收账款　　　　　　　　　　　　　170000

发现错误后，应将少记的金额用蓝字编制一张与原记账凭证应借、应贷科目完全相同的记账凭证，登记入账：

借：银行存款　　　　　　　　　　　　　　　20000

　　贷：应收账款　　　　　　　　　　　　　20000

然后，根据这张更正的记账凭证登记账簿。

知识点四：错账更正的操作展示

（一）划线更正法

例如，12 月 1 日，收到光华公司追加投资款 500000 元，款项已存入银行，编制的记账凭证如表7-89 所示。

> ●小贴士
>
> 这笔业务的记账凭证无误，只是登记时出现错误，用划线更正错误如表 7-90 银行存款日记账所示。

表 7-89 收款凭证

借方科目：银行存款　　　　　　　　　2011 年 12 月 1 日　　　　　　　　银收字第 001 号第 1 页

摘要	贷方科目		√	金额										附件1张
	总账科目	明细科目		亿	千	百	十	万	千	百	十	元	角	分	
收到光华公司追加投资款	实收资本	光华公司				5	0	0	0	0	0	0	0	0	
合计					¥	5	0	0	0	0	0	0	0	0	

会计主管：　精算　　　　记账：　徐丽　　　　出纳：　万千　　　　复核：　　　　制单：

表 7-90　银行存款日记账

开户行	
账号	第 1 页

2011年		凭证		支票		摘要	借方												贷方												余额												核对
月	日	种类	号数	类别	号数		亿	千	百	十	万	千	百	十	元	角	分	亿	千	百	十	万	千	百	十	元	角	分	亿	千	百	十	万	千	百	十	元	角	分	
12	1					期初余额																									1	0	0	0	3	5	0	0	
	1	银收	001			收到光华公司追加投资款		5	0	0	0	0	0	0	0							5	0	0	0	0	0			6	0	0	0	3	5	0	0	
																														1	5	0	0	3	5	0	0	
	1	银收	002			取得短期借款		1	0	0	0	0	0	0	0															7	0	0	0	3	5	0	0	
	30	银付	001			购买固定资产																	9	3	6	0	0	0		6	9	0	6	7	5	0	0	

（二）红字更正法

例如：12 月 19 日，用银行存款还红星公司 32 175 元，编制的记账凭证如表 7-91 所示。

表 7-91　付款凭证

贷方科目：银行存款　　　　　　　2011 年 12 月 1 日　　　　　　　银付字第 003 号第 1 页

摘要	借方科目		√	金额											
	总账科目	明细科目		亿	千	百	十	万	千	百	十	元	角	分	
偿还红星公司前欠贷款	实收资本	红星公司						3	2	1	7	5	0	0	附件1张
会计				¥	3	2	1	7	5	0	0				

会计主管：精算　　　　记账：徐丽　　　　出纳：万千　　　　复核：　　　　制单：

> **●小贴士**
>
> 这笔业务的记账凭证中会计科目有误，造成账簿登记错误，如果已登记入账，则应采用红字更正法更正。

首先编制一张与原错误记账凭证相同的红字金额记账凭证，在凭证摘要栏内注明"冲销某年某月某日×号凭证错误"，如表 7-92 所示，并登记入账，冲销原错误记录，如表 7-94 所示的银行存款日记账。

表 7-92　付款凭证

贷方科目：银行存款　　　　　　　　　2011 年 12 月 1 日　　　　　　　　银付字第 010 号第 1 页

摘要	借方科目		√	金额										附件1张
	总账科目	明细科目		亿	千	百	十	万	千	百	十	元	角	分	
冲销银付 003 号凭证错误	实收资本	红星公司					3	2	1	7	5	0	0	
合计					¥	3	2	1	7	5	0	0		

会计主管：|精算|　　记账：|徐丽|　　出纳：|万千|　　　　复核：　　　　制单：

然后编制一张正确的蓝字金额记账凭证，在摘要栏内注明"补记某年某月某日×号凭证"，如表 7-93 所示，并登记入账，制作如表 7-94 所示的银行存款日记账。

表 7-93　付款凭证

贷方科目：银行存款　　　　　　　　　2011 年 12 月 1 日　　　　　　　　银付字第 011 号第 1 页

摘要	借方科目		√	金额										附件1张
	总账科目	明细科目		亿	千	百	十	万	千	百	十	元	角	分	
更正银付 003 号凭证	应付账款	红星公司					3	2	1	7	5	0	0	
合计					¥	3	2	1	7	5	0	0		

会计主管：|精算|　　记账：|徐丽|　　出纳：|万千|　　　　复核：　　　　制单：

表 7-94　银行存款日记账　　开户行 □　账号 □　第 1 页

2011年		凭证		支票		摘要	借方											贷方											余额											核对
月	日	种类	号数	类别	号数		亿	千	百	十	万	千	百	十	元	角	分	亿	千	百	十	万	千	百	十	元	角	分	亿	千	百	十	万	千	百	十	元	角	分	
12	1					期初余额																									1	0	0	0	3	5	0	0	
	1	银收	001			收到光华公司追加投资款		5	0	0	0	0	0	0	0															6	0	0	0	3	5	0	0	
								~~5~~	~~0~~	~~0~~	~~0~~	~~0~~	~~0~~	~~0~~																~~1~~	~~5~~	~~0~~	~~0~~	~~3~~	~~5~~	~~0~~	~~0~~	
	…					……																																	
	19	银付	003			偿还红星公司前欠贷款														3	2	1	7	5	0	0														
	…					……																																	
	31	银付	010			冲销银付 003 号错误														3	2	1	7	5	0	0														
	31	银付	011			更正银付 003 号凭证														3	2	1	7	5	0	0														

本次错账所涉及的其余有关账簿的更正方法相同，不再重复。

（三）补充登记法

例如，12 月 24 日，管理部门张山出差预借差旅费 3000 元，以现金支付，编制的记账凭证如表 7-95 所示。

表 7-95 付款凭证

贷方科目：库存现金　　　　　　　　2011 年 12 月 31 日　　　　　　　现付字第 004 号第 1 页

摘要	借方科目		√	金额										
	总账科目	明细科目		亿	千	百	十	万	千	百	十	元	角	分
补充现付 003 号少记金额	其他应收款	张山							2	7	0	0	0	0
合计								¥	2	7	0	0	0	0

附件 1 张

会计主管：[精算]　　记账：[徐丽]　　出纳：[万千]　　复核：　　制单：

> ● 小贴士
>
> 这笔业务中记账凭证科目正确，但金额少记。若已经登记账簿，可采用补充登记法进行更正。

编制一张与原记账凭证科目相同，金额为少记金额的蓝色记账凭证，在摘要栏内注明"补记某年某月某日×号凭证少记金额"，如表 7-96 所示，并登记入账，制作如表 7-97 所示的库存现金日记账。

表 7-96 付款凭证

贷方科目：库存现金　　　　　　　　2011 年 12 月 24 日　　　　　　　现付字第 004 号第 1 页

摘要	借方科目		√	金额										
	总账科目	明细科目		亿	千	百	十	万	千	百	十	元	角	分
补充现付 003 号少记金额	其他应收款	张山							2	7	0	0	0	0
合计								¥	2	7	0	0	0	0

附件 1 张

会计主管：[精算]　　记账：[徐丽]　　出纳：[万千]　　复核：　　制单：

表 7-97　现金日记账

2011年		凭证		对方科目	摘要	借方											贷方											余额											核对
月	日	种类	号数			亿	千	百	十	万	千	百	十	元	角	分	亿	千	百	十	万	千	百	十	元	角	分	亿	千	百	十	万	千	百	十	元	角	分	
12	1				承前页																									1	3	0	0	0	0				
	22	现付		银行存款	提取备用金						5	0	0	0	0	0														6	3	0	0	0	0				
	24	现付	003	其他应收款	张山预借差旅费																	3	0	0	0	0				6	0	0	0	0	0				
	25	…			……																																		
	31	现付	004	其他应收款	补充现付003号少记金额																	2	7	0	0	0	0			3	3	0	0	0	0				

●小贴士

本次错误所涉及的其他应收款账簿的更正方法相同，不再重复。

任务实施

一、资讯

接受并明确工作任务，进行小组分工，每组 4 人，各自负责工作任务的阶段分解、需用物料的准备及相关知识的收集。

二、计划与决策

各组独立完成上述实务任务，第一节课完成错账查找与更正，第二节课进行组间批改、答案核对与结果展示。

三、实施处理

1. 完成记账凭证无误，只是登账时出现错误的处理过程。

2. 完成因记账凭证有误，造成账簿登记错误的处理过程。

3. 三种错账更正方法的展示。

四、检查

各小组间进行账务处理的检查、批改，最后由老师进行纠正、讲解。

五、总结评价

老师针对各组完成情况进行评比、公布，并进行归纳总结，力求各组能完整完成相应的工作任务。

任务六　会计账簿的更换与保管

●引入任务

为企业更换与保管会计账簿

资料：本项目任务三中广州 ABC 有限公司已登记好的会计账簿。

要求：1. 完成会计账簿的更换。

2. 完成会计账簿的保管。

◆ **相关专业知识**

为了保证在需要时可以迅速查阅以及各种账簿的安全和完整，各种账簿应当按年度分类归档、编造目录、妥善保管。

知识点一：会计账簿的更换

企业应在每一会计年度结束，新的会计年度开始时，按会计制度规定更换账簿、建立新账，以保持会计账簿资料的连续性。

总账、日记账和多数明细账应每年更换一次。在新年开始时，将旧账簿中各账户的余额直接记入新账簿中有关账户新账页的第一行"余额"栏内，并注明方向。同时，在"摘要"栏内注明"上年结转"字样，将旧账页最后一行数字下的空格，划一条斜红线注销，在新旧账户之间转记余额，不需填制凭证。

部分明细账，如固定资产明细账等，因年度内变动不多，新年度不必更换账簿。但"摘要"栏内，要加盖"结转下年"戳记，以划分新旧年度之间的金额。备查账簿可以连续使用。

知识点二：会计账簿的保管

各种账簿与会计凭证、会计报表一样，必须按照国家统一的会计制度的规定妥善保管，做到既安全、完整，又在需要时方便查找。年度终了，各种账户在结转下年、建立新账后，一般都要把旧账送交总账会计集中统一管理。会计账簿暂由本单位财务会计部门保管一年，期满之后，由财务会计部门编造清册移交本单位的档案部门保管。

任务实施

一、资讯

接受并明确工作任务，进行小组分工，每组 4 人，各自负责工作任务的阶段分解、需用物料的准备及相关知识的收集。

二、计划与决策

各组独立完成上述实务任务，第一节课完成会计账簿的更换与保管，第二节课进行组间批改、答案核对与结果展示。

三、实施处理

1. 更换会计账簿。将旧账簿中各账户的余额直接记入新账簿中有关账户新账页的第一行"余额"栏内，并注明方向。同时，在"摘要"栏内注明"上年结转"字样，将旧账页最后一行数字下的空格，划一条斜红线注销。

2. 保管会计账簿。由本单位财务会计部门保管一年，期满之后，由财务会计部门编造清册移交本单位的档案部门保管。

四、检查

各小组间进行账务处理的检查、批改，最后由老师进行纠正、讲解。

五、总结评价

老师针对各组完成情况进行评比、公布，并进行归纳总结，力求各组能完整完成相应的工作任务。

项目八　账务处理

情景设计

　　张小菲所在的超市一直使用记账凭证账务处理方式。不过最近两年由于超市经营规模扩大，业务越来越烦琐，采用记账凭证业务处理方式的工作量越来越大。公司财务主管关小雨虽然发现了这一点，但因为守旧的观念，一直不愿改变核算方式。

　　张小菲在查阅财务资料时，发现科目汇总表账务处理方式可以减轻登记总分类账的工作量，易于理解，方便学习，非常适合自己的超市使用，于是向关小雨提出了自己的意见并说明了理由。

　　关小雨听取了她的意见后认为很有道理，于是准备向相关领导请示，准备在下一个会计期间改变公司的账务处理程序。

学习目标

专业技能

1. 能够熟练运用记账凭证账务处理程序；

2. 利用科目汇总表账务处理程序进行会计核算。

专业知识

1. 掌握会计核算的几种方法；

2. 了解账务处理程序的含义；

3. 熟悉各种账务处理程序的操作步骤；

4. 掌握各种账务处理程序的优缺点和适用范围；

5. 掌握科目汇总表和汇总记账凭证的编制。

职业素养

培养理论联系实际的能力，在实践中提高分析问题、解决问题的能力。

相关专业知识

账务处理程序是指会计凭证、会计账簿与会计报表按一定的步骤或程序有机结合的方式。三者相互结合的方式不同，就形成了不同的账务处理程序。不同的账务处理程序又有不同的特点、方法和适用范围。我国常用的账务处理程序主要有记账凭证账务处理程序、汇总记账凭证账务处理程序和科目汇总表账务处理程序。这三种账务处理程序有许多共同之处，但也存在不同。它们的不同之处在于登记总分类账的依据和方法不同。

科学、合理地选择账务处理程序的意义主要有：

（1）有利于规范会计工作，保证会计信息加工过程的严密性，提高会计信息质量；

（2）有利于保证会计记录的完整性和正确性，增强会计信息的可靠性；

（3）有利于减少不必要的会计核算环节，提高会计工作效率，保证会计信息的及时性。

企业常用的账务处理程序主要有记账凭证账务处理程序、汇总记账凭证账务处理程序和科目汇总表账务处理程序等。它们之间的主要区别为登记总分类账的依据和方法不同。

任务一 记账凭证账务处理

●引入任务

为企业处理记账凭证账务

资料：项目四中广州 ABC 有限公司 2011 年 12 月现金日记账与库存现金。

要求：1. 根据清查结果填写"现金盘点报告表"。

2. 想一想清查后若发现短款该如何进行账务处理。

◆ 相关专业知识

记账凭证账务处理程序是指对所发生的经济业务事项，根据原始凭证或汇总原始凭证编制记账凭证，然后直接根据记账凭证逐笔登记总分类账的一种账务处理程序。

记账凭证账务处理程序的一般步骤是：

（1）根据原始凭证填制汇总原始凭证；

（2）根据原始凭证或汇总原始凭证，填制收款凭证、付款凭证和转账凭证，或者填制通用记账凭证；

（3）根据收款凭证和付款凭证逐笔登记库存现金日记账和银行存款日记账；

（4）根据原始凭证、汇总原始凭证和记账凭证，登记各种明细分类账；

（5）根据记账凭证逐笔登记总分类账；

（6）期末，将库存现金日记账、银行存款日记账和明细分类账的余额与有关总分类账的余额核对相符；

（7）期末，根据总分类账和明细分类账的记录，编制财务报表。

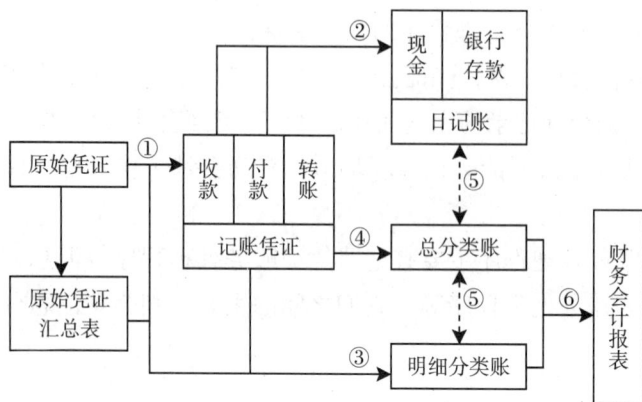

图 8-1　记账凭证账务处理程序

知识点：记账凭证账务处理程序的内容

（一）特点

记账凭证账务处理程序的特点是直接根据记账凭证对总分类账进行逐笔登记。

（二）优缺点

记账凭证账务处理程序的优点是简单明了，易于理解，总分类账可以较详细地反映经济业务的发生情况；缺点是登记总分类账的工作量较大。

（三）适用范围

该账务处理程序适用于规模较小、经济业务量较少的单位。

●小贴士

记账凭证账务处理程序中对记账凭证有特殊要求，即应当采用收款凭证、付款凭证和转账凭证，不得采用通用记账凭证。

任务实施

一、资讯

接受并明确工作任务，进行小组分工，每组 4 人，各自负责工作任务的阶段分解、需用物料的准备及相关知识原理的收集。

二、计划与决策

各组独立完成上述实务任务，第一节课完成账务处理及登账，第二节课进行组间批改、答案核对与结果展示。

三、实施处理

1. 准备相关工具与单据。材料成本核算会计对本月各部门材料领用进行单据记账、制单、核算当月材料消耗成本。

2. 记账凭证账务处理。

四、检查

各小组间进行账务处理的检查、批改，最后由老师进行纠正、讲解。

五、总结评价

老师针对各组完成情况进行评比、公布，并进行归纳总结，力求各组能完整完成相应的工作任务。

任务二　汇总记账凭证账务处理

●引入任务

为企业处理汇总记账凭证账务

资料：广州 ABC 有限公司 12 月记账凭证。

要求：.1. 编制汇总记账凭证。

2. 想一想编制完后如何登记总账。

◆ 相关专业知识

汇总记账凭证账务处理程序是指先根据原始凭证或汇总原始凭证填制记账凭证，定期根据记账凭证分类编制汇总收款凭证、汇总付款凭证和汇总转账凭证，再根据汇总记账凭证登记总分类账的一种账务处理程序。

知识点一：汇总记账凭证的编制方法

汇总记账凭证是按每月科目设置，并按科目借方或贷方的对应科目进行汇总。汇总记账凭证分为汇总收款凭证、汇总付款凭证和汇总转账凭证三种格式。

（一）汇总收款凭证的编制方法

汇总收款凭证是指按"库存现金"和"银行存款"科目的借方分别设置的一种汇总记账凭证，它汇总了一定时期内现金和银行存款的收款业务。汇总收款凭证的一般格式如表 8-1 所示。

表 8-1　汇总收款凭证

借方账户：　　　　　　　　　　　　　　年　月　　　　　　　　　　　　收汇＿号

贷方账户	金额（元）				总账页数	
	__日至_日_张	__日至_日_张	__日至_日_张	合计	借	贷
合计						

汇总收款凭证的编制方法是将一定时间内全部库存现金和银行存款收款凭证，分别按其对应的贷方科目进行归类，计算出每个贷方科目发生额合计数，填入汇总收款凭证中。

（二）汇总付款凭证的编制方法

汇总付款凭证是指按"库存现金"和"银行存款"科目的贷方分别设置的一种汇总记账凭证，它汇总了一定时期内现金和银行存款的付款业务。汇总付款凭证的一般格式如表 8-2 所示。

表 8-2　汇总付款凭证

贷方账户：　　　　　　　　　　　　　　年　月　　　　　　　　　　　　付汇＿号

借方账户	金额（元）				总账页数	
	__日至_日_张	__日至_日_张	__日至_日_张	合计	借	贷
合计						

汇总付款凭证的编制方法是将一定时期内全部现金和银行存款付款凭证，分别按其对应的借方科目进行归类，计算出每个借方科目发生额合计数，填入汇总付款凭证中。

（三）汇总转账凭证的编制方法

汇总转账凭证是指按每一贷方科目分别设置的一种汇总记账凭证，它汇总了一定时期内的转账业务。汇总转账凭证的一般格式如表8-3所示。

表8-3　汇总转账凭证

贷方账户：　　　　　　　　　　　　　年　　月　　　　　　　　　　转汇__号

借方账户	金额（元）				总账页数	
	__日至__日__张	__日至__日__张	__日至__日__张	合计	借	贷
合计						

按借方科目进行归类，计算出每个借方科目发生额合计数，填入汇总转账凭证中。登记总分类账时，应根据汇总付款凭证上的合计数，记入"库存现金"或"银行存款"总分类账户的贷方；根据汇总付款凭证上各借方科目的合计数分别记入有关总分类账户的借方。

编制完汇总记账凭证，据以登记总分类账，总分类账的登记在月终进行。应根据汇总收款凭证上的合计数，记入总分类账户"库存现金"或"银行存款"账户的借方，以及有关账户的贷方；应根据汇总付款凭证上的合计数，记入总分类账户"库存现金"或"银行存款"账户的贷方，以及有关账户的借方。应根据汇总转账凭证的合计数，记入总分类账户设置科目的贷方，以及有关账户的借方。

知识点二：一般步骤

汇总记账凭证账务处理程序的一般步骤是：

（1）根据原始凭证填制汇总原始凭证；

（2）根据原始凭证或汇总原始凭证，填制收款凭证、付款凭证和转账凭证，或者填制通用记账凭证；

（3）根据收款凭证、付款凭证逐笔登记库存现金日记账和银行存款日记账；

（4）根据原始凭证、汇总原始凭证和记账凭证，登记各种明细分类账；

（5）根据各种记账凭证编制有关汇总记账凭证；

（6）根据各种汇总记账凭证登记总分类账；

（7）期末，将库存现金日记账、银行存款日记账和明细分类账的余额与有关总分类账的余额核对相符；

（8）期末，根据总分类账和明细分类账的记录，编制财务报表。

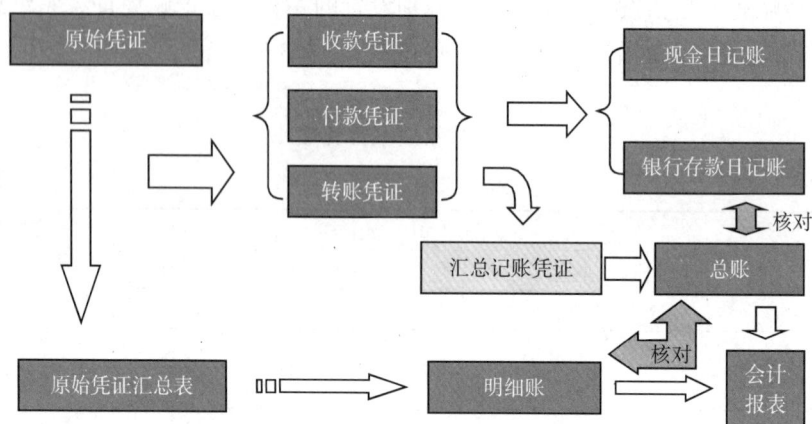

图 8-2 汇总记账凭证账务处理程序

知识点三：汇总记账凭证账务处理程序的内容

（一）特点

汇总记账凭证账务处理程序的特点是先根据记账凭证编制汇总记账凭证，再根据汇总记账凭证登记总分类账。

（二）优缺点

汇总记账凭证账务处理程序的优点是减轻了登记总分类账的工作量；缺点是当转账凭证较多时，编制汇总转账凭证的工作量较大，并且按每一贷方账户编制汇总转账凭证，不利于会计核算的日常分工。

（三）适用范围

该账务处理程序适用于规模较大、经济业务较多的单位。

知识点四：编制汇总记账凭证的示范操作

根据广州 ABC 有限公司 12 月的记账凭证，编制的汇总记账凭证如表 8-4 至表 8-10 所示。

表 8-4　汇总收款凭证

借方账户：库存现金　　　　　　　　2011 年 12 月　　　　　　　　现收汇 _1_ 号

贷方账户	金额（元）				总账页数	
	__日至__日__张	__日至__日__张	21 日至 31 日 1 张	合计	借	贷
营业外收入			500.00	500.00		27
合计			500.00	500.00	1	

表 8-5　汇总付款凭证

贷方账户：库存现金　　　　　　　　2011 年 12 月　　　　　　　　现付汇 _1_ 号

借方账户	金额（元）				总账页数	
	__日至__日__张	__日至__日__张	21 日至 31 日 3 张	合计	借	贷
其他应收款			3000.00	3000.00	4	
制造费用			200.00	200.00	10	
管理费用			720.00	720.00	19	
合计			3920.00	3920.00	1	

表 8-6　汇总收款凭证

借方账户：银行存款　　　　　　　　2011 年 12 月　　　　　　　　银收汇 _1_ 号

贷方账户	金额（元）				总账页数	
	1 日至 10 日 2 张	__日至__日__张	21 日至 31 日 4 张	合计	借	贷
实收资本	500000.00			500000.00		17
短期借款	100000.00			100000.00		11
主营业务收入			117000.00	117000.00		21
其他业务收入			5400.00	5400.00		24
应交税费			20808.00	20808.00		15
应收账款			87750.00	87750.00		3
预收账款			30000.00	30000.00		14
合计	600000.00		260958.00	860958.00	2	

表 8-7 汇总付款凭证

贷方账户：银行存款　　　　　　　　2011 年 12 月　　　　　　　　　银付汇 1 号

借方账户	金额（元）				总账页数	
	1 日至 10 日 1 张	11 日至 20 日 2 张	21 日至 31 日 6 张	合计	借	贷
固定资产	8000.00			8000.00	4	
应交税费	1360.00	28475.00		29835.00	10	
原材料		167500.00		167500.00	19	
应付账款		32175.00		32175.00	12	
库存现金			5000.00	5000.00	1	
应付职工薪酬			79000.00	79000.00	13	
制造费用			8500.00	8500.00	10	
管理费用			2800.00	2800.00	19	
销售费用			3000.00	3000.00	20	
营业外支出			8000.00	8000.00	28	
合计	9360.00	228150.00	106300.00	343810.00		2

表 8-8 汇总转账凭证

贷方账户：应付账款　　　　　　　　2011 年 12 月　　　　　　　　　转汇 1 号

借方账户	金额（元）				总账页数	
	__日至__日__张	11 日至 20 日 1 张	__日至__日__张	合计	借	贷
原材料		27500.00		27500.00	19	
应交税费		4675.00		4675.00	10	
合计		32175.00		32175.00		12

表 8-9 汇总转账凭证

贷方账户：原材料　　　　　　　　2011 年 12 月　　　　　　　　　转汇 2 号

借方账户	金额（元）				总账页数	
	__日至__日__张	__日至__日__张	21 日至 31 日 1 张	合计	借	贷
生产成本			72500.00	72500.00	9	
制造费用			7000.00	7000.00	10	
管理费用			4500.00	4500.00	19	
其他业务成本			4000.00	4000.00	26	
合计			88000.00	88000.00		19

表 8-10 汇总转账凭证

贷方账户：应付职工薪酬　　　　　　　　2011 年 12 月　　　　　　　　转汇 3 号

借方账户	金额（元）				总账页数	
	__日至__日__张	__日至__日__张	21 日至 31 日 1 张	合计	借	贷
生产成本			48000.00	48000.00	9	
制造费用			13000.00	13000.00	10	
管理费用			18000.00	18000.00	19	
合计			79000.00	79000.00		13

● 小贴士

因编制汇总转账凭证的方法比较容易掌握，故不再重复编制其余凭证。

任务实施

一、资讯

接受并明确工作任务，进行小组分工，每组 4 人，各自负责工作任务的阶段分解、需用物料的准备及相关知识原理的收集。

二、计划与决策

各组独立完成上述实务任务，第一节课完成账务处理及登账，第二节课进行组间批改、答案核对与结果展示。

三、实施处理

1. 准备相关工具与单据。材料成本核算会计对本月各部门材料领用进行单据记账、制单，核算当月材料消耗成本。

2. 汇总记账凭证账务处理。

四、检查

各小组间进行账务处理的检查、批改，最后由老师进行纠正、讲解。

五、总结评价

老师针对各组完成情况进行评比、公布，并进行归纳总结，力求各组能完整完成相应的工作任务。

任务三 科目汇总表账务处理

◆ **相关专业知识**

科目汇总表账务处理程序，又称记账凭证汇总表账务处理程序，是指根据记账凭证定期编制科目汇总表，再根据科目汇总表登记总分类账的一种账务处理程序。

知识点一：科目汇总表的编制方法

科目汇总表是根据一定时期内的全部记账凭证，按照相同的会计科目进行归类，汇总计算出每一总账会计科目的借方本期发生额和贷方本期发生额合计数，填写在科目汇总表的相关栏内，全部科目的借方发生额合计数应与贷方发生额合计数相等。科目汇总表可每汇总一次编制一张，也可以按旬汇总一次，每月编制一张。任何格式的科目汇总表，都只反映各个会计科目的借方本期发生额和贷方发生额，不反映各个会计科目之间的对应关系。科目汇总的一般格式，如表 8-11 所示。

知识点二：一般步骤

科目汇总表账务处理程序的一般步骤是：

（1）根据原始凭证填制汇总原始凭证；

（2）根据原始凭证或汇总原始凭证填制记账凭证；

（3）根据收款凭证、付款凭证逐笔登记库存现金日记账和银行存款日记账；

（4）根据原始凭证、汇总原始凭证和记账凭证，登记各种明细分类账；

（5）根据各种记账凭证编制科目汇总表；

（6）根据科目汇总表登记总分类账；

（7）期末，将库存现金日记账、银行存款日记账和明细分类账的余额同有关总分类账的余额核对相符；

表8-11 科目汇总表

年 月 日至 月 日

			编号：附件共张	
	现收	第 号至 号共 张		
	现付	第 号至 号共 张		
	银收	第 号至 号共 张		
	银付	第 号至 号共 张		
	转账	第 号至 号共 张		

会计科目	借方	√	贷方	√	会计科目	借方	√	贷方	√

财务主管： 记账： 复核： 制表：

（8）期末，根据总分类账和明细分类账的记录，编制财务报表。

知识点三：科目汇总表账务处理程序的内容

（一）特点

科目汇总表账务处理程序的特点是先将所有记账凭证汇总编制成科目汇总表，然后以科目汇总表为依据登记总分类账。

（二）优缺点

科目汇总表账务处理程序的优点是减轻了登记总分类账的工作量，易于理解，方便学习，并可做到试算平衡；缺点是科目汇总表不能反映各个账户之间的对应关系，不利于对账目进行检查。

（三）适用范围

该账务处理程序适用于经济业务较多的单位。

知识点四：编制科目汇总表的示范操作

（1）广州 ABC 有限公司根据 12 月记账凭证登记的各 "T" 形账户，如图 8-3 至图 8-32 所示。

借	库存现金		贷
银付④	5000	现付①	500
现收①	500	现付②	3000
		现付③	690
本月合计	5500	本月合计	4190

图 8-3　库存现金 "T" 形账户

借	实收资本		贷
		银收①	1000000
		本月合计	1000000

图 8-4　实收资本 "T" 形账户

借	累计折旧		贷
		转⑤	11500
		本月合计	11500

图 8-5　累计折旧 "T" 形账户

借	其他应收款		贷
现付②	3000		
本月合计	3000		

图 8-6　其他应收款 "T" 形账户

借	预收账款		贷
		银收⑥	30000
		本月合计	30000

图 8-7　预收账款 "T" 形账户

借	原材料		贷
银付②	140000	转②	90000
转①	27500	转⑨	3000
本月合计	167500	本月合计	93000

图 8-8　原材料 "T" 形账户

借	固定资产		贷
银付①	18000		
本月合计	18000		

图 8-9　固定资产 "T" 形账户

借	库存商品		贷
转⑦	165200	转⑧	153010
本月合计	165200	本月合计	153010

图 8-10　库存商品 "T" 形账户

借	应付职工薪酬		贷
银付⑤	80000	转③	80000
本月合计	80000	本月合计	80000

图 8-11　应付职工薪酬"T"形账户

借	应付利息		贷
		转⑪	442.50
		本月合计	442.50

图 8-12　应付利息"T"形账户

借	管理费用		贷
转②	5000	转⑪	28790
转③	18000		
现付①	300		
银付⑥	1500		
现付③	690		
银付⑦	1500		
转⑤	1800		
本月合计	28790	本月合计	28790

图 8-13　管理费用"T"形账户

借	银行存款		贷
银收①	1000000	银付①	21060
银收②	150000	银付②	163800
银收③	136890	银付③	32175
银收④	6318	银付④	5000
银收⑤	87750	银付⑤	80000
银收⑥	30000	银付⑥	3500
		银付⑦	7800
		银付⑧	3000
		银付⑨	8000
本月合计	1410958	本月合计	324335

图 8-14　银行存款"T"形账户

借	应交税费		贷
银付①	3060	银收③	19890
银付②	23800	转④	15300
转①	4675	银付④	918
		转⑨	159.80
		转⑭	2649.43
本月合计	31535	本月合计	38917.23

图 8-15　应交税费"T"形账户

借	制造费用		贷
转②	15000	转⑥	46200
转③	13000		
现付①	200		
银付⑥	2000		
银付⑦	6300		
转⑤	9700		
本月合计	46200	本月合计	46200

图 8-16　制造费用"T"形账户

借	短期借款		贷
		银收②	150000
		本月合计	150000

图 8-17　短期借款"T"形账户

借	应收账款		贷
转④	105300	银收⑤	87750
本月合计	105300	本月合计	87750

图 8-18　应收账款"T"形账户

借	应付账款	贷	
银付③	32175	转①	32175
本月合计	32175	本月合计	32175

图 8-19 应付账款"T"形账户

借	生产成本	贷	
转②	70000	转⑦	165200
转③	49000		
转⑥	46200		
本月合计	165200	本月合计	165200

图 8-20 生产成本"T"形账户

借	财务费用	贷	
转⑪	442.50	转⑬	442.50
本月合计	442.50	本月合计	442.50

图 8-21 账务费用"T"形账户

借	销售费用	贷	
银付⑧	3000	转⑬	3000
本月合计	3000	本月合计	3000

图 8-22 销售费用"T"形账户

借	主营业务收入	贷	
转⑫	207000	银付③	117000
		转④	90000
本月合计	207000	本月合计	207000

图 8-23 主营业务收入"T"形账户

借	营业外收入	贷	
转⑫	500	现收①	500
本月合计	500	本月合计	500

图 8-24 营业外收入"T"形账户

借	主营业务成本	贷	
转⑧	153010	转⑬	153010
本月合计	153010	本月合计	153010

图 8-25 主营业务成本"T"形账户

借	营业外支出	贷	
银付⑨	8000	转⑬	8000
本月合计	8000	本月合计	8000

图 8-26 营业外支出"T"形账户

借	营业税金及附加	贷	
⑩	159.80	转⑬	159.80
本月合计	159.80	本月合计	159.80

图 8-27 营税金及附加"T"形账户

借	其他业务收入	贷	
转⑫	5400	银收④	5400
本月合计	5400	本月合计	5400

图 8-28 其他业务收入"T"形账户

借	其他业务成本	贷
转⑨　　3000		转⑬　　3000
本月合计　3000		本月合计　3000

图 8-29　其他业务成本"T"形账户

借	所得税费用	贷
转⑭　　2649.43		转⑮　　2649.43
本月合计　2649.43		本月合计　2649.43

图 8-30　所得税费用"T"形账户

借	本年利润	贷
转⑬　　196402.30		转⑪　　212900
转⑮　　2649.43		
转⑯　　7948.27		
本月合计　212900		本月合计　212900

图 8-31　本年利润"T"形账户

借	利润分配	贷
		转⑯　　7948.27
		本月合计　7948.27

图 8-32　利润分配"T"形账户

所有"T"形账户的借方发生额会计数为 2669119.73；所有"T"形账户的贷方发生额合计数为 2669119.73。

（2）广州 ABC 有限公司 12 月的各"T"形账户本月借、贷方合计数，编制的科目汇总表，如表 8-12 所示。

表 8-12　科目汇总表

2011 年 12 月 1 日至 12 月 31 日

编号：1　附件共 36 张	
现收	第 01 号至　　号共 1 张
现付	第 01 号至 03 号共 3 张
银收	第 01 号至 06 号共 6 张
银付	第 01 号至 09 号共 9 张
转账	第 01 号至 16 号共 17 张

会计科目	借方	√	贷方	√	会计科目	借方	√	贷方	√
库存现金	5500		3920		应付利息			442.5	
银行存款	860958		343810		实收资本			500000	
应收账款	105300		87750		财务费用	442.5		442.5	
其他应收款	3000				管理费用	27820		27820	
原材料	159000		88000		销售费用	3000		3000	
库存商品	158900		143010		主营业务收入	207000		207000	
固定资产	8000				主营业务成本	143010		143010	
累计折旧			11500		营业税金及附加	159.8		159.8	
生产成本	158900		158900		其他业务收入	5400		5400	

续表

会计科目	借方	√	贷方	√	会计科目	借方	√	贷方	√
制造费用	38400		38400		其他业务成本	4000		4000	
短期借款			100000		营业外收入	500		500	
应付账款	32175		32175		营业外支出	8000		8000	
应付职工薪酬	79000		79000		所得税费用	6616.93		6616.93	
预收账款			30000		本年利润	212900		212900	
应交税费	34510		42884.73		利润分配			19850.77	
合计					合计	2298492.23		2298492.23	

财务： 主管： 记账： 复核： 制表：

（3）广州 ABC 有限公司根据科目汇总表登记的总分类账如表 8-13 至表 8-42 所示。

表 8-13　总分类账　　　　　第 1 页

一级科目　库存现金

月	日	种类	号数	摘要	借方	核对	贷方	核对	借或贷	余额	核对
12	1			期初余额					借	130000	
	31	科汇	1	本期发生额	550000		392000		借	288000	

表 8-14　总分类账　　　　　第 2 页

一级科目　银行存款

月	日	种类	号数	摘要	借方	核对	贷方	核对	借或贷	余额	核对
12	1			期初余额					借	10003500	
	31	科汇	1	本期发生额	86095800		34381000		借	61718300	

表 8-15　总分类账　　　　　第 3 页

一级科目　应收账款

月	日	种类	号数	摘要	借方	核对	贷方	核对	借或贷	余额	核对
12	1			期初余额					借	5300000	
	31	科汇	1	本期发生额	10530000		8775000		借	7055000	

表 8-16　总分类账　　　　　　　　　　　　　　　　　　第 4 页

一级科目　原材料

月	日	种类	号数	摘要	亿	千	百	十	万	千	百	十	元	角	分	核对	亿	千	百	十	万	千	百	十	元	角	分	核对	借或贷	亿	千	百	十	万	千	百	十	元	角	分	核对
2011年		凭证			借方												贷方													余额											
12	1			期初余额																									借				7	6	3	0	0	0	0	0	
	31	科汇	1	本期发生额				1	9	5	0	0	0	0	0						8	8	0	0	0	0	0		借				1	8	3	3	0	0	0	0	

表 8-17　总分类账　　　　　　　　　　　　　　　　　　第 5 页

一级科目　其他应收款

月	日	种类	号数	摘要	亿	千	百	十	万	千	百	十	元	角	分	核对	亿	千	百	十	万	千	百	十	元	角	分	核对	借或贷	亿	千	百	十	万	千	百	十	元	角	分	核对
2011年		凭证			借方												贷方													余额											
12	31	科汇	1	本期发生额						3	0	0	0	0	0													借						3	0	0	0	0	0	

表 8-18　总分类账　　　　　　　　　　　　　　　　　　第 6 页

一级科目　库存商品

月	日	种类	号数	摘要	亿	千	百	十	万	千	百	十	元	角	分	核对	亿	千	百	十	万	千	百	十	元	角	分	核对	借或贷	亿	千	百	十	万	千	百	十	元	角	分	核对
2011年		凭证			借方												贷方													余额											
12	1			期初余额																									借					2	3	0	0	0	0	0	
	31	科汇	1	本期发生额				1	5	8	9	0	0	0	0						1	4	3	0	1	0	0	0	借					3	8	8	9	0	0	0	

表 8-19　总分类账　　　　　　　　　　　　　　　　　　第 7 页

一级科目　固定资产

月	日	种类	号数	摘要	亿	千	百	十	万	千	百	十	元	角	分	核对	亿	千	百	十	万	千	百	十	元	角	分	核对	借或贷	亿	千	百	十	万	千	百	十	元	角	分	核对
2011年		凭证			借方												贷方													余额											
12	1			期初余额																									借				3	3	0	0	0	0	0	0	
	31	科汇	1	本期发生额						8	0	0	0	0	0													借				3	3	8	0	0	0	0	0	

表 8-20　总分类账　　　　　　　　　　　　　　　　　　第 8 页

一级科目　累计折旧

月	日	种类	号数	摘要	亿	千	百	十	万	千	百	十	元	角	分	核对	亿	千	百	十	万	千	百	十	元	角	分	核对	借或贷	亿	千	百	十	万	千	百	十	元	角	分	核对
2011年		凭证			借方												贷方													余额											
12	1			期初余额																									贷					1	0	7	3	5	0	0	
	31	科汇	1	本期发生额																									贷					2	2	2	3	5	0	0	

表8-21　总分类账　　　　　　　　　　　　　　　　　　　　　　第 9 页

一级科目　生产成本

2011年		凭证		摘要	借方（亿千百十万千百十元角分）	核对	贷方（亿千百十万千百十元角分）	核对	借或贷	余额（亿千百十万千百十元角分）	核对
月	日	种类	号数								
12	31	科汇	1	本期发生额	1 5 8 9 0 0 0 0		1 5 8 9 0 0 0 0		平	0	

表8-22　总分类账　　　　　　　　　　　　　　　　　　　　　　第 10 页

一级科目　短期借款

2011年		凭证		摘要	借方（亿千百十万千百十元角分）	核对	贷方（亿千百十万千百十元角分）	核对	借或贷	余额（亿千百十万千百十元角分）	核对
月	日	种类	号数								
12	31	科汇	1	本期发生额			1 0 0 0 0 0 0 0		贷	1 0 0 0 0 0 0 0	

表8-23　总分类账　　　　　　　　　　　　　　　　　　　　　　第 11 页

一级科目　制造费用

2011年		凭证		摘要	借方（亿千百十万千百十元角分）	核对	贷方（亿千百十万千百十元角分）	核对	借或贷	余额（亿千百十万千百十元角分）	核对
月	日	种类	号数								
12	31	科汇	1	本期发生额	3 8 4 0 0 0 0		3 8 4 0 0 0 0		平	0	

表8-24　总分类账　　　　　　　　　　　　　　　　　　　　　　第 12 页

一级科目　应付账款

2011年		凭证		摘要	借方（亿千百十万千百十元角分）	核对	贷方（亿千百十万千百十元角分）	核对	借或贷	余额（亿千百十万千百十元角分）	核对
月	日	种类	号数								
12	1	科汇	1	期初余额					贷	6 9 7 0 0 0 0 0	
	31			本期发生额						6 9 7 0 0 0 0 0	

表8-25　总分类账　　　　　　　　　　　　　　　　　　　　　　第 13 页

一级科目　应付职工薪酬

2011年		凭证		摘要	借方（亿千百十万千百十元角分）	核对	贷方（亿千百十万千百十元角分）	核对	借或贷	余额（亿千百十万千百十元角分）	核对
月	日	种类	号数								
12	31	科汇	1	本期发生额	7 9 0 0 0 0 0		7 9 0 0 0 0 0		平	0	

表 8-26　总分类账

第 14 页

一级科目　预收账款

2011年月	日	凭证种类	号数	摘要	借方亿	千	百	十	万	千	百	十	元	角	分	核对	贷方亿	千	百	十	万	千	百	十	元	角	分	核对	借或贷	余额亿	千	百	十	万	千	百	十	元	角	分	核对
12	31	科汇	1	本期发生额																	3	0	0	0	0	0	0		贷					3	0	0	0	0	0	0	

表 8-27　总分类账

第 15 页

一级科目　应交税费

2011年月	日	凭证种类	号数	摘要	借方亿	千	百	十	万	千	百	十	元	角	分	核对	贷方亿	千	百	十	万	千	百	十	元	角	分	核对	借或贷	余额亿	千	百	十	万	千	百	十	元	角	分	核对
12	1			期初余额																									贷						3	2	0	0	0	0	
	31	科汇	1	本期发生额					3	4	5	1	0	0	0						4	2	8	8	4	7	3		贷					1	1	5	7	4	7	3	

表 8-28　总分类账

第 16 页

一级科目　应付利息

2011年月	日	凭证种类	号数	摘要	借方亿	千	百	十	万	千	百	十	元	角	分	核对	贷方亿	千	百	十	万	千	百	十	元	角	分	核对	借或贷	余额亿	千	百	十	万	千	百	十	元	角	分	核对
12	31	科汇	1	本期发生额																			4	4	2	5	0		贷							4	4	2	5	0	

表 8-29　总分类账

第 17 页

一级科目　应收资本

2011年月	日	凭证种类	号数	摘要	借方亿	千	百	十	万	千	百	十	元	角	分	核对	贷方亿	千	百	十	万	千	百	十	元	角	分	核对	借或贷	余额亿	千	百	十	万	千	百	十	元	角	分	核对
12	1			期初余额																									贷				5	0	0	0	0	0	0	0	
	31	科汇	1	本期发生额																5	0	0	0	0	0	0	0		贷				1	0	0	0	0	0	0	0	0	

表 8-30　总分类账

第 18 页

一级科目　账务费用

2011年月	日	凭证种类	号数	摘要	借方亿	千	百	十	万	千	百	十	元	角	分	核对	贷方亿	千	百	十	万	千	百	十	元	角	分	核对	借或贷	余额亿	千	百	十	万	千	百	十	元	角	分	核对
12	31	科汇	1	本期发生额							4	4	2	5	0								4	4	2	5	0		平									0			

表 8-31　总分类账　　　　　　　　　　　　　　第 19 页

一级科目　管理费用

2011年		凭证		摘要	借方											核对	贷方											核对	借或贷	余额											核对
月	日	种类	号数		亿	千	百	十	万	千	百	十	元	角	分		亿	千	百	十	万	千	百	十	元	角	分			亿	千	百	十	万	千	百	十	元	角	分	
12	31	科汇	1	本期发生额					2	7	8	2	0	0	0						2	7	8	2	0	0	0		平									0			

表 8-32　总分类账　　　　　　　　　　　　　　第 20 页

一级科目　销售费用

2011年		凭证		摘要	借方											核对	贷方											核对	借或贷	余额											核对
月	日	种类	号数		亿	千	百	十	万	千	百	十	元	角	分		亿	千	百	十	万	千	百	十	元	角	分			亿	千	百	十	万	千	百	十	元	角	分	
12	31	科汇	1	本期发生额						3	0	0	0	0	0							3	0	0	0	0	0		平									0			

表 8-33　总分类账　　　　　　　　　　　　　　第 21 页

一级科目　主营业务收入

2011年		凭证		摘要	借方											核对	贷方											核对	借或贷	余额											核对
月	日	种类	号数		亿	千	百	十	万	千	百	十	元	角	分		亿	千	百	十	万	千	百	十	元	角	分			亿	千	百	十	万	千	百	十	元	角	分	
12	31	科汇	1	本期发生额					2	0	7	0	0	0	0						2	0	7	0	0	0	0		平									0			

表 8-34　总分类账　　　　　　　　　　　　　　第 22 页

一级科目　主营业务成本

2011年		凭证		摘要	借方											核对	贷方											核对	借或贷	余额											核对
月	日	种类	号数		亿	千	百	十	万	千	百	十	元	角	分		亿	千	百	十	万	千	百	十	元	角	分			亿	千	百	十	万	千	百	十	元	角	分	
12	31	科汇	1	本期发生额				1	1	4	3	0	1	0	0					1	4	3	0	1	0	0	0		平									0			

表 8-35　总分类账　　　　　　　　　　　　　　第 23 页

一级科目　营业税金及附加

2011年		凭证		摘要	借方											核对	贷方											核对	借或贷	余额											核对
月	日	种类	号数		亿	千	百	十	万	千	百	十	元	角	分		亿	千	百	十	万	千	百	十	元	角	分			亿	千	百	十	万	千	百	十	元	角	分	
12	31	科汇	1	本期发生额							1	5	9	8	0								1	5	9	8	0		平									0			

表8-36　**总分类账**　　　　　　　　　　　　　　第 24 页

一级科目 其他业务收入

2011年		凭证		摘要	借方										核对	贷方										核对	借或贷	余额										核对
月	日	种类	号数		亿	千	百	十	万	千	百	十	元	角	分		亿	千	百	十	万	千	百	十	元	角	分			亿	千	百	十	万	千	百	十	元	角	分	
12	31	科汇	1	本期发生额				5	4	0	0	0	0							5	4	0	0	0	0			平									0				

表8-37　**总分类账**　　　　　　　　　　　　　　第 25 页

一级科目 其他业务成本

2011年		凭证		摘要	借方										核对	贷方										核对	借或贷	余额										核对
月	日	种类	号数		亿	千	百	十	万	千	百	十	元	角	分		亿	千	百	十	万	千	百	十	元	角	分			亿	千	百	十	万	千	百	十	元	角	分	
12	31	科汇	1	本期发生额				4	0	0	0	0	0							4	0	0	0	0	0			平									0				

表8-38　**总分类账**　　　　　　　　　　　　　　第 26 页

一级科目 营业外收入

2011年		凭证		摘要	借方										核对	贷方										核对	借或贷	余额										核对
月	日	种类	号数		亿	千	百	十	万	千	百	十	元	角	分		亿	千	百	十	万	千	百	十	元	角	分			亿	千	百	十	万	千	百	十	元	角	分	
12	31	科汇	1	本期发生额					5	0	0	0	0								5	0	0	0	0			平										0			

表8-39　**总分类账**　　　　　　　　　　　　　　第 27 页

一级科目 营业外支出

2011年		凭证		摘要	借方										核对	贷方										核对	借或贷	余额										核对
月	日	种类	号数		亿	千	百	十	万	千	百	十	元	角	分		亿	千	百	十	万	千	百	十	元	角	分			亿	千	百	十	万	千	百	十	元	角	分	
12	31	科汇	1	本期发生额				8	0	0	0	0	0							8	0	0	0	0	0			平									0				

表8-40　**总分类账**　　　　　　　　　　　　　　第 28 页

一级科目 所得税费用

2011年		凭证		摘要	借方										核对	贷方										核对	借或贷	余额										核对
月	日	种类	号数		亿	千	百	十	万	千	百	十	元	角	分		亿	千	百	十	万	千	百	十	元	角	分			亿	千	百	十	万	千	百	十	元	角	分	
12	31	科汇	1	本期发生额				6	6	1	6	9	3							6	6	1	6	9	3			平									0				

表 8-41 总分类账　　　　　　　　　　　　　第 29 页

一级科目 本年利润

2011年		凭证		摘要	借方											核对	贷方											核对	借或贷	余额											核对
月	日	种类	号数		亿	千	百	十	万	千	百	十	元	角	分		亿	千	百	十	万	千	百	十	元	角	分			亿	千	百	十	万	千	百	十	元	角	分	
12	31	科汇	1	本期发生额				2	1	2	9	0	0	0	0					2	1	2	9	0	0	0	0		平											0	

表 8-42 总分类账　　　　　　　　　　　　　第 30 页

一级科目 利润分配

2011年		凭证		摘要	借方											核对	贷方											核对	借或贷	余额											核对
月	日	种类	号数		亿	千	百	十	万	千	百	十	元	角	分		亿	千	百	十	万	千	百	十	元	角	分			亿	千	百	十	万	千	百	十	元	角	分	
12	31	科汇	1	本期发生额					1	9	8	5	0	7	7						1	9	8	5	0	7	7		平											0	

任务实施

一、资讯

接受并明确工作任务，进行小组分工，每组 4 人，各自负责工作任务的阶段分解、需用物料的准备及相关知识的收集。

二、计划与决策

各组独立完成上述实务任务，第一节课完成账务处理及登账，第二节课进行组间批改、答案核对与结果展示。

三、实施处理

1. 准备相关工具与单据。材料成本核算会计对本月各部门材料领用进行单据记账、制单、核算当月材料消耗成本。

2. 编制科目汇总表。

四、检查

各小组间进行账务处理的检查、批改，最后由老师进行纠正、讲解。

五、总结评价

老师针对各组完成情况进行评比、公布，并进行归纳总结，力求各组能完整完成相应的工作任务。

项目九　财产清查

情景设计

　　自从被关小雨批评后，张小菲改变了自己的工作方式，每天都会结出公司的银行存款日记账余额，并定期与银行的对账单核对。

　　有一次她在核对银行存款日记账余额与银行对账单余额时，发现两者余额并不相等。但是反复核算后，也没有发现自己哪里有记账错误，于是向关小雨请教。

　　关小雨解释说，这可能是因为存在在途资金造成的，也就是存在一部分资金的收支业务，企业和银行中的一方已经入账，而另一方尚未入账。于是她们逐一核对了银行存款日记账与银行对账单的发生额，发现有一笔前几天公司签发的转账支票，公司已经登记为银行存款减少，而对方尚未支取，银行未将其在公司账上划出，于是导致了两者余额不符。

学习目标

专业技能

（1）能够负责组织开展财产清查；

（2）能够编制银行存款余额调节表；

（3）能够进行财产清查结果的账务处理。

专业知识

（1）理解财产清查的概念，了解财产清查的作用和种类；

（2）熟悉财产清查的一般程序；

（3）掌握各种财产物资的清查方法和财产清查结果的账务处理。

职业素养

培养从细节入手、操守为重、做合格职业会计人的意识。

任务一　财产清查概述

◆ **相关专业知识**

财产清查是指通过对货币资金、实物资产和往来款项等财产物资进行盘点或核对，确定其实存数，查明账存数与实存数是否相符的一种专门方法。

知识点一：财产清查的意义

企业应当建立健全财产物资清查制度，加强管理，以保证财产物资核算的真实性和完整性。具体而言，加强财产清查工作，对于加强企业管理、充分发挥会计的监督作用具有重要意义。

（1）保证账实相符。通过财产清查，可以查明各项财产物资的实有数量，确定实有数量与账面数量之间的差异，查明原因和责任，以便采取有效措施，消除差错，改进工作，从而保证账实相符，提高会计资料的准确性。

（2）落实经济责任。通过财产清查，可以查明各项财产物资的保管情况是否良好，有无因管理不善而造成腐烂、变质、损失浪费，或者被非法挪用、贪污盗窃的情况，以便采取有效措施，改善管理，切实保障各项财产物资的安全完整。

（3）提高管理水平。通过财产清查，可以查明各项财产物资的库存和使用情况是否良好，合理安排生产经营活动，充分利用各项财产物资，加速资金周转，提高资金使用效果。

知识点二：财产清查的种类

（一）按照清查范围分类

（1）全面清查。全面清查是指对属于本单位或存放于本单位的全部财产物资进行清查。具体对象包括库存现金、银行存款等各项货币资产，存货、固定资产等各项实物财产，应收应付款、预收预付款等各种往来结算款项等。

（2）局部清查。局部清查是指根据需要只对部分财产物资进行清查，具体对象通常是流动性较强的财产，如现金、原材料、在产品及产成品等。

全面清查范围广、内容多、工作量大，不宜经常进行。一般在年终决算前，或者单位发生撤销、合并、重组、股份制改造、单位主要负责人变动等事项时，应当进行全面清查。相对而言，局部清查的范围小，涉及的财产物资和人数比较少，可根据需要灵活进行。例如，对于库存现金，出纳人员应当每日清点核对一次；对于银行存款，应根据银行对账单每月至少核对一次；对于存货和贵重物资，每月盘点一次。

（二）按照清查的时间分类

（1）定期清查。定期清查是指按照管理制度的规定和预先计划安排的时间进行的财产清查。定期清查的范围不确定，既可以是全面清查（如年终决算前的清查），也可以是局部清查（如月末、季末对货币资金和贵重物资等进行的清查），一般在年末、季末或月末结账时进行。

（2）不定期清查。不定期清查是指根据需要进行的临时性清查，也称临时清查。不定期清查既可以是全面清查，也可以是局部清查。一般来说，如果更换出纳人员和实物资产的保管人员，单位发生撤销、合并重组等事项，发生贪污盗窃、营私舞弊等事件，或者发生自然灾害和意外事故导致财产毁损等，应该根据实际情况的需要进行财产清查。

（三）按照清查的执行系统分类

（1）内部清查。内部清查是指由本单位内部自行组织清查工作小组所进行的财产清查工作。大多数财产清查都是内部清查。

（2）外部清查。外部清查是指由上级主管部门、审计机关、司法部门、注册会计师根据国家有关规定或情况需要对本单位所进行的财产清查。一般来讲，进行外部清查时应有本单位相关人员参加。

知识点三：财产清查的一般程序

财产清查，尤其是全面清查和较复杂情况下的清查，涉及面广、工作量大，为了保证清查工作有条不紊地进行，一般按照以下程序组织财产清查工作。

1. 建立财产清查小组

财产清查小组一般由会计部门、财产保管部门等人员组成。

2. 组织清查人员学习

清查人员要学习有关政策规定，掌握有关法律、法规和相关业务知识，以提高财产清查工作的质量。

3. 明确清查任务

明确清查任务，确定清查对象、范围。

4. 制定清查方案

制定清查方案，具体安排清查内容、时间、步骤、方法，以及做好必要的清查前的准备工作。

5. 先清查数量，后认定质量

清查时按照先清查数量、核对有关账簿记录等，后认定质量的原则进行。

6. 填制盘存清单

7. 根据盘存清单填制实物、往来款的结果报表

●小贴士

现代意义上的财产清查，不仅包括资产实存数和质量的检测，还应包括资产价值量的测量，并关注资产是否减值等情况。

任务实施

一、资讯

接受并明确工作任务，进行小组分工，每组4人，各自负责工作任务的阶段分解、需用物料的准备及相关知识原理的收集。

二、计划与决策

各组独立完成上述实务任务，第一节课完成财产盘存清单表编制及往来款的结果报表编制，第二节课进行组间批改、答案核对与结果展示。

三、实施处理

1. 建立财产清查小组。财产清查小组一般由会计部门、财产保管部门等的人员组成。

2. 组织清查人员学习。清查人员要学习有关政策规定，掌握有关法律、法规和相关业务知识，以提高财产清查工作的质量。

3. 明确清查任务。明确清查任务，确定清查对象、范围。

四、检查

各小组间进行账务处理的检查、批改，最后由老师进行纠正、讲解。

五、总结评价

老师针对各组完成情况进行评比、公布，并进行归纳总结，力求各组能完整完成相应的工作任务。

任务二　财产清查的方法

●引入任务

为企业清查库存现金

资料：项目四中广州 ABC 有限公司 2011 年 12 月的现金日记账与库存现金。

要求： 1. 能够根据清查结果填写"现金盘点报告表"。

2. 想一想清查后若发现短款应如何进行账务处理。

◆ 相关专业知识

由于货币资金、实物、往来款项的特点各有不同，在进行财产清查时，应采用与其特点和管理要求相适应的方法。

知识点一：货币资金的清查方法

（一）库存现金的清查

1. 库存现金清查的意义

库存现金清查就是采用实地盘点法来确定库存现金，即通过盘点确定现金的存数，然后再以现金日记账的账面余额核对，以查明账实是否相符及盘亏情况。

2. 库存现金的清查方法

（1）日常清查。在日常工作中，每日业务终了，现金出纳员清点库存现金实有数额，并及时与现金日记账的账面金额进行核对，做到账实相符。

（2）专门清查。现金收支业务频繁，单位应定期或不定期组织专门清查。在专门清查人员清查前，出纳人员应当将现金收、付款凭证全部登记入账，并结出账存数。在清查工作中，为了明确经济责任，清查时出纳人员必须在场，现钞应逐张查点，认真审核收付款凭证，注意有无违反现金管理制度（如白条抵库、挪用现金等）的情况。

现金盘点完成后，应编制现金盘点报告表，如表 9-1 所示，并由清查人员和出纳人员盖章。现金盘点报告表兼有盘存单和实存账存对比表的作用，是证明现金实有数的重要原始证明凭证，也是查明账实不符原因和据以调整账簿记录的重要依据。

表 9-1 库存现金盘点报告表

单位名称： 年 月 日

币别	实存金额	账存金额	对比结果		备注
			盘盈	盘亏	

盘点人： 出纳人：

3. 库存现金清查结果处理

发现有待查明原因的现金短缺或溢余，应先通过"待处理财产损益"账户核算。该账户借方登记财产物资盘亏、毁损的金额及盘盈的转销额，处理前的借方金额反映企业尚未处理财产的净损失；贷方登记存货的盘盈及盘亏的转销额，处理前的贷方金额反映企业尚未处理财产的净溢余。按管理权限批准后，分以两种情况。

（1）现金短缺。属于由负责人赔偿或保险公司赔偿的部分，计入"其他应收款"账户的借方和"库存现金"账户的贷方。

（2）如现金溢余。属于应支付给有关人员或单位的，计入"其他应付款"账户的贷方和"库存现金"账户的借方；属于无法查明原因的，计入"营业收入"账户的贷方或"管理费用"账户的贷方（冲减管理费用）和"库存现金"账户的借方。

4. 登记"现金盘点报告表"的示范操作（见表 9-2）

表 9-2 库存现金盘点报告表

单位名称： 年 月 日

币别	实存金额	账存金额	对比结果		备注
			盘盈	盘亏	
人民币	2880.00	2880.00			账实相符

盘点人：索云 出纳人：万千

（二）银行存款的清查

●任务演练一

为企业清查银行存款

资料：项目七中广州 ABC 有限公司 2011 年 12 月的银行存款日记账（见表 7-35）和银行所提供的对账单（见表 9-3）。

表 9–3 银行账单

2011年		摘要	结算凭证		借方	贷方	余额
月	日		种类	号数			
12	1	初期余额					100035.00
12	1	光华公司	电收			50000.00	600035.00
	1	短期借款	电收			100000.00	700035.00
	10	购买固定资产	转付		9360.00		690675.00
	15	红星公司	转付		195975.00		494700.00
	19	红星公司	转付		32175.00		462525.00
	22	备用金	现支		5000.00		457525.00
	23	工资	转支		790000.00		378525.00
	24	修理费	转付		3500.00		375025.00
	25	电费	托付		7800.00		367225.00
	27	销售A产品	电收			136890.00	504115.00
	28	销售剩余丙材料	电收			6318.00	510433.00
	28	秦都公司	电收			87750.00	598183.00
	28	前进公司	电收			30000.00	628183.00
	28	广告费	转支		3000.00		625183.00
	30	账户管理费	扣付		30.00		625153.00
		合计			335840.00	860958.00	625153.00

要求： 1. 逐笔核对银行存款日记与开户行转来的银行对账单，来查明银行存款。

2. 说一说有哪些不一致的情况。

3. 编制"银行存款余额调节表"。

银行存款清查是通过与开户银行转来的对账单进行核对，来查明银行存款的实有数额的一种方法。

清查前，先检查本单位银行存款日记的正确性，然后将银行对账单与本单位登记的"银行存款日记账"逐笔核对，以查明银行存款的收入、支出和结余的记录是否正确。

1. 企业银行存款日记账余额与银行对账单余额不一致的主要原因

（1）存在"未达账项"。

由于对方记账时间不一致发生一方已入账，而另一方尚未入账的款项，包括以下四种情况：

1）企业已收，银行未收，即企业已收款入账，银行尚未收款入账。

2）企业已付，银行未付，即企业已付款入账，银行尚未付款入账。

3）银行已收，企业未收，即银行已收款入账，企业尚未收款入账。

4）银行已付，企业未付，即银行已付款入账，企业尚未付款入账。

（2）企业或银行账目存在错误，发生重记、漏记或者金额、科目记错等问题。

2. 未达账项的处理方法

如果通过清查发现未达账项，应编制"银行存款余额调节表"，即在企业银行存款日记账余额和银行对账单余额的基础上，各自补记对方已入账而单位尚未入账的金额，然后验证经过调节的双方余额是否相等。

例如，2011 年 6 月 30 日，广州 ABC 有限公司银行存款日记账的账面金额为100000 元，银行对账单的余额为 105000 元，经过逐笔核对，发现有下列未达账项。

（1）2011 年 6 月 29 日，公司销售产品收到转账支票一张，计 1000 元，企业已作出银行存款付出，银行尚未收到支票而未入账。

（2）2011 年 6 月 29 日，公司采购原材料开出转账支票一张，计 1000 元，企业已作出银行存款付出，银行尚未收到支票而未入账。

（3）2011 年 6 月 30 日，公司开出支票，计 1000 元，银行尚未入账。

（4）2011 年 6 月 30 日，银行代公司收回贷款 9000 元，收款通知尚未到达企业，企业尚未入账。

（5）2011 年 6 月 30 日，银行代公司付出电费 2000 元，付款通知尚未达到公司，公司尚未入账。

（6）2011 年 6 月 30 日，银行代公司付水费 1000 元，付款通知尚未达到公司，公司尚未入账。

根据以上资料编制银行存款余额调节表，如表 9-4 所示。

表 9-4　银行存款余额调节表
2011 年 6 月 3 日

项目	金额	项目	金额
企业银行存款日记账金额	100000.00	银行对账单余额	105000.00
加：银行已收，企业未收 银行代收款项 减：银行已付，企业未付	9000.00	加：企业已收，银行未收 存入的转账支票 减：企业已付，银行未付	3000.00
（1）银行代付电费	2000.00	（1）开出转账支票	1000.00
（2）银行代付水费	1000.00	（2）开出现金支票	1000.00
调节后的存款余额	106000.00	调节后的全款余额	106000.00

如果调节后双方余额相等，则一般说明企业对银行的记账没有差错。若不相等，则表明一方或双方记账有差错，应进一步核对，及时查明原因，并按照错账更正方法予以更正。

●小贴士

银行存款调节表只是为了检查账簿记录的正确性，而不是要更改账簿记录，所以不得按照银行存款余额调节表调整账面金额，各项未达账项要待收到银行转来的有关收、付结算凭证时，才能进行账务处理。

（三）编制"银行存款余额调节表"的示范操作（见表 9-5）

表 9-5 银行存款余额调节表

2011 年 6 月 3 日

项目	金额	项目	金额
企业银行存款日记账金额	617183.00	银行对账单余额	625153.00
加：银行已收，企业未收	0.00	加：企业已收，银行未收	0.00
减：银行已付，企业未付	30.00	减：企业已付，银行未付	8000.00
调节后的存款余额	617153.00	调节后的全款余额	617153.00

（四）其他货币资金的清查方法

其他货币资金的清查方法与银行存款的清查方法基本相同。由于货币金额流动性强、涉及业务多、出现错误的风险高，同时，货币资金计量准确，收付手续严格，正常情况下不会出现账实不符的情况。因此，若发现货币资金不符，哪怕只是细微的差错也不得忽略，尤其不能用个人资金抵补短款，以免掩盖货币资金的收付、核查或者管理过程中的错误和漏洞。

●小思考

如果企业和银行均无记账错误，企业的银行存款日记账余额与银行对账单会一致吗？

知识点二：实物资产的清查方法

●任务演练二

为企业清查实物资产

资料：项目四中广州 ABC 有限公司 2011 年 12 月固定资产、原材料和库存商品等实有数。

要求：1.清查完具体事务后填写"盘点表"。

2. 根据"盘点表"有关账本记录，编制"实存账存对比表"。

3. 想一想若发现盘亏或盘盈的存货应如何进行账务处理。

实物清查主要包括对各种存货以及固定资产等财产物资的清查。

由于事物的形态、体积、重量、堆放方式等不尽相同，因而采用的方法也不尽相同。比较常用的清查方法有实地盘点法和技术推算法。

（一）实地盘点法

实地盘点法是指在财产物资存放现场逐一清点数量或用计量仪器确定其实数的一种方法。其使用的范围广，大多数财产物资的清查都采用这种方法。

（二）技术推算法

技术推算法是指利用技术方法推算财产物资存放数的方法。采用技术推算法，对财产物资不是逐一清点计数，而是通过量方计尺等技术手段推算。这种方法一般适用于大量、成堆而价格不高，难以逐一清点的财产物资的清查。例如：露天堆放的砂石、煤炭等。

对实物资产的数量进行清查的同时，还要对实物的质量进行鉴定，可根据不同的实物采用不同的检查方法，如物理法、化学法、直接观察法等。

为了明确经济责任、便于查阅，对实物进行清查时，实物保管人员必须同时在场。对于盘点结果，应如实登记在单，如表9-6所示，并由盘点人和实物保管人签字或盖章。

表9-6　盘存单

单位　　　　　名称　　　　　盘点时间　　　　　编号
财产类别　　　存放地点　　　金额单位

品名	计量单位	单价	账存数		实际盘点数		差异				备注
							盘盈		盘亏		
			数量	金额	数量	金额	数量	金额	数量	金额	

盘点人签章：　　　　　保管人：

盘存单既是记录盘点结果的书面证明，也是反映财产物资实存数的原始凭证。为了查明实存数与账存数是否一致，确定盘盈或盘亏情况，还应根据盘存单和有关账簿的记录，编制"账存实存对比表"，如表9-7所示。该表是用以调整账簿记录的重要原始凭证，也是分析差异产生、明确经济责任的重要依据。

表9-7　账存、实存对比表
年　月　日

品名	计量单位	单价	账存数		实际盘点数		差异				备注
							盘盈		盘亏		
			数量	金额	数量	金额	数量	金额	数量	金额	

主管人员：　　　　会计：　　　　　制表：

对于委托外单位加工、保管的材料、商品、物资以及在途的材料、商品、物资等，可以采取征询的方法与有关单位进行核对，以查明账实是否相符。

（三）编制账存、实存对比表的示范操作

编制账存、实存对比表的示范操作如表9-8所示。

表9-8 账存、实存对比表

年 月 日

品名	计量单位	单价	账存数		实际盘点数		差异				备注
							盘盈		盘亏		
			数量	金额	数量	金额	数量	金额	数量	金额	
甲材料	kg	15.00	7635.00	114545.00	7635.00	114545.00					

主管人员：索云　　　　　会计：徐丽　　　　　　制表：万千

知识点三：往来款项的清查方法

●任务演练三

为企业清查往来账款

资料：项目四中广州 ABC 有限公司 2011 年 12 月应收账款、应付账款等往来款项账户。

要求：1. 核对完账目后编写"往来款项对账单"。

2. 根据"对账单"和有关账簿记录，编制"往来款项清查表"。

往来款项是指各种债权债务结算款项，主要包括应收款项、应付款项和预收款项、预付款项。往来款项清查主要包括对以上款项的清查。

往来款项的清查一般采用发函询证的方法进行核对。

（一）编制对账单

在检查单位结算往来款项正确性和完整性的基础上，根据有关明细分类账的记录，按用户编制对账单，送交对方单位核对相符。对账单一般一式两联，其中一联作为回单。如果对方单位核对相符，应在回单上盖章后退回；如果核对不符，则应将不符的情况在回单上注明，或另抄对账单退回，以便进一步清查。

（二）编制往来款项清查表

企业收到有关单位退回的对账单后，应据以编制"往来款项清查表"，如表9-9所示，注明核对相符或不符的款项。尤其应注意查明有无双方发生争议的款项、有没有希望收回的款项或无法支付的款项，以便及时采取措施，避免坏账损失。

表 9-9　往来款项清查表

单位名称：　　　　　　　　　　　　　年　月　日　　　　　　　　　　　单位：元

| 明细账户名称 | 账面结存余额 | 清查结果 | | 发生日期 | 核对不符原因分析 | | | | | 备注 |
		核对相符金额	核对不符金额		错误账项	未达账项	拒付账项	有争议账项	其他	

任务实施

一、资讯

接受并明确工作任务，进行小组分工，每组 4 人，各自负责工作任务的阶段分解、需用物料的准备及相关知识原理的收集。

二、计划与决策

各组独立完成上述实务任务，第一节课完成库存现金盘点报告、银行存款余额调节表、盘存单及往来款项清查表编制，第二节课进行组间批改、答案核对与结果展示。

三、实施处理

1. 库存现金的清查；填制库存现金盘点报告表。

2. 银行存款的清查；编制银行存款余额调节表。

3. 其他货币资金的清查。

4. 实物资产的清查；填制盘存单。

5. 往来款项的清查；填制往来款项清查表。

四、检查

各小组间进行财产清查，最后由老师进行纠正、讲解。

五、总结评价

老师针对各组完成情况进行评比、公布，并进行归纳总结，力求各组能完整完成相应的工作任务。

任务三 财产清查结果的处理

> **●引入任务**
>
> ### 对企业财产清查结果进行处理
>
> **资料**：广州 ABC 有限公司 2011 年 12 月财产清查的资料。
>
> **要求**：1. 根据"清查结果报告表"和"盘点报告表"等编制记账凭证，调整有关财产的账面价值，使账簿记录与实际盘存数相符。
>
> 2. 会转销审批前已登记的损溢额，调整有关成本费用、营业外收入和支出等。

◆ 相关专业知识

如果财产清查的结果表明单位存在账实不符的情况，则可能是财产管理和会计核算等方面有问题，应当认真分析研究，按照相关法律法规和企业的规章制度进行处理。

具体有以下几点要求。

（1）分析账实不符的原因和性质，提出处理建议。

（2）积极处理多余积压财产，清理往来款项。

（3）总结经验教训，建立健全各项管理制度。

（4）及时调整账簿记录，保证账实相符。

知识点一：财产清查结果处理的步骤与方法

（一）审批之前的处理

1. 报告清查结果

财产清查结束后，清查人员应向有关方面报告清查结果，对盘盈和盘亏的财产提出处理建议，由股东大会或董事会、经理（厂长）会议或类似机构根据管理权限批准后执行。

2. 设置相关账户

为了记录、反映财产物资的盘盈、盘亏和毁损情况，应设置"待处理财产损溢"账户，该账户是资产类账户，借方登记财产物资盘亏、毁损的金额及经批准转销的盘盈额；贷方登记存货的盘盈金额及经批准转销的盘亏额。

3. 调整有关财产的账面价值，使账簿记录与实际盘存数相符

在处理建议得到批准之前，会计人员和财产管理人员应根据"清查结果报告表"和"盘点报告表"等资料，编制记账凭证，调整有关财产的账面价值，使账簿记录与

实际盘存数相符。

（二）审批之后的处理

1. 转销审批前已登记的损溢额

（1）转销原材料、产成品、现金发生的盘盈额。

原材料、产成品、现金发生的盘盈，报经批准后应冲减"管理费用"和"营业外收入"等科目。

（2）转销原材料、产成品、现金发生的盘亏额。

原材料、产成品、现金发生的盘亏，报经批准后可转入"管理费用"和"营业外支出"等科目。由于人为原因造成的财产毁损，应由责任人赔偿的，应转入"其他应收款"科目；由于自然灾害和意外事故造成的损失，应转入"营业外支出"科目；属于定额内损耗的，可转入"管理费用"科目。

2. 往来款项清查结果的处理

（1）发生坏账损失记入"坏账准备"科目，贷记"应收账款"等科目。

（2）无法支付的应付款项，经批准后直接记入"营业外收入"科目。

小贴士

企业在日常工作中发生的待处理财产损溢，必须在年报编制前处理完毕。

知识点二：财产清查结果的账务处理

（一）设置"待处理财产损溢"账户

为了反映和监督企业在财产清查过程中查明的各种财产物资的盘盈、盘亏、毁损及其处理情况，应设置"待处理财产损溢"账户（固定资产盘盈和毁损分别通过"以前年度损益调整"、"固定资产清理"账户核算）。该账户属于双重性质的资产类账户，下设"待处理流动资产损溢"和"待处理非流动资产损溢"两个明细分类账户进行明细分类核算。

该账户的借方登记财产物资的盘亏数、毁损数和批准转销的财产物资盘盈数；贷方登记财产物资的盘盈数和批准转销的财产物资盘亏及毁损数。企业清查的各种财产的盘盈、盘亏和毁损应在期末结账前处理完毕，所以"待处理财产损溢"账户在期末结账后没有余额。

（二）库存现金清查结果的账务处理

1. 库存现金盘盈的账务处理

库存现金盘盈时，应及时办理库存现金的入账手续，调整库存现金账簿记录，即按盘盈的金额借记"库存现金"科目，贷记"待处理财产损溢——待处理流动资产损溢"科目。

对于盘盈的库存现金，应及时查明原因，管理权限报经批准后，按盘盈的金额借记"待处理财产损溢——待处理流动资产损溢"科目，需要支付或退还他人的金额贷记"其他应付款"科目，按无法查明原因的金额贷记"营业外收入"科目。

2. 库存现金盘亏的账务处理

库存现金盘亏时，应及时办理盘亏的确认手续，调整库存现金账簿记录，即按盘亏的金额借记"待处理财产损溢——待处理流动资产损溢"科目，贷记"库存现金"科目。

对于盘亏的库存现金，应及时查明原因，管理权限报经批准后，按可收回的保险赔偿和过失人赔偿的金额借记"其他应收款"科目，管理不善等原因造成净损失的金额借记"管理费用"科目，自然灾害等原因造成净损失的金额借记"营业外支出"科目，按原记入"待处理财产损溢——待处理流动资产损溢"科目借方的金额贷记本科目。

（三）存货清查结果的账务处理

1. 存货盘盈的账务处理

存货盘盈时，应及时办理存货入账手续，调整存货账簿的实存数。盘盈的存货应按其重置成本作为入账价值借记"原材料"、"库存商品"等科目，贷记"待处理财产损溢——待处理流动资产损溢"科目。

对于盘盈的存货，应及时查明原因，管理权限报经批准后，冲减管理费用，即按其入账价值，借记"待处理财产损溢——待处理流动资产损溢"科目，贷记"管理费用"科目。

2. 存货盘亏的账务处理

存货盘亏时，应按盘亏的金额借记"待处理财产损溢——待处理流动资产损溢"科目，贷记"原材料"、"库存商品"等科目。材料、产成品、商品采用计划成本（或售价）核算的，还应同时结转成本差异（或商品进销差价）。涉及增值税的，还应进行相应处理。

对于盘亏的存货，应及时查明原因，管理权限报经批准后，按可收回的保险赔偿和过失人赔偿的金额借记"其他应收款"科目，管理不善等原因造成净损失的金额借记"管理费用"科目，自然灾害等原因造成净损失的金额借记"营业外支出"科目，按原记入"待处理财产损溢——待处理流动资产损溢"科目借方的金额贷记本科目。

（四）固定资产清查结果的账务处理

1. 固定资产盘盈的账务处理

企业在财产清查过程中盘盈的固定资产，经查明确属企业所有，按管理权限报经批准后，应根据盘存凭证填制固定资产交接凭证，经有关人员签字后送交企业会计部门，填写固定资产卡片账，并作为前期差错处理，通过"以前年度损益调整"科目核算。盘盈的固定资产通常按其重置成本作为入账价值借记"固定资产"科目，贷记"以前年度损益调整"科目。涉及增值税、所得税和盈余公积的，还应按相关规定处理。

2. 固定资产盘亏的账务处理

固定资产盘亏时，应及时办理固定资产注销手续，按盘亏固定资产的账面价值，借记"待处理财产损溢——待处理非流动资产损溢"科目，按已提折旧额，借记"累计折旧"科目，按其原价，贷记"固定资产"科目。涉及增值税和递延所得税的，还应按相关规定处理。

对于盘亏的固定资产，应及时查明原因，按管理权限报经批准后，过失人及保险公司应赔偿额，借记"其他应收款"科目，盘亏固定资产的原价扣除累计折旧和过失人及保险公司赔偿后的差额，借记"营业外支出"科目，盘亏固定资产的账面价值，贷记"待处理财产损溢——待处理非流动资产损溢"科目。

（五）结算往来款项盘存的账务处理

在财产清查过程中发现的长期未结算的往来款项，应及时清查。对于经查明确实无法支付的应付款项可按规定程序报经批准后，转作营业外收入。

对于无法收回的应收款项则作为坏账损失冲减坏账准备。坏账是指企业无法收回或收回的可能性极小的应收款项。由于发生坏账而产生的损失，称为坏账损失。

企业通常应将符合下列条件之一的应收款项确认为坏账：①债务人死亡，以其遗产清偿后仍然无法收回；②债务人破产，以其破产财产清偿后仍然无法收回；③债务人较长时间内未履行其偿债义务，并有足够的证据表明无法收回或者收回的可能性极小。

企业对有确凿证据表明确实无法收回的应收款项，经批准后作为坏账损失。

对于已确认为坏账的应收款项，并不意味着企业放弃了追索权，一旦重新收回，应及时入账。

任务实施

一、资讯

接受并明确工作任务，进行小组分工，每组 4 人，各自负责工作任务的阶段分解、需用物料的准备及相关知识原理的收集。

二、计划与决策

各组独立完成上述实务任务，第一节课完成财产清查结果的账务处理，第二节课进行组间批改、答案核对与结果展示。

三、实施处理

1. 库存现金清查结果的账务处理。

2. 存货清查结果的账务处理。

3. 固定资产清查结果的账务处理。

4. 结算往来款项盘存的账务处理。

四、检查

各小组间进行财产清查结果账务处理的检查、批改，最后由老师进行纠正、讲解。

五、总结评价

老师针对各组完成情况进行评比、公布，并进行归纳总结，力求各组能完整完成相应的工作任务。

项目十　财务报告

情景设计

张小菲一直认为，填制财务报表是一项非常简单的工作，只要到期末时将账簿中的余额填入报表的对应位置就可以了。

不过年底填制财务报表时，她发现事情并不是自己想象的那样。财务报表中的很多项目与账簿中的项目并不是一一对应的。例如，资产负债表中的"应收账款"项目，应根据账簿中"应收账款"和"预收账款"所属明细账户中的期末借方余额合计，减去"坏账准备"账户期末余额后的差额填列；利润表中的"营业收入"项目，则需要根据"主营业务收入"和"其他业务收入"账户的发生额分析计算填列。

学习目标

专业技能

会编制简单的资产负债表和利润表。

专业知识

掌握资产负债表、利润表的定义、结构及其基本编制方法。

职业素养

培养诚实守信、操守为重、信誉至上的职业精神。

任务一　财务报告概述

◆ **相关专业知识**

各类经济单位都需要编制财务报告，目的是向单位的有关各方，如出资人、债权人、监管机构、银行和税务机关等，提供全面、系统的财务会计信息，以帮助他们了解经济单位管理层受托责任的履行情况，分析其经济业务活动中存在的问题，便于报告的使用者做出更加合理的经济决策。

财务报表至少应当包括下列组成部分：①资产负债表；②利润表；③现金流量表；④所有者权益变动表；⑤附注。

知识点一：财务报告的概念与分类

（一）财务报告的概念

财务会计报告，又称财务报告，是指单位提供的反映其某一特定日期财务状况和某一会计期间经营成果等会计信息的文件。

账务报告是单位账务会计确认，计量结果的最终体现，属于通用的对外会计报告。它把分散在各账簿上的资料进行分类、计算和汇总，形成了一套全面、综合地反映单位会计信息的系统文件，通常包括一套完整的结构化的报表体系，以及相关文字说明等。

（二）财务报告的分类

账务会计报告包括会计报表及其附注以及其他应当在账务会计报表中披露的相关信息和资料。而会计报表通常包括资产负债表、利润表、现金流量表等报表中列示的项目所做的进一步说明，以及对未能在会计报表中列示项目的说明等。单位编制附注的目的是通过对会计报表本身做补充说明，以更加全面、系统地反映单位账务状况、经营成果和现金流量的全貌，从而有助于向使用者提供更为有用的决策信息，帮助其做出更加科学、合理的决策。

账务会计报告分为年度账务会计报告和中期账务会计报告。中期账务报告是指以中期为基础编制的账务报告（包括短于一个完整的会计年度的报告期间，可以是一个月、一个季度或者半年等），如月度账务报告、季度账务报告、半年度账务报告、年度账务报告。

知识点二：财务报表编制的基本要求

（一）以持续经营为基础编制

企业应当以持续经营为基础，根据实际发生的交易和事项，按照《企业会计准则——基本准则》和其他各项会计准则的规定进行确认和计量，在此基础上编制财务报表。以持续经营为基础编制财务报表不再合理，企业应当采用其他基础编制财务报表，并在附注中声明财务报表未以持续经营为基础编制的事实、披露未以持续经营为基础编制的原因和财务报表的编制基础。

（二）按正确的会计基础编制

除现金流量表按照收付实现制原则编制外，企业应当按照权责发生制原则编制财务报表。

（三）至少按年编制财务报表

企业至少应当按年编制财务报表。年度财务报表涵盖的期间短于一年的，应当披露年度财务报表的涵盖期间、短于一年的原因以及报表数据不具可比性的事实。

（四）项目列报遵守重要性原则

在合理预期下，财务报表某项目的省略或错报会影响使用者据此做出经济决策的，则称该项目具有重要性。

重要性应当根据企业所处的具体环境，从项目的性质和金额两方面予以判断，且对各项目重要性的判断标准一经确定，不得随意变更。判断项目性质的重要性，应当考虑该项目在性质上是否属于企业日常活动、是否显著影响企业的财务状况、经营成果和现金流量等因素；判断项目金额大小的重要性，应当考虑该项目金额占资产总额、负债总额、所有者权益总额、营业收入总额、营业成本总额、净利润、综合收益总额等直接相关项目金额的比重或所属报表单列项目金额的比重。

性质或功能不同的项目，应当在财务报表中单独列报，但不具有重要性的项目除外。

性质或功能类似的项目，其所属类别具有重要性的，应当按其类别在财务报表中单独列报。

某些项目的重要性程度不足以在资产负债表、利润表、现金流量表或所有者权益变动表中单独列示，但对附注具有重要性，则应当在附注中单独披露。

《企业会计准则第 30 号——财务报表列报》规定在财务报表中单独列报的项目，应当单独列报。其他会计准则规定单独列报的项目，应当增加单独列报项目。

（五）保持各个会计期间财务报表项目列报的一致性

财务报表项目的列报应当在各个会计期间保持一致，除会计准则要求改变财务报表项目的列报或企业经营业务的性质发生重大变化后，变更财务报表项目的列报能够提供更可靠、更相关的会计信息外，不得随意变更。

（六）各项目之间的金额不得相互抵消

财务报表中的资产项目和负债项目的金额、收入项目和费用项目的金额、直接计入当期利润的利得项目和损失项目的金额不得相互抵消，但其他会计准则另有规定的除外。

一组类似交易形成的利得和损失应当以净额列示，但具有重要性的除外。

资产或负债项目按扣除备抵项目后的净额列示，不属于抵消。

非日常活动产生的利得和损失，以同一交易形成的收益扣减相关费用后的净额列示更能反映交易实质的，不属于抵消。

（七）至少应当提供所有列报项目上一个可比会计期间的比较数据

当期财务报表的列报，至少应当提供所有列报项目上一个可比会计期间的比较数据，以及与理解当期财务报表相关的说明，但其他会计准则另有规定的除外。

财务报表的列报项目发生变更的，应当至少对可比期间的数据按照当期的列报要求进行调整，并在附注中披露调整的原因和性质，以及调整的各项目金额。对可比数据进行调整不切实可行的，应当在附注中披露不能调整的原因。

（八）应当在财务报表的显著位置披露编报企业的名称等重要信息

企业应当在财务报表的显著位置（如表首）至少披露下列各项：①编报企业的名称；②资产负债表日或财务报表涵盖的会计期间；③人民币金额单位；④财务报表是合并财务报表的，应当予以标明。

知识点三：财务报表编制前的准备工作

在编制财务报表前，需要完成下列工作：

（1）严格审核会计账簿的记录和有关资料；

（2）进行全面财产清查、核实债务，并按规定程序报批，进行相应的会计处理；

（3）按规定的结账日进行结账，结出有关会计账簿的余额和发生额，并核对各会计账簿之间的余额；

（4）检查相关的会计核算是否按照国家统一的会计制度的规定进行；

（5）检查是否存在因会计差错、会计政策变更等原因需要调整前期或本期相关项目的情况等。

任务实施

一、资讯

接受并明确工作任务，进行小组分工，每组 4 人，各自负责工作任务的阶段分解、需用物料的准备及相关知识原理的收集。

二、计划与决策

各组独立完成上述实务任务，第一节课完成编制报表的前期准备，第二节课进行组间批改、答案核对与结果展示。

三、实施处理

1. 掌握财务报表的概念、分类及编制的基本要求。

2. 做好编制报表的前期准备工作。

四、检查

各小组间进行编制报表前期准备的检查、批改，最后由老师进行纠正、讲解。

五、总结评价

老师针对各组完成情况进行评比、公布，并进行归纳总结，力求各组能完整完成相应的工作任务。

任务二 资产负债表

●引入任务

为企业编制利润表

资料： 项目七中广州 ABC 有限公司 2011 年 12 月已登记完成的各资产类、权益类账户的发生额。

要求： 根据以上资料，为广州 ABC 有限公司编制 2011 年 12 月的资产负债表。

◆ 相关专业知识

资产负债表反映了单位在某一特定日期所拥有或控制的经济资源、所承担的现时义务和所有者对净资产的要求权。通过资产负债表，报表的使用者可以一目了然地看出单位所拥有或者控制的资产总量及其结构；可以了解单位某一特定日期的权益结构，根据负债总额及其结构，分析单位目前与未来需要支付债务的数额，清楚地看出单位资产的流动性情况，分析单位的债务和能力，从而为未来的经济决策提供参考信息。

知识点一：资产负债表的概念与作用

资产负债表是指反映单位某一特定日期账务状况的会计报表。它是根据会计等式"资产=负债+所有者权益"，依照一定的分类标准和编排顺序，将单位在特定日期的全部资产、负债和所有者权益项目进行适当分类、汇总、排列后编制而成的。由于报表中的数据体现的是特定时刻的状况，因此资产负债表属于静态报表。

知识点二：资产负债表的列示要求

（一）资产负债表列报总体要求

1. 分类别列报

资产负债表应当按照资产、负债和所有者权益三大类别分类列报。

2. 资产和负债按流动性列报

资产和负债应当按照流动性分为流动资产和非流动资产、流动负债和非流动负债列示。

3. 列报相关的合计、总计项目

资产负债表中的资产类至少应当列示流动资产和非流动资产的合计项目；负债类至少应当列示流动负债、非流动负债以及负债的合计项目；所有者权益类应当列示所有者权益的合计项目。

资产负债表应当分别列示资产总计项目以及负债与所有者权益之和的总计项目，并且这二者的金额应当相等。

（二）资产的列报

资产负债表中的资产类至少应当单独列示反映下列信息的项目：

（1）货币资金；

（2）以公允价值计量且其变动计入当期损益的金融资产；

（3）应收款项；

（4）预付款项；

（5）存货；

（6）被划分为持有待售的非流动资产及被划分为持有待售的处置组中的资产；

（7）可供出售金融资产；

（8）持有至到期投资；

（9）长期股权投资；

（10）投资性房地产；

（11）固定资产；

（12）生物资产；

（13）无形资产；

（14）递延所得税资产。

（三）负债的列报

资产负债表中的负债类至少应当单独列示反映下列信息的项目：

（1）短期借款；

（2）以公允价值计量且其变动计入当期损益的金融负债；

（3）应付款项；

（4）预收款项；

（5）应付职工薪酬；

（6）应交税费；

（7）被划分为持有待售的处置组中的负债；

（8）长期借款；

（9）应付债券；

（10）长期应付款；

（11）预计负债；

（12）递延所得税负债。

（四）所有者权益的列报

资产负债表中的所有者权益类至少应当单独列示反映下列信息的项目：

（1）实收资本（或股本）；

（2）资本公积；

（3）盈余公积；

（4）未分配利润。

知识点三：我国企业资产负债表的一般格式

资产负债表的格式主要是账户式。报表按照"T"形账户的形式设计，采取左右结构，左边列示资产项目，右边列示负债和所有者权益项目，左右两方总额相等。该报告格式所反映的资产与权益的关系一目了然。

我国企业的资产负债表通常采用账户结构，如表 10-1 所示，左方列示资产项目，反映全部资产的分布及存在形态，按资产的流动性大小排列，流动性大的资产如"货币资金"等排在前面，流动性小的资产如"长期股权投资"、"固定资产"等排在后面；右方列示负债和所有者权益项目，反映全部负债和所有者权益的内容及构成情况，一般按求偿权先后顺序排列，"短期借款"、"应付账款"等在一年以上才需要偿还的非流动负债排在中间，在单位清算之前不需要偿还的所有者权益排在后面。资产负债表左右双方平衡，资产各项的合计等于负债和所有者权益各项目的合计，即"资产=负债+所有者权益"。

表 10–1　资产负债表

年　月　日

会企 01 表

编制单位：

单位：元

资产	期末余额	年初余额	负债和所有者权益（或股东权益）	期末余额	年初余额
流动资产：			流动负债：		
货币资金			短期贷款		
交易性金融资产			交易性金融负债		
应收票据			应付票据		
应收账款			应付账款		
预付账款			预收账款		
应收利息			应付职工薪酬		
应收股利			应交税费		
其他应收款			应会利息		
存货			应付股利		
一年内到期的非流动资产			其他应付款		
其他流动资产			一年内到期的非流动负债		
流动资产合计			其他流动负债		
非流动资产：			流动负债合计		
可供出售金融资产			非流动负债		
持有至到期投资			长期借款		
长期应收款			应付债券		
长期股权投资			长期应付款		
投资性房地产			预计负债		
固定资产			其他非流动负债		
在建工程			非流动负债合计		
工程物资			负债合计		
固定资产清理			所有者权益（或股东权益）：		
无形资产			实收资本（或股本）		
开发支出			资本公积		
商誉			减：库存股		
长期待摊费用			盈余公积		
其他非流动资产			未分配利润		
非流动资产合计			所有者权益（或股东权益）合计		
资产总计			负债和所有者权益（或股东权益）总计		

　　资产负债表的各项目需填列"年初余额"和"期末余额"两栏数字。"年初余额"栏应根据上年末资产负债表的"期末余额"栏数字填列。"期末余额"栏应依据有关账户的期末余额直接计算和分析填列。具体填列方法如下：

　　1. 根据总账账户的期末余额直接填列

　　资产负债表大部分项目的填列都是根据有关总账账户的余额直接填列，如"交易性金融资产"、"应收票据"、"应收利息"、"短期借款"、"应付票据"、"应付职工薪酬"、"应交税费"、"实收资本"、"资本公积"、"盈余公积"等。

2. 根据总账账户的期末余额计算填列

（1）"货币资金"项目。本项目应根据"库存现金"、"银行存款"和"其他货币资金"等账户的期末余额之和填列。

（2）"存货"项目。本项目应根据"原材料"、"库存商品"、"委托加工物资"、"周转材料"、"在途物资"、"发出商品"等账户的期末借方余额之和减去"存款跌价准备"账户的期末贷方余额后的差额填列。

3. 根据总账户的期末余额分析填列

（1）"固定资产"项目。本项目应根据"固定资产"账户的期末借方余额与"累计折旧"、"固定资产减值准备"账户的期末贷方余额之差填列。

（2）"未发配利润"项目。本项目应根据"本年利润"账户和"利润分配"账户的期末余额填列。

4. 根据有关明细分类账户的期末余额计算填列

（1）"应收账款"项目。本项目应根据"应收账款"和"预收账款"所属明细账户中的期末借方余额合计，减去"坏账准备"账户期末余额后的差额填列。

（2）"预付账款"项目。本项目应根据"预付账款"和"应付账款"所属明细账户中的期末借方余额合计填列。

（3）"应付账款"项目。本项目应根据"应付账款"和"预付账款"所属明细账户中的期末借方余额合计填列。

（4）"预收账款"项目。本项目应根据"预收账款"和"应收账款"所属明细账户中的期末借方余额合计填列。

5. 根据总账余额和明细账余额计算填列

如"长期借款"项目上，应以"长期借款"总账余额减去该账户明细账中"一年内到期的长期负债"的差额填列。

6. 资产负债表附注的内容，根据实际需要和有关备查账簿等的记录分析填列

如或有披露方面，应按照备查账簿中记录的商业承兑汇票贴现情况，填列"已贴现的商业承兑汇票"项目。

知识点四：资产负债表编制的基本方法

（一）"期末余额"栏的填列方法

资产负债表"期末余额"栏内各项数字，一般应根据资产、负债和所有者权益类科目的期末余额填列，具体方法如下：

（1）根据一个或几个总账科目的余额填列；

（2）根据明细账科目的余额计算填列；

（3）根据总账科目和明细账科目的余额分析计算填列；

（4）根据有关科目余额减去其备抵科目余额后的净额填列；

（5）综合运用上述填列方法分析填列。

（二）"年初余额"栏的填列方法

本表的"年初余额"栏通常根据上年末有关项目的期末余额填列，且与上年末资产负债表"期末余额"栏一致。如果企业上年度资产负债表规定的项目名称和内容与本年度不一致，应当对上年末资产负债表相关项目的名称和数字按照本年度的规定进行调整，填入"年初余额"栏。

知识点五：编制资产负债表的示范操作

编制资产负债表的示范操作如表 10-2 所示。

表 10-2 资产负债表

2011 年 12 月 31 日

会企 01 表

编制单位：广州 ABC 有限公司

单位：元

资产	期末余额	年初余额	负债和所有者权益（或股东权益）	期末余额	年初余额
流动资产：			流动负债：		
货币资金	62063.00		短期贷款	100000.00	
交易性金融资产			交易性金融负债		
应收票据			应付票据		
应收账款	70550.00		应付账款	69700.00	
预付账款			预收账款	30000.00	
应收利息			应付职工薪酬		
应收股利			应交税费	11574.73	
其他应收款			应会利息	442.5	
存货			应付股利		
一年内到期的非流动资产			其他应付款		
其他流动资产			一年内到期的非流动负债		
流动资产合计	915803.00		其他流动负债		
非流动资产：			流动负债合计	211717.23	
可供出售金融资产			非流动负债		
持有至到期投资			长期借款		
长期应收款			应付债券		
长期股权投资			长期应付款		
投资性房地产			预计负债		
固定资产	315765.00		其他非流动负债		
在建工程			非流动负债合计		
工程物资			负债合计	211717.23	
固定资产清理			所有者权益（或股东权益）：		
无形资产			实收资本（或股本）	1000000.00	

续表

资产	期末余额	年初余额	负债和所有者权益（或股东权益）	期末余额	年初余额
开发支出			资本公积		
商誉			减：库存股		
长期待摊费用			盈余公积		
其他非流动资产			未分配利润	19850.77	
非流动资产合计			所有者权益（或股东权益）合计	1019850.77	
资产总计			负债和所有者权益（或股东权益）总计	1231568.00	

●小贴士

资产负债表中的年初余额可让学生根据相关账簿独立编制完成。

任务实施

一、资讯

接受并明确工作任务，进行小组分工，每组 4 人，各自负责工作任务的阶段分解、需用物料的准备及相关知识原理的收集。

二、计划与决策

各组独立完成上述实务任务，第一节课完成资产负债表编制，第二节课进行组间批改、答案核对与结果展示。

三、实施处理

1. 做好编制报表的前期准备。①严格审核会计账簿的记录和有关资料；②进行全面财产清查、核实债务，并按规定程序报批，进行相应的会计处理；③按规定的结账日进行结账，结出有关会计账簿的余额和发生额，并核对各会计账簿之间的余额；④检查相关的会计核算是否按照国家统一的会计制度的规定进行；⑤检查是否存在因会计差错、会计政策变更等原因需要调整前期或本期相关项目的情况等。

2. 编制资产负债表。明确资产负债表列示、本期及上期金额的填列。

3. 编写实施报告。

四、检查

各小组间进行资产负债表编制的检查、批改，最后由老师进行纠正、讲解。

五、总结评价

老师针对各组完成情况进行评比、公布，并进行归纳总结，力求各组能完整完成相应的工作任务。

任务三　利润表

◆ **相关专业知识**

知识点一：利润表的概念与作用

利润表是指反映单位在一定会计期间（月度、季度、年度）经营成果的会计报表。例如，年度利润表反映的是某年度 1 月 1 日至 12 月 31 日的经营成果。由于表内数据说明的是某一期间的情况，因此利润表属于动态报表。

利润表能充分反映单位经营业绩的主要来源和结构，有助于使用者判断净利润的质量及其风险，有助于使用者预测净利润的持续性，从而做出正确的决策。通过利润表，可以从总体上了解单位收入、成本和费用、净利润（或亏损）的实现及构成情况，帮助财务报表使用者全面了解单位的经营成果；同时，通过利润表提供的不同时期的比较数字（本月数、本年累计数、上年数），可分析单位的获利能力及利润的未来发展趋势，了解投资者投入资本的保值情况，从而为其做出经济决策提供依据。

知识点二：利润表的列示要求

利润表列示的基本要求如下：

1. 企业在利润表中应当对费用按照功能分类，分为从事经营业务发生的成本、管理费用、销售费用和财务费用等。

2. 利润表至少应当单独列示反映下列信息的项目，但其他会计准则另有规定的除外：

（1）营业收入；

（2）营业成本；

（3）营业税金及附加；

（4）管理费用；

（5）销售费用；

（6）财务费用；

（7）投资收益；

（8）公允价值变动损益；

（9）资产减值损失；

（10）非流动资产处置损益；

（11）所得税费用；

（12）净利润；

（13）其他综合收益项目分别扣除所得税影响后的净额；

（14）综合收益总额：金融企业可以根据其特殊性列示该项目。

3. 其他综合收益项目应当根据其他相关会计准则的规定分为以后会计期间不能重分类进损益的其他综合收益项目和以后会计期间在满足规定条件时将重分类进损益的其他综合收益项目两类列报。

4. 在合并利润表中，企业应当在净利润项目之下单独列示归属于母公司所有者的损益和归属于少数股东的损益，在综合收益总额项目之下单独列示归属于母公司所有者的综合收益总额和归属于少数股东的综合收益总额。

知识点三：我国企业利润表的一般格式

利润表的格式主要有多步式利润表和单步式利润表两种。

（一）多步式利润表

多步式利润表是按照利润的性质，将企业利润的构成内容分别列式，分层次计算出利润的一种利润表。因为计算过程有多个计算步骤，故称多步式。该报告格式虽然计算上较为复杂，但是提供的信息丰富，它把不同项目予以归类，可以揭示不同性质的收入与费用之间的配比关系，不仅反映单位最终的经营成果，而且还能提供不同业务的盈利水平，反映单位经营成果的不同来源和形成过程，从而便于报表使用者分析单位净利润增减变动的原因，评价单位净利润的质量及其风险，并预测单位未来的盈利能力。

我国企业的利润表采用多步式，如表 10-3 所示。将不同性质的收入和费用进行对比，从而可以得出一些中间性的利润数据，便于使用者了解单位经营成果的不同来源。

表 10-3　利润表

年　月　日

会企 02 表

编制单位：　　　　　　　　　　　　　　　　　　　　　　　　　　　单位：元

项目	行次	本期金额	上期金额
知识点一：营业收入	1		
减：营业成本	2		
营业税金及附加	3		
销售费用	4		
管理费用	5		
财务费用	6		
资产差值损失	7		
加：公允价值变动收益（损失以"－"号填列）	8		
投资收益（损失以"－"号填列）	9		
其中：对联营业和合营企业的投资收益	10		
知识点二：营业利润（亏损以"－"号填列）	11		
加：营业外收入	12		
减：营业外支出	13		
其中：非流动资产外置损失	14		
知识点三：利润总额（亏损以"－"号填列）	15		
减：所得税费用	16		
知识点四：净利润（净亏损以"－"号填列）	17		
知识点五：每股收益：	18		
（一）基本每股收益	19		
（二）稀释每股收益	20		

（二）单步式利润表

单步式利润表将当期所有的收入列在一起，然后将所有的费用列在一起，两者相减得出当期净损益。该报告格式直观、简单，避免了项目分类上的困难，但是提供的信息量比多步式利润表大为减少，不利于报表使用者分拆单位经营业绩的主要来源和构成以及在不同单位之间进行比较，也不利于预测单位未来的盈利能力。

知识点四：利润表编制的基本方法

利润表在形式上分为表头和表体两部分。表头部分主要反映报表名称、报表编制单位名称、报表编制日期和货币计量单位等内容；表体部分主要反映报表的各项指标内容。

（一）本期金额栏的填列方法

利润表中"本期金额"栏内各项数字一般应根据损益类科目的发生额填列。

1. 根据有关账户发生额直接填列

表中的营业税金及附加、销售费用、管理费用、财务费用、投资收益、资产减值损失、营业外收入、营业外支出等项目应根据各账户本期发生额填列。

2. 根据有关账户发生额计算填列

表中"营业收入"项目，应根据"主营业务收入"和"其他业务收入"账户的发生额分析计算填列；"营业成本"项目，应根据"主营业务成本"和"其他业务成本"账户的发生额分析计算填列。

3. 根据表内各项之间的关系计算填列

（1）表内"营业利润"应以营业收入为基础计算填列。

营业利润=营业收入–营业成本–营业税金及附加–销售费用–管理费用–

　　　　财务费用–资产减值损失+公允价值变动损益（–公允价值变动损失）+

　　　　投资收益（–投资损失）

（2）表内"利润总额"应以营业利润为基础计算填列。

　　　　　　利润总额=营业利润+营业外收入–营业外支出

（3）表内"净利润"应以利润总额为基础计算填列。

　　　　　　净利润=利润总额–所得税费用

（二）上期金额栏的填列方法

利润表中"上期金额"栏，应根据上年利润表中"本期金额"栏内所列数字填列。

如果上年该期利润规定的各个项目的名称和内容同本期不一致，应对上年该期利润表各个项目的名称和数字按本期的规定进行调整，填入利润表"上期金额"栏内。

另外，利润分配表可以作为利润表的一部分而纳入利润表，也可作为利润表的附表单独编制。由于利润分配表反映了企业全年利润分配情况，因此该表的各项目应分别根据"利润分配"账户及其所属的明细分类账户的全年累计发生额及年初、年末余额分析计算填列。

知识点五：编制利润表的示范操作

编制利润表的示范操作见表10-4。

表10-4　利润表
2011年12月

会企02表

编制单位：广州 ABC 有限公司

单位：元

项目	行次	本期金额	上期金额
知识点一：营业收入	1	212400.00	
减：营业成本	2	147010.00	
营业税金及附加	3	159.80	
销售费用	4	3000.00	
管理费用	5	27820.00	
财务费用	6	442.50	

项目	行次	本期金额	上期金额
资产差值损失	7	—	
加：公允价值变动收益（损失以"–"号填列）	8		
投资收益（损失以"–"号填列）	9		
其中：对联营业和合营企业的投资收益	10		
知识点二：营业利润（亏损以"–"号填列）	11	33967.70	
加：营业外收入	12	500.00	
减：营业外支出	13	8000.00	
其中非流动资产处置损失	14		
知识点三：利润总额（亏损以"–"号填列）	15	26467.70	
减：所得税费用	16	6616.93	
知识点四：净利润（净亏损以"–"号填列）	17	19850.77	
知识点五：每股收益：	18		
（一）基本每股收益	19		
（二）稀释每股收益	20		

从编制依据、格式、反映内容、形式和填列方法等方面入手，对比资产负债表与利润表的不同之处。

任务实施

一、资讯

接受并明确工作任务，进行小组分工，每组 4 人，各自负责工作任务的阶段分解、需用物料的准备及相关知识原理的收集。

二、计划与决策

各组独立完成上述实务任务，第一节课完成利润表编制，第二节课进行组间批改、答案核对与结果展示。

三、实施处理

1. 做好编制报表的前期准备。①严格审核会计账簿的记录和有关资料；②进行全面财产清查、核实债务，并按规定程序报批，进行相应的会计处理；③按规定的结账日进行结账，结出有关会计账簿的余额和发生额，并核对各会计账簿之间的余额；④检查相关的会计核算是否按照国家统一的会计制度的规定进行；⑤检查是否存在因会计差错、会计政策变更等原因需要调整前期或本期相关项目的情况等。

2. 编制利润表。明确利润表列示、本期及上期金额的填列。

3. 编写实施报告。

四、检查

各小组间进行利润表编制的检查、批改，最后由老师进行纠正、讲解。

五、总结评价

老师针对各组完成情况进行评比、公布，并进行归纳总结，力求各组能完整完成相应的工作任务。

项目十一　会计档案管理

学习目标

专业技能

1. 学会会计凭证的整理；

2. 学会装订机的使用。

专业知识

掌握会计档案的装订、保管、销毁方法。

职业素养

培养诚实守信、严谨细致、信誉至上的职业精神。

任务一　会计凭证的整理

●引入任务

为企业整理会计凭证

资料： 项目六中广州 ABC 有限公司 2011 年的会计凭证。

要求： 根据要求整理。

◆ **相关专业知识**

会计档案主要包括会计凭证、会计账簿、会计报表以及其他财务资料。会计档案的整理与保管是会计人员日常工作中必做的一项工作，它既单调、烦烦，又细致、重要，是会计基础工作的一个重要组成部分。

知识点一：会计凭证的传递与保管

会计凭证的传递，是指各种会计凭证从填制、取得到归档保管为止的全过程，即在企业、事业和行政单位内部有关人员和部门之间传送、交接的过程。要规定各种凭证的填写、传递单位与凭证份数，规定会计凭证传递的程序、移交的时间和接受与保管的有关部门。

（一）会计凭证传递的作用

会计凭证的传递，是指会计凭证从编制时起到归档时止，在单位内部各有关部门及人员之间的传递程序和传递时间。为了能够利用会计凭证，及时反映各项经济业务，提供会计信息，发挥会计监督的作用，必须正确、及时地进行会计凭证的传递，不得积压。正确组织会计凭证的传递，对于及时处理和登记经济业务，明确经济责任，实行会计监督，具有重要作用。从一定意义上说，会计凭证的传递起着在单位内部经营管理各环节之间协调和组织的作用。会计凭证传递程序是企业管理规章制度重要的组成部分，传递程序的科学与否，说明该企业管理的科学程度。其作用如下：

（1）有利于完善经济责任制度。经济业务的发生或完成及记录，是由若干责任人共同负责，分工完成的。会计凭证作为记录经济业务、明确经济责任的书面证明，体现了经济责任制度的执行情况。单位会计制度可以通过对会计凭证传递程序和传递时间的规定，进一步完善经济责任制度，使各项业务的处理顺利进行。

（2）有利于及时进行会计记录。从经济业务的发生到账簿登记有一定的时间间隔，通过会计凭证的传递，使会计部门尽早了解经济业务发生和完成情况，并通过会计部门内部的凭证传递，及时记录经济业务，进行会计核算，实行会计监督。

（二）会记凭证的保管

会计凭证是重要的会计档案和经济资料，每个单位都要建立保管制度，妥善保管。对各种会计凭证要分门别类、按照编号顺序整理，装订成册。封面上要注明会计凭证的名称、起讫号、时间以及有关人员的签章。要妥善保管好会计凭证，在保管期间会计凭证不得外借，对超过所规定期限（一般是 15 年）的会计凭证，要严格依照有关程序销毁。需永久保留的有关会计凭证，不能销毁。

知识点二：会计凭证的整理

（一）对凭证进行检查

（1）分类整理，按顺序排列，检查日期、编号是否齐全。

（2）整理检查凭证顺序号，如有颠倒要重新排列，发现缺号要查明原因。随后检查附件有否漏缺，领料单、入库单、工资、奖金发放单是否随附齐全。

（3）检查记账凭证上有关人员（如财务主管、复核、记账、制单等）的印章是否齐全。摘除凭证内的金属物（如订书针、大头针、"回"形针），对大的张页或附件要折叠成同记账凭证大小，且要避开装订线，以便翻阅时保持数字完整。

（二）对凭证进行加工、整理

因为原始凭证的纸张面积与记账凭证的纸张面积不可能全部一样，有时前者大于后者，有时前者小于后者，这就需要会计人员在制作会计凭证时对原始凭证加以适当整理，以便下一步装订成册。

（1）对于纸张面积大于记账凭证的原始凭证，可按记账凭证的面积尺寸，先自右向左，再自下向上折叠两次。注意应把凭证的左上角或左侧面留出来，以便装订后，还可以展开查阅。

（2）对于纸张面积过小的原始凭证，一般不能直接装订，可先按一定次序和类别排列，再粘在一张同记账凭证大小相同的白纸上，粘贴时宜用胶水。证票应分张排列，同类、同金额的单据尽量粘在一起；同时，在一旁注明张数和合计金额。如果是板状票证，可以将票面票底轻轻撕开，厚纸板弃之不用。

（3）对于纸张面积略小于记账凭证的原始凭证，可先用"回"形针或大头针别在记账凭证后面，待装订时再抽去"回"形针或大头针。有的原始凭证不仅面积大，而且数量多，可以单独装订，如工资单、耗料单等，但在记账凭证上应注明保管地点。

原始凭证附在记账凭证后面的顺序应与记账凭证所记载的内容顺序一致，不应按原始凭证的面积大小来排序。

（4）按凭证汇总日期归集（如按上、中、下旬汇总归集）确定装订成册的本数。

会计凭证经过上述的加工整理之后，就可以装订了。

任务实施

一、资讯

接受并明确工作任务，进行小组分工，每组 4 人，各自负责工作任务的阶段分解、需用物料的准备及相关知识原理的收集。

二、计划与决策

各组独立完成上述实务任务，第一节课完成凭证整理与检查，第二节课进行组间批改、核对与结果展示。

三、实施处理

1. 准备相关凭证，整理凭证。

2. 检查凭证并整理。

3. 写实施报告，总结与思考。

四、检查

各小组间进行账务处理的检查、批改，最后由老师进行纠正、讲解。

五、总结评价

老师针对各组完成情况进行评比、公布，并进行归纳总结，力求各组能完整完成相应的工作任务。

任务二　会计档案的装订

●引入任务

为企业装订会计档案

资料：项目七中广州 ABC 有限公司 2011 年会计账簿。
要求：根据要求装订会计账簿。

◆ 相关专业知识

会计档案具体包括以下四类：

（1）会计凭证类：包括原始凭证、记账凭证、汇总凭证和其他会计凭证。

（2）会计账簿类：包括总账、明细账、日记账、固定资产卡片、辅助账簿以及其他会计账簿。

（3）财务会计报告类：包括月度、季度、年度财务会计报告和其他财务会计报告。

（4）其他会计资料类：包括银行存款余额调节表、银行对账单、其他应当保存的会计核算专业资料、会计档案移交清册、会计档案保管清册、会计档案销毁清册等。

知识点一：装订机的使用

A02 型凭证装订机由 22 个机件构成：①机头；②手柄弹簧；③手柄；④主轴；⑤线球盒；⑥夹头；⑦钢针；⑧紧手轮；⑨压手轮；⑩压脚；⑪靠架；⑫底盆；⑬工具盒；⑭切纸刀；⑮夹线板；⑯引线臂；⑰软轴；⑱弹簧；⑲装订线；⑳球线台架；㉑后孔；㉒线引。如图 11-1 所示。

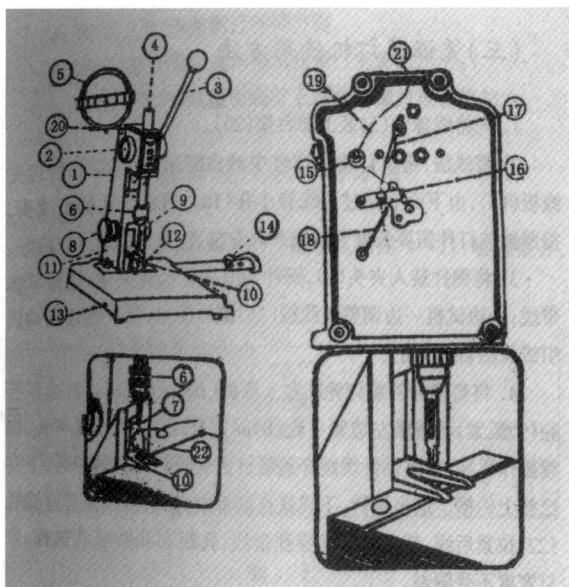

图 11-1　装订机构造

先将线球盒⑤装上球台架⑳。

带线法：将装订线从球盒中抽出穿过底座后孔，经过夹线板⑮，由下而上穿过引线臂小孔⑯，再由底孔抽出线头。按照被装订件需要长度留出线头向左拉直，按定位线方向放好。

将钢针装入夹头⑥，钢针钩槽朝正机身夹紧，进行试机带线；一边试机一边调整夹线板⑮螺母压力，使带线达到钩线引线灵活自如为止。

将整理好的装订凭证夹入压脚⑩下面，转动右边压手轮⑨压紧，再转紧左边紧手轮⑧固定好，稍拉紧订线两头，继续操作手柄③将钢针缓缓穿透装订资料听到"咔"的响声时，下穿已挂上钓槽。退出钢针，下线就自动带上，然后将线头穿过线孔㉒拉紧后线，就完成一次穿孔带线，孔距和孔数随意选择，装订宽度不受限制。

冲孔法：在底孔盖上垫片，将冲头装压在夹头⑥上。然后将被冲穿物件放在压脚下面压紧。操作手柄③就能冲出光洁的圆孔。最后用螺丝或铁皮账夹装订成册即成。

常见装订机故障：

主轴卡死：调整商标内的主轴紧定螺丝。

钢针偏料：检查装订件是否整齐，钢针是否弯损，夹头将钢针是否夹正。

手柄不回位：加紧手柄弹簧②强度或给主轴④加润滑油。

线带不上：调整钢针钩糟方向。

断线：检查线源或调松夹线板⑮弹簧压力。

引线臂失灵：调整引线臂上的软轴丝或弹簧拉力。

知识点二：凭证的整理装订

凭证装订就是将一札一札的会计凭证装订成册，以方便保管和使用。装订之前，要确定一个月的记账凭证究竟订成几册为好（一册厚度在 1.5 cm 左右）。每册的厚薄应基本保持相同，不能把几张一份的记账凭证拆开装订在两册之中，要做到既美观大方又便于翻阅。

会计凭证装订之前，还要再检查一遍所附原始凭证是否都经过加工折叠、整理。凡超过记账凭证宽度和长度的原始凭证，都要整齐地折叠进去。尤其要注意装订线眼处的折叠方法，避免装订以后再也翻不开了。

全部会计凭证都要加具封面，如图 11–2 所示。封面应用较为结实、耐磨、耐拉扯的牛皮纸为宜。

封面内容：

（1）本单位的名称和会计凭证的名称，比如“广东立竣机床股份有限公司记账凭证”或“广东立竣机床股份有限公司收款凭证”等。

（2）凭证所反映的经济业务发生的年月，凭证的起止号码，本札凭证为几分之几册或本月共几册、本册为第几册。

（3）在记账凭证封面上加盖单位负责人、财务负责人和装订人的印章，由装订人在装订线封签处签名或盖章。

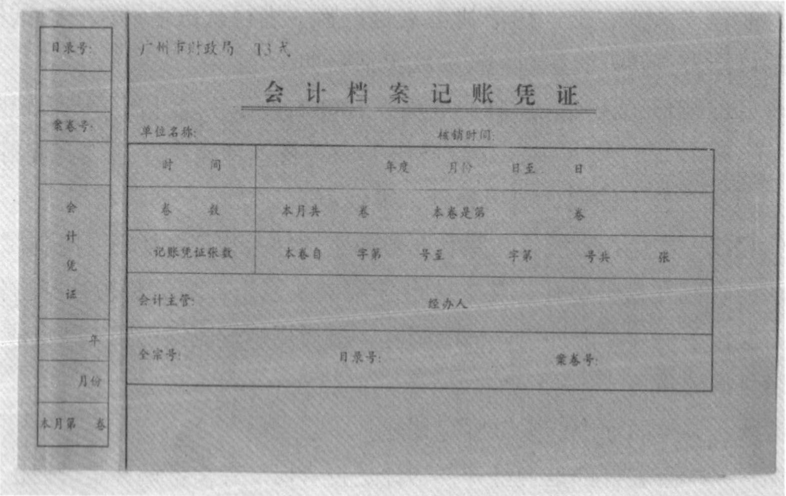
目录号：
案卷号：
会计凭证
年
月份
本月第 卷

广州市财政局

会计档案记账凭证

单位名称： 核销时间：

时 间	年度 月份 日至 日
卷 数	本月共 卷 本卷是第 卷
记账凭证张数	本卷自 字第 号至 字第 号共 张

会计主管： 经办人

全宗号： 目录号： 案卷号：

图 11–2　会计凭证封面

凭证装订常用方法：

（1）包角法。

（2）包边法。

知识点三：会计账簿的装订整理

会计账簿同会计凭证和会计报表一样，都属于会计档案，是重要的经济档案，各单位必须按规定妥善保管，确保其安全和完整，并充分加以利用。

会计账簿装订整理的步骤如下：

在年度终了更换新账簿后，应将使用过的各种账簿（跨年度使用的账簿除外）按时装订整理立卷。

装订前，首先要按账户目录核对各个账户是否相符，账页数是否齐全，序号排列是否连续；然后按会计账簿封面、账簿启用表、账户目录、该账簿按页数顺序排列的账页、装订封底的顺序装订。

对活页账，要保留已使用过的账页，将账页数填写齐全，去除空白页并撤掉账夹，用质量较好的牛皮纸做封面和封底，装订成册。

多栏式、三栏式、数量金额式等活页账簿不得混装，应按同类业务、同类账页装订在一起。

装订好后，应在封面上填明账目的种类，编好卷号，并由会计主管人员和装订人签章。

装订后会计账簿的封口要严密，封口处要加盖有关印章。封面应齐全、平整，并注明所属年度、账簿名称及编号，不得有折角、缺角、错页、掉页、加空白纸的现象。

会计账簿要按保管期限分别编制卷号。

（一）会计凭证的装订

会计凭证的装订是指把定期整理完毕的会计凭证按照编号顺序，外加封面、封底，装订成册，并在装订线上加贴封签。在封面上，应写明单位名称、年度、月份、记账凭证的种类、起讫日期、起讫号数，以及记账凭证和原始凭证的张数，并在封签处加盖会计主管的骑缝图章。如果采用单式记账凭证，在整理装订凭证时，必须保持会计分录的完整。为此，应按凭证号码顺序还原装订成册，不得按科目归类装订。对各种重要的原始单据，以及各种需要随时查阅和退回的单据，应另编目录，单独登记保管，并在有关的记账凭证和原始凭证上相互注明日期和编号。

会计凭证装订的要求是既美观大方又便于翻阅，所以在装订时要先设计好装订册数及每册的厚度。一般来说，一本凭证，厚度以 1.5~2.0 cm 为宜，太厚了不便于翻阅核查，太薄了又不利于戳立放置。凭证装订册数可根据凭证多少来定，原则上以月份为单位装订，每月订成一册或若干册。有些单位业务量小，凭证不多，可以把若干个月份的凭证合并订成一册，只要在凭证封面注明本册所含的凭证月份即可。

为了使装订成册的会计凭证外形美观，在装订时要考虑到凭证的整齐均匀，特别是装订线的位置，如果太薄则可用纸折一些三角形纸条，均匀地垫在此处，以保证它的厚度与凭证中间的厚度一致。

汇总装订后的会计凭证封面如表 11-1 所示：

表 11-1　会计凭证封面

单位全称：××××有限责任公司

会计凭证

自　年　月　日起至　年　月　日止

期间	年度（月份）		
册数	本月共　册本册是第　册		
张数	本册自第　号至第　号共　张		
附记	案件卷	保管期限	

会计主管　　　　　　装订人：

有些会计在装订会计凭证时采用角订法，装订起来简单易行，效果也不错。它的具体操作步骤如下：

（1）将凭证封面和封底裁开，分别附在凭证前面和后面，再拿一张质地相同的纸（可以再找一张凭证封皮，裁下一半用，另一半为订下一本凭证备用）放在封面上角，做护角线。

（2）在凭证的左上角画一个边长为 5 cm 的等腰三角形，用夹子夹住，用装订机在底线上分布均匀地打两个眼。

（3）用大针引线绳穿过两个眼。如果没有针，可以将回形别针顺直，然后将两端折向同一个方向，将线绳从中间穿过并夹紧，即可把线引过来，因为一般装订机打出的眼是可以穿过的。

（4）在凭证的背面打线结。线绳最好在凭证中端系上。

（5）将护角向左上侧折，并将一侧剪开至凭证的左上角，然后涂上胶水。

（6）向后折叠，并将侧面和背面的线绳扣粘死。

（7）待晾干后，在凭证本的脊背上面写上"某年某月第几册共几册"的字样。装订人在装订线封签处签名或者盖章。现金凭证、银行凭证和转账凭证最好依次顺序编号，一个月从头编一次序号，如果单位的凭证少，可以全年顺序编号。

（二）会计账簿的装订

各种会计账簿年度结账后，除跨年使用的账簿外，其他账簿应按时整理立卷。

1. 装订前准备

账簿装订前，首先按账簿启用表的使用页数核对各个账户是否相符，账页是否齐全，序号排列是否连续；然后按会计账簿封面、账簿启用表、账户目录、该账簿按页数顺序排列的账页、会计账簿装订封底的顺序装订。

2. 活页账簿装订要求

（1）保留已使用过的账页，将账页数填写齐全，去除空白页和撤掉账夹，用质好的牛皮纸做封面、封底，装订成册。

（2）多栏式活页账、三栏式活页账、数量金额式活页账等不得混装，按同类业务、同类账页装订在一起。

（3）在本账的封面上填写好账目的种类，编好卷号，加盖会计主管人员和装订人（经办人）签章。

（三）会计凭证装订后的注意事项

（1）每本封面上填写好凭证种类、起止号码、凭证张数、会计主管人员和装订人员签章。

（2）在封面上编好卷号，按编号顺序入柜，并要在显露处标明凭证种类编号，以便于调阅。

（四）账簿装订后的其他要求

（1）会计账簿应牢固、平整，不得有折角、缺角、错页、掉页、加空白纸的现象。

（2）会计账簿的封口要严密，封口处要加盖有关印章。

（3）封面应齐全、平整，并注明所属年度及账簿名称、编号，编号为一年一编，编号顺序为总账、现金日记账、银行存（借）款日记账、分户明细账。

（4）会计账簿按保管期限分别编制卷号，如现金日记账全年按顺序编制卷号；总账、各类明细账、辅助账全年按顺序编制卷号。

任务实施

一、资讯

接受并明确工作任务，进行小组分工，每组 4 人，各自负责工作任务的阶段分解、需用物料的准备及相关知识原理的收集。

二、计划与决策

各组独立完成上述实务任务，第一节课完成装订，第二节课进行组间批改、答案核对与结果展示。

三、实施处理

1. 熟悉装订机的使用方法，对凭证整理并装订。

2. 账簿装订。

3. 写实施报告，总结与思考。

四、检查

各小组间进行账务处理的检查、批改，最后由老师进行纠正、讲解。

五、总结评价

老师针对各组完成情况进行评比、公布，并进行归纳总结，力求各组能完整完成相应的工作任务。

任务三　会计档案的保管及销毁

●引入任务

为企业保管和销毁会计档案

资料：项目七中广州 ABC 有限公司 2011 年会计档案。

要求：根据要求保管和销毁会计档案。

◆ 相关专业知识

财务部装订好的会计档案需要按照规定的保管期限进行妥善保管，保管期限满时，需要对其进行销毁备案，这样可以给保管会计档案管理工作减轻负担，提高管理工作效率。

知识点一：企业和其他组织会计档案保管期限表

序号	档案名称	保管期限	备注
一	会计凭证类		
1	原始凭证	15 年	
2	记账凭证	15 年	
3	汇总凭证	15 年	
二	会计账簿类		
4	总账	15 年	包括日记总账
5	明细账	15 年	
6	日记账	15 年	现金和银行存款日记账保管 25 年
7	固定资产卡片		固定资产报废清理后保管 5 年
8	辅助账簿	15 年	
三	财务报告类		包括各级主管部门汇总财务报告
9	月、季度财务报告	3 年	包括文字分析
10	年度财务报告（决算）	永久	包括文字分析
四	其他类		
11	会计移交清册	15 年	
12	会计档案保管清册	永久	
13	会计档案销毁清册	永久	
14	银行余额调节表	5 年	
15	银行对账单	5 年	

知识点二：财政总预算、行政事业单位和税收会计档案保管期限表

序号	档案名称	保管期限			备注
		财政总预算	行政单位事业单位	税收会计	
一	会计凭证类				
1	国家金库编送的各种报表及缴库退库凭证	10 年		10 年	
2	各收入机关编送的报表	10 年			
3	行政单位和事业单位的各种会计凭证		15 年		包括：原始凭证、记账凭证和传票汇总表
4	各种完税凭证和缴、退库凭证			15 年	缴款书存根联在销号后保管 2 年
5	财政总预算拨款凭证及其他会计凭证	15 年			包括：拨款凭证及其他会计凭证
6	农牧业税结算凭证			15 年	
二	会计账簿类				
7	日记账		15 年	15 年	
8	总账	15 年	15 年	15 年	
9	税收日记账（总账）和税收票证分类出纳账			25 年	
10	明细分类、分户账或登记簿	15 年	15 年	15 年	包括：辅助账簿
11	现金出纳账、银行存款账		25 年	25 年	
12	行政单位和事业单位固定资产明细账（卡片）				行政单位和事业单位固定资产报废清理后保管 5 年
三	财务报告类				
13	财政总预算	永久			
14	行政单位和事业单位决算	10 年	永久		
15	税收年报（决算）	10 年		永久	
16	国家金库年报（决算）	10 年			
17	基本建设拨、贷款年报（决算）	10 年			
18	财政总预算会计旬报	3 年			所属单位报送的保管 2 年
19	财政总预算会计月、季度报表	5 年			所属单位报送的保管 2 年
20	行政单位和事业单位会计月、季度报表		5 年		所属单位报送的保管 2 年
21	税收会计报表（包括票证报表）			10 年	电报保管 1 年，所属税务机关报送的保管 3 年
四	其他类				
22	会计移交清册	15 年	15 年	15 年	
23	会计档案保管清册	永久	永久	永久	
24	会计档案销毁清册	永久	永久	永久	
25	银行余额调节表		5 年		
26	银行对账单		5 年		

会计档案保管期满，需要销毁时，可以按下列程序销毁。

（1）由本公司档案机构会同会计机构提出销毁意见，编制会计档案销毁清册，列明销毁会计档案的名称、卷号、册数、起止年度和档案编号、应保管期限、已保管期限、销毁时间等内容。

（2）公司负责人在会计档案销毁清册上签署意见。

（3）销毁会计档案时，应由档案机构和会计机构共同派人员监销。

（4）监销人员在销毁会计档案前，应按照会计档案销毁清册所列内容清点核对所要销毁的会计档案；销毁后，应在会计档案销毁清册上签名盖章，并将监销情况报告本公司负责人，其销毁清册由档案部门另行保存。

知识点三：会计档案的保管和销毁办法

第一条　各单位必须加强对会计档案管理工作的领导，建立会计档案的立卷、归档、保管、查阅和销毁等管理制度，保证会计档案妥善保管、有序存放、方便查阅、严防毁损、散失和泄密。

第二条　会计档案是指会计凭证、会计账簿和财务报告等会计核算专业材料，是记录和反映单位经济业务的重要史料和证据。具体包括：

（1）会计凭证类：原始凭证、记账凭证、汇总凭证、其他会计凭证。

（2）会计账簿类：总账、明细账、日记账、固定资产卡片、辅助账簿、其他会计账簿。

（3）财务报告类：月度、季度、年度财务报告，包括会计报表、附表、附注及文字说明，其他财务报告。

（4）其他类：银行存款余额调节表，银行对账单，其他应当保存会计核算专业资料，会计档案移交清册，会计档案保管清册，会计档案销毁清册。

第三条　各单位每年形成的会计档案，应由会计机构按照归档要求，负责整理立卷，装订成册，编制会计档案保管清册。

当年形成的会计档案，在会计年度终了后，可暂由会计机构保管一年，期满之后，应当由会计机构编制移交清册，移交本单位档案机构统一保管；未设立档案机构的，应当在会计机构内部指定专人保管。出纳人员不得兼管会计档案。

移交本单位档案机构保管的会计档案，原则上应当保持原卷册的封装。个别需要拆封重新整理的，档案机构应当会同会计机构和经办人员共同拆封整理，以分清责任。

第四条　本单位保存的会计档案不得借出。如有特殊需要，经本单位负责人批准，可以提供查阅或者复制，并办理登记手续。查阅或者复制会计档案的人员，严禁在会计档案上涂画、拆封和抽换。

各单位应当建立健全会计档案查阅、复制登记制度。

第五条　会计档案的保管期限分为永久、定期两类。定期保管期限分为 3 年、5

年、10年、15年、25年五类。

会计档案的保管期限，从会计年度终了后的第一天算起。

第六条　本办法规定的会计档案保管期限为最低保管期限，各类会计档案的保管原则上应当按照本办法附表所列期限执行。

各单位会计档案的具体名称如有同本办法附表所列档案名称不相符的，可以比照类似档案的保管期限办理。

第七条　保管期满的会计档案，除本办法第十一条规定的情形外，可以按照以下程序销毁。

（1）由本单位档案机构会同会计机构提出销毁意见，编制会计档案销毁清册，列明销毁会计档案的名称、卷号、册数、起止年度和档案编号、应保管期限、已保管期限、销毁时间等内容。

（2）单位负责人在会计档案销毁清册上签署意见。

（3）销毁会计档案时，应当由档案机构和会计机构共同派员监销。国家机关销毁会计档案时，应当由同级财政部门、审计部门派员参加监销。财政部门销毁会计档案时，应当由同级审计部门派员参加监销。

（4）监销人在销毁会计档案前，应当按照会计档案销毁清册所列内容清点核对所要销毁的会计档案，销毁后，应当在会计档案销毁清册上签名盖章，并将监销情况报告本单位负责人。

第八条　保管期满但未结清的债权债务原始凭证和涉及其他未了事项的原始凭证，不得销毁，应当单位抽出立卷，保管到未了事项完结时为止。单独抽出立卷的会计档案，应当在会计档案销毁清册和会计档案保管清册中列明。

正在项目建设期间的建设单位，其保管期满的会计档案不得销毁。

第九条　采用电子计算机进行会计核算的单位，应当保存打印出的纸质会计档案。

具备采用磁带、磁盘、光盘、微缩胶片等磁性介质保存会计档案条件的，由国务院业务主管部门统一规定，并报财政部、国家档案局备案。

第十条　单位因撤销、解散、破产或者其他原因而终止的，在终止和办理注销登记手续之前形成的会计档案，应当由终止单位的业务主管部门或财产所有者代管或移交有关档案馆代管，法律、行政法规另有规定的，从其规定。

第十一条　单位分立后原单位存续的，其会计档案应当由分立后的存续方统一保管，其他方可查阅、复制与其业务相关的会计档案；单位分立后原单位解散的，其会计档案应当经各方协商后由其中一方代管或移交档案馆代管，各方可查阅、复制与其业务相关的会计档案。单位分立中未结清的会计事项所涉及的原始凭证，应当单独抽出由业务相关方保存，并按规定办理交接手续。

单位因业务移交其他单位办理所涉及的会计档案，应当由原单位保管，承接业务单位可查阅、复制与其业务相关的会计档案，对其中未结清的会计事项所涉及的原始凭证，应当单独抽出由业务承接单位保存，并按规定办理交接手续。

第十二条　单位合并后原各单位解散或一方存续其他方解散的，原各单位的会计档案应当由合并后的单位统一保管；单位合并后原各单位仍存续的，其会计档案仍应由原各单位保管。

第十三条　建设单位在项目建设期间形成的会计档案，应当在办理竣工决算后移交给建设项目的接受单位，并按规定办理交接手续。

第十四条　单位之间交接会计档案的，交接双方应当办理会计档案交接手续。

1. 会计档案销毁清册

（单位名称）

会 计 档 案 销 毁 清 册

批准人：　　　　　　　　　　销毁类别：

单位公章、时间：　　　　　　销毁册数：

销毁人：　　　　　　　　　　起止卷号：

监销人：　　　　　　　　　　起止年度：

销毁时间：

全宗号：　　　　　　　　　　保管期限：

目录号：　　　　　　　　　　案卷号：

会计档案销毁清册

单位名称：

序号	类别	题名	起止年月日	目录号	案卷号	原期限	已保管期限	页数	备注

财务负责人签字：　　　　档案负责人签字：　　　　　年　月　日

2. 会计档案销毁清册审批表

会计档案销毁清册审批表

销毁单位盖章：

年　月　日

销毁会计档案总计（卷）	会计凭证（卷）	起止年度	会计账簿（卷）	起止年度	财务报告（卷）	起止年度	其他核算材料（卷）	起止年度	备注
销毁原因									
主管领导意见： 签字： 　年　月　日			档案部门意见： 签字： 　年　月　日		财务部门意见： 签字： 　年　月　日		监销人： 签字： 　年　月　日		
财政部门意见									
审核人意见： 签字： 　年　月　日			业务股意见： 签字： 　年　月　日			主管局长意见： 签字： 　年　月　日			

备注：本表一式两份，一份销毁，单位档案室保存一份。

3. 会计档案管理与装订小结

项目		详细要求
会计凭证整理	原始凭证	原始凭证应附在记账凭证后面，要求粘贴的原始凭证应真实、合法、完整、正确，粘贴要干净整洁，排列有序
		对于纸张面积过小的原始凭证，可先按一定次序和类别排列，再粘在一张同记账凭证大小相同的白纸上，粘贴时宜用胶水
		证票应分张排列，同类、同金额的单据尽量粘在一起，并在一旁注明张数和合计金额。如果是板状票证，可以将票面票底轻轻撕开
		对于纸张面积略小于记账凭证的原始凭证，可先用回形针或大头针别在记账凭证后面，待装订时再抽去"回"形针或大头针
		对于纸张面积大于记账凭证的原始凭证，可按记账凭证的面积尺寸，先自右向左，再自下向上两次折叠。注意应把凭证的左上角或左侧面让出来，以便装订后，还可以展开查阅
		重要原始凭证，需要单独保管的，应编制目录，并在有关的记账凭证上注明附件另行保管，以便查核
	记账凭证	记账凭证应按月整理。月末，要将本月各种记账凭证加以整理，检查有无缺号和附件是否齐全，然后按顺序号排列，加具封面封底，装订成册。如果在一个月内，凭证数量过多，可分装若干册，在封面上加注共几册字样
		封面上应注明：单位的名称、所属的年度和月份、起讫的日期、记账凭证的种类、起讫号数
		封面上应由会计主管、保管签章
		装订凭证的厚度以 1.5~2cm 为宜，一般由三十张记账凭证装订一本，装订时要考虑到凭证的整齐均匀，特别是装订线的位置，如果太薄时可用纸折一些三角形纸条，均匀地垫在此处，以保证它的厚度与凭证中间的厚度一致
		在装订线上加贴封签，并在封签处加盖会计主管的骑缝图章
		在装订好的凭证本的脊背上面写上"某年某月第几册共几册"的字样。现金凭证、银行凭证和转账凭证应依次顺序编号，一个月从头编一次序号，如果单位的凭证少，可以全年顺序编号
		如果某些记账凭证所附原始凭证数量过多，也可以单独装订保管，但应在其封面及有关记账凭证上加注说明

续表

项目	详细要求
会计账簿的整理	年末，各种账簿在结转下年、建立新账后，一般都要把旧账总账会计统一整理，活页账应按页码顺序统一编号，加具封面后装订成本
会计报表的整理	会计报表应在年终时，由专人统一收集，将全年财务会计报告按时间顺序整理装订成册，报表应当依次编定页数，加具封面，装订成册，经会计机构负责人审核、盖章后装订案卷并归档。封面上应注明：企业名称、企业统一代码、组织形式、地址、报表所属期间、报出日期，并由单位负责人和主管会计工作的负责人、会计机构负责人（会计主管人员）签名并盖章；设置总会计师的单位，还须由总会计师签名并盖章
其他会计资料的整理	其他会计资料，如银行存款余额调节表，如需移交档案管理部门的应组卷移交
会计档案编号	将会计档案按"年（报属年度）"、"限（保管期限）"、"类（四个种类）"排列编号，即以每一年度的会计档案为一单元，将每个案卷按不同保管期限，从永久到最短的期限依次排列，然后将同一保管年限的案卷分类编号，最后以"第一卷"、"永久卷"为1号，按顺序编制目录号，这些号码也作为案卷号
会计档案案卷目录	登记会计档案案卷号、题名、保管期限、卷内材料起止时间、备注
会计档案移交清册	登记序号、案卷题名、档案编号、年度、保管期限、备注
	由送交人、移交人、监交人签名盖章
	填写交接日期
会计档案销毁清册	登记销毁日期、销毁档案类别、所属年度、起止卷号、卷数、监销人、备注

任务实施

一、资讯

接受并明确工作任务，进行小组分工，每组4人，各自负责工作任务的阶段分解、需用物料的准备及相关知识原理的收集。

二、计划与决策

各组独立完成上述实务任务，第一节课完成档案保管与销毁，第二节课进行组间批改、答案核对与结果展示。

三、实施处理

1. 会计档案存档。

2. 会计档案销毁。

3. 写实施报告，总结与思考。

四、检查

各小组间进行账务处理的检查、批改，最后由老师进行纠正、讲解。

五、总结评价

老师针对各组完成情况进行评比、公布，并进行归纳总结，力求各组能完整完成相应的工作任务。

附录：学生评价表

【学习领域】×××

【项目】×××

【任务结构】×××

班别：　　　　　　组别：

姓名		基本操作技能（满分50分）						职业道德素养考核（满分30分）						自学及信息处理能力（满分10分）						团队合作能力（满分10分）		
		准确性评价（满分30分）			规范性评价（满分20分）			职业素养（25分）			上课出勤（5分）			自学能力			信息处理能力					
		自评	互评	师评	自评	互评	师评	自评	互评	师评	自评	互评	师评	自评	互评	师评	自评	互评	师评	自评	互评	师评
	原始分																					
	平均分																					
	总分																					
	原始分	自评	互评	师评	自评	互评	师评	自评	互评	师评	自评	互评	师评	自评	互评	师评	自评	互评	师评	自评	互评	师评
	平均分																					
	总分																					
	原始分	自评	互评	师评	自评	互评	师评	自评	互评	师评	自评	互评	师评	自评	互评	师评	自评	互评	师评	自评	互评	师评
	平均分																					
	总分																					

姓名	评价内容																			
	基本操作技能（满分50分）						职业道德素养考核（满分30分）						自学及信息处理能力（满分10分）					团队合作能力（满分10分）		
	准确性评价（满分30分）			规范性评价（满分20分）			职业素养（25分）			上课出勤（5分）			自学能力	信息处理能力							
	自评	互评	师评	自评	互评	师评	自评	互评	师评	自评	互评	师评	自评	互评	师评	自评	互评	师评	自评	互评	师评
原始分																					
平均分																					
总分																					
原始分	自评	互评	师评	自评	互评	师评	自评	互评	师评	自评	互评	师评	自评	互评	师评	自评	互评	师评	自评	互评	师评
平均分																					
总分																					

评分说明：

	基本操作技能（满分50分）		职业道德素养考核（满分30分）		自学及信息处理能力（满分10分）		团队合作能力（满分10分）
	准确性评价（满分30分）	规范性评价（满分20分）	职业素养（25分）	上课出勤（5分）	自学能力	信息处理能力	
评分内容及标准	分录、计算、编表基本准确，账表项目完整，其他会计业务处理较准确，能按时完成操作得30分；若关键数据错误，每处扣2分，一般数据错误每处扣1分，账表项目不完整，账户每缺一个扣0.5分，报表每缺一项扣0.5分，其他操作不准确酌情扣分	规范性评价：原始凭证、记账凭证填制及审核，设账、记账、结账、对账及错账更正，计算、编表、资料装订归档，基本符合会计工作规范得20分。凭证填制、设账、记账、结账、对账、计算编表到证账表整理、装订、归档，操作明显不符合规范，每处扣1.5分；书写不规范（含涂改、错账更正）、账面不整洁、装订不合要求，每处扣1分；其他较明显不规范，每处扣0.5分	自觉主动学习，不需要别人的督促；学习勤奋，努力克服困难，认真完成学习任务。遵守课堂纪律，上课认真听讲，不随便讲话。为人诚实，具有责任感，无舞弊行为。处事客观公正 好：25分 较好：20~24分 一般：15~19分 及格：10~14分 不及格：9分及以下	不缺勤、不迟到、不早退 满分5分，该学习阶段每迟到、早退一次扣0.5分，每旷课一次扣1分	养成自学习惯，能提前预习 好：10分 较好：8~9分 一般：7分 及格：6分 不及格：5分及以下	能利用网络资源参加学习、讨论，掌握资料查询的基本方法	积极参加小组讨论、小组合作学习，具有团队合作意识，同学关系融洽 好：10分 较好：8~9分 一般：7分 及格：6分 不及格：5分及以下